Le Robert ESPAGNOL

GUIDE DE CONVERSATION

Le Robert

responsable éditoriale
Dominique Le Fur

rédaction
Arielle Bitton

informatique
Baptiste Ranty
Simon Deliège

lecture - correction
Anne-Marie Lentaigne

conception graphique et mise en pages
Maud Dubourg
Nadine Noyelle

25, avenue Pierre-de-Coubertin, 75013 Paris
www.lerobert.com

ISBN 978-2-32100-761-6

PRÉFACE

“ Muere lentamente quien no viaja, ni lee, quien no sueña, quien no confía, quien no lo intenta. ”

Meurt lentement celui qui ne voyage ni ne lit, qui ne rêve pas, qui n'a pas confiance, qui ne le tente pas.

Pablo Neruda

(1904-1973), poète chilien,
Prix Nobel de Littérature 1971

Vous partez en voyage en Espagne ou dans un autre pays hispanophone ? Pour vous reposer ou bien y travailler ? Vous aimeriez apprendre ou réviser rapidement les mots et expressions clés qui vous permettront de vous débrouiller dans toute situation ? Ce Guide de conversation espagnol est fait pour vous !

Pratique et concis, composé de plusieurs parties facilement repérables grâce aux onglets de couleur, ce petit compagnon facilitera tous vos contacts.

Dans Généralités, vous trouverez les quelques bases de grammaire et les expressions générales non rattachées à un thème particulier (les nombres, les jours, remercier, etc.).

Huit grandes sections thématiques, divisées en chapitres, vous donnent tout le vocabulaire et les phrases que vous aurez à comprendre mais aussi à dire au quotidien dans les domaines suivants : transports, boissons et nourriture, hébergement, achats, sports et activités, services et infos pratiques, santé et sécurité, travail.

Chaque chapitre est composé de quatre pages : une page de vocabulaire, suivie de deux pages d'exemples tirés de situations réelles. Tous les mots et les phrases espagnols sont accompagnés de leur prononciation. En dix minutes, vous aurez fait le tour de ce qu'il faut savoir, en ayant été alerté sur les éventuels faux amis.

La dernière page de chaque chapitre pointe les principales différences entre l'espagnol de la péninsule Ibérique et les variétés d'Amérique latine. Elle vous immergera aussi dans la culture hispanophone grâce à un choix d'expressions imagées, de citations et de dictons commentés.

Enfin, avec le mini dictionnaire bilingue français-espagnol / espagnol-français, c'est 7000 mots classés par ordre alphabétique qui vous permettront d'enrichir votre vocabulaire et de traduire rapidement.

Bon séjour !

ABRÉVIATIONS

adj	adjectif
adv	adverbe
conj	conjonction
interj	interjection
interr	interrogatif
loc	locution
nf	nom féminin
nm	nom masculin
nmf	nom masculin et féminin
nm,f	nom masculin, féminin
nfpl	nom féminin pluriel
nmpl	nom masculin pluriel
prép	préposition
pron	pronom
pers	personnel
rel	relatif
vb	verbe

QUELQUES BASES

l'alphabet

a *a*	j *jota*	r *éré*
b *bé*	k *ka*	s *éssé*
c *cé*	l *élé*	t *té*
ch *tché*	ll *éyé*	u *ou*
d *dé*	m *émé*	v *oubé*
e *é*	n *éné*	w *oubé doblé*
f *éfé*	ñ *égné*	x *ékiss*
g *hé*	o *o*	y *i grièga/yé*
h *atché*	p *pé*	z *céta*
i *i*	q *kou*	

remarques

- Les lettres *ch* et *ll* ont disparu de l'alphabet lors de la dernière réforme orthographique, mais sont encore très fréquemment employées.
- Le *y* se dit *yé* depuis la réforme, mais l'appellation *i griega* est beaucoup plus répandue.

la prononciation

L'orthographe espagnole est très proche de la prononciation. On peut dire que, d'une manière générale, toutes les lettres se prononcent et qu'elles conservent toujours la même prononciation. Un son simple n'est jamais transcrit par deux lettres, sauf dans les cas suivants : *gu* et *qu*, ainsi que *ll* et *ch*.

les voyelles

Les voyelles espagnoles se prononcent comme en français, à l'exception du *e* et du *u* :

- Le *e* se prononce *é* dans la plupart des cas, mais est légèrement plus ouvert et se rapproche du *è* français lorsqu'il est suivi d'une consonne ;
- le *u* se prononce *ou*.

Notez que les sons français *e* et *u* n'existent pas en espagnol.

attention

gue se prononce comme le mot *guet*, et non pas *goué*. Miguel se dit donc *Miguèl*, et non pas *Migouel*. Après un *g*, la lettre *u* ne se prononce *ou* que si elle porte un tréma : lingüística *linngou-istica*.

les consonnes

Toutes les consonnes se prononcent comme en français, sauf :

• le *c* devant une voyelle, ainsi que le *z* qui se prononcent un peu comme le *th* anglais, c'est-à-dire en positionnant la langue entre les incisives. Cependant, en Andalousie et dans toute l'Amérique latine, ces deux lettres se prononcent comme un *s*.

Notez que le son *z* français n'existe pas en espagnol.

• le *ch* se prononce *tch* comme dans le mot *tchin-tchin* : chico *tchiko*, muchacho *moutchatcho*.

• le *d* se prononce comme en français, sauf

  ◦ lorsqu'il est placé entre deux voyelles (cantado, mercado) : le *d* est alors à peine esquissé, ce qui donne une prononciation proche de *canntao, mèrcao* ;

  ◦ lorsqu'il est en fin de mot (ciudad, Madrid) : le *d* est alors très léger, voire n'est pas prononcé du tout.

• le *g* se prononce comme en français devant les voyelles *a*, *o*, *u*, ainsi que dans *gue* et *gui* : il conserve cette prononciation avant un *n* (ignorante, prononcé *ig-norannté*, comme dans le mot *stagnant* en français) ; mais le *g* a le son guttural du *j* espagnol (la jota) devant les voyelles *e* et *i* (gigante).

• le *h* est toujours muet en espagnol. Il ne se prononce donc jamais.

Les combinaisons *ph*, *rh* et *th* n'existent pas en espagnol : filosofía, retórica, teatro.

• le *j*, appelé jota, n'a aucun équivalent en français, mais est semblable au *ch* dur allemand, ou à un *h* très fortement aspiré.

• le *ll* se prononce comme le *y* d'yeux : ex. : calle se prononce comme le mot français *caillé*.

• le *ñ* se prononce comme le *gn* français : español

- le *r* est toujours roulé. Le *r* initial (río), après une consonne (alrededor) et le double *r*(torre) sont plus roulés que le *r* simple.
- le *s* se prononce toujours *ss*. Souvenez-vous que le son *z* français n'existe pas en espagnol : casa se prononce *kassa*.
- le *v* se prononce comme un *b* en début de mot (ver, vino) ou après une consonne (convoy), mais plus légèrement en milieu de mot, comme dans estuvo.

Notez que le son *v* français n'existe pas en espagnol.

- le *x* se prononce *ks* entre deux voyelles (examen), et *ss* devant une consonne (extranjero).

les diphtongues et les triphtongues

Une diphtongue est la réunion de deux voyelles ne formant qu'une seule syllabe mais qui conservent chacune leur prononciation.

Certaines sont communes au français et à l'espagnol, comme **bien** (bien), **pied** (pie) ou **cuir** (cuero).

Mais, contrairement au français, les voyelles sont toujours prononcées individuellement en espagnol : ainsi, **air** donne en espagnol aire, qui se prononce *a-i-ré*.

Il en va de même pour toutes les combinaisons de voyelles : auto *(a-ou-to)*, europeo *(e-ou-ro-péo)*, etc.

Une triphtongue est la réunion de trois voyelles en une seule syllabe. La voyelle centrale porte toujours l'accent, qu'il soit écrit ou tonique : estudiáis (**vous étudiez**) ; que estudiéis (**que vous étudiiez**) ; Paraguay

remarque

Pour vous aider à bien prononcer les mots et les phrases de ce guide, nous avons adopté un modèle de transcription des sons en utilisant les lettres de l'alphabet qui se prononcent comme elles s'écrivent.

- le *j* et le *g* suivi de *e* ou *i* (qui se prononcent comme un *h* aspiré) sont retranscrits de la manière suivante : *H*.
  - una caja /***ou**na **ka**Ha*/ (**une caisse**)

- un double *n* derrière une voyelle signale que cette voyelle n'est pas nasalisée.
  - pronto /***pronn**to*/ (tôt, bientôt)

  onn se prononce comme la fin de sonne
- un double *s* en fin de mot signale que le *s* est prononcé, contrairement à la plupart des cas français.
  - dos litros /*doss **li**tross* / (deux litres)

  oss se prononce comme la fin de bosse
- les syllabes indiquées en gras sont celles sur lesquelles tombe l'accent tonique. Elles sont donc plus fortement prononcées.
- les mots terminés par deux *r* se prononcent comme les mots mer ou mère :
  - saber /*sa**bèrr*** / (savoir)

Afin de faciliter l'apprentissage, la prononciation andalouse et latino-américaine a été adoptée ici : les lettres *c* (+ *e* et *i*) et *z* sont retranscrites comme un *s* :

- una cereza /***ou**na sé**rés**sa* / (une cerise)
- una cerveza /***ou**na sèr**bés**sa* / (une bière)

formules de politesse et salutations

bonjour (le matin)
buenos días
***boué**noss **di**-ass*

bonjour (l'après-midi)
buenas tardes
***boué**nass **tar**dèss*

bonsoir ou bonne nuit
buenas noches
***boué**nass **no**tchèss*

salut *(bonjour)*
hola
***o**la*

enchanté(e)
encantado(-a)
*ènnkann**ta**do(-a)*
= mucho gusto
***mou**tcho **gous**to*

au revoir
adiós
*adi**oss***
= hasta luego
***as**ta **loué**go*

à bientôt
hasta pronto
***as**ta **pronn**to*

à demain
hasta mañana
__as__ta ma__gna__na

Ça va ?
¿Qué tal?
ké tal

Comment vas-tu ?
¿Cómo estás?
__ko__mo és__tass__

Comment allez-vous ?
¿Cómo está?
__ko__mo es__ta__

Bien, merci.
Bien gracias.
biènn __gra__ssiass

s'il vous *ou* te plaît
por favor
por fa__bor__

merci
gracias
__gra__ssiass

de rien
de nada
dé __na__da

Je voudrais...
Quisiera...
ki__ssié__ra

demander son chemin, s'orienter

pedir su camino, orientarse

¿Cómo se va al museo?
__ko__mo sé ba al mou__ssé__o
Comment va-t-on au musée ?

¿Dónde está la plaza Mayor?
__donn__dé és__ta__ la __pla__ssa maï__or__
Où se trouve la place principale ?

¿Dónde está la estación de metro más cercana?
__donn__dé és__ta__ la éstas__sionn__ dé __mé__tro mass sèr__ka__na
Où se trouve la station de métro la plus proche ?

¿Dónde están los servicios?
__donn__dé es__tann__ loss sèr__bi__sioss
Où se trouvent les toilettes ?

Estoy perdido.
és__toï__ pèr__di__do
Je suis perdu.

Estamos perdidos.
és__ta__mos pèr__di__doss
Nous sommes perdus.

¿Me puede ayudar?
mé __poué__dé ayou__dar__
Pouvez-vous m'aider ?

¿Nos podría indicar el camino?
noss po__dri-__a inndi__kar__ el ka__mi__no
Pourriez-vous nous indiquer le chemin ?

¿Cómo se llega ahí?
__ko__mo sé __yé__ga a-__i__
Comment puis-je m'y rendre ?

a la derecha
*a la dé**ré**tcha*
à droite

a la izquierda
*a la is**kiè**rda*
à gauche

todo recto
***to**do **rè**kto*
tout droit

Toma la primera calle a la derecha.
***to**ma la pri**mé**ra **ka**yé a la dé**ré**tcha*
Prends la première rue à droite.

Tome la segunda calle a...
***to**mé la sé**gounn**da **ka**yé a...*
Prenez la 2e rue à...

Tuerce a la derecha.
***touè**rsé a la dé**ré**tcha*
Tourne à droite.

Tuerza a la izquierda.
***touè**rsa a la is**kiè**rda*
Tournez à gauche.

la primera (calle) a la derecha
*la pri**mé**ra (**ka**yé) a la dé**ré**tcha*
la première (rue) à droite

la segunda/tercera a la izquierda
*la sé**gounn**da/tèr**sé**ra a la is**kiè**rda*
la seconde/troisième à gauche

Tuerza a la derecha en la esquina.
***touè**rsa a la dé**ré**tcha ènn la és**ki**na*
Tournez à droite au coin de la rue.

detrás de
*dé**trass** dé*
derrière

delante de
*dé**lannté** dé*
devant

enfrente de
*èn**frènn**té dé*
en face de

el Oeste
*el o**és**té*
l'ouest

el Este
*el **és**té*
l'est

el Sur
el sour
le sud

el Norte
*el **nor**té*
le nord

comprendre une adresse

comprender una dirección

Quelques abréviations courantes peuvent rendre une adresse illisible :

c/ calle
***ka**yé*
rue

avda avenida
*abé**ni**da*
avenue

pl. plaza
plassa
place

p° paseo
passéo
promenade

ctra carretera
karrétéra
route

s/n sin número
sinn nouméro
sans numéro

entlo entresuelo
ènntrésuélo
entresol

1ero izq. primero izquierda
priméro isskièrda
1er étage gauche

2ndo dch. segundo derecha
ségounndo dérétcha
2e étage droite

3ero A tercero A
tèrséro A
3e étage porte A

4° B cuarto B
kouarto B
4e étage porte B

el sótano
él sotano
le sous-sol

la planta baja
la plannta baHa
le rez-de-chaussée

difficultés de compréhension/faire répéter

dificultades de comprensión/repetir

Je ne comprends pas.
No entiendo.
no ènntiénndo
= No comprendo.
no commprènndo

Je suis désolé(e), je ne parle pas espagnol.
Lo siento, no hablo español.
lo siènnto no ablo éspagnol

Je parle très peu espagnol.
Hablo muy poco español.
ablo moui poko éspagnol

Mais je parle français et anglais.
Pero hablo francés e inglés.
péro ablo frannsèss é innglèss

Parlez-vous français/anglais ?
¿Habla francés/inglés?
abla frannsèss/innglèss

Pourriez-vous parler plus lentement, s'il vous plaît ?
¿Podría hablar más lentamente, por favor?
podri-a ablar mass lènntamènnté por fabor

Pourriez-vous répéter la phrase/le prix ?
¿Podría repetir la frase/ el précio?
podri-a répétir la frassé/el préssio

Pourriez-vous écrire le prix ?
¿Podría escribir el precio?
podri-a éskribir el préssio

Pourriez-vous épeler le nom de la rue ?
¿Podría deletrear el nombre de la calle?
podri-a délétréar el nommbré dé la kayé

Comment est-ce que ça s'écrit ?
¿Cómo se escribe?
komo sé éscribé

Je ne suis pas sûr d'avoir bien compris.
No estoy seguro de haber entendido bien.
no estoï séguro dé abèrr ènntènndido biènn

faux ami

attention, le verbe entender /*ènntènndèrr*/ signifie « comprendre » et non pas « entendre » qui se dit oír /*o-ir*/. Son synonyme comprender /*kommprènndèrr*/, très proche du mot français, est tout aussi courant.

les jours de la semaine et les moments de la journée

los días de la semana y los momentos del día

Quel jour ?
¿Qué día?
ké di-a

lundi
lunes
lounèss

mardi
martes
martèss

mercredi
miércoles
mièrkolèss

jeudi
jueves
Houébèss

vendredi
viernes
bièrnèss

samedi
sábado
sabado

dimanche
domingo
dominngo

le week-end
el fin de semana
el finn dé sémana

Expressions

No es cosa del otro jueves, littéralement « ce n'est pas quelque chose de l'autre jeudi », signifie « cela n'a rien d'extraordinaire ».

L'expression remonte à l'époque où, pour des raisons religieuses, on jeûnait le vendredi, principalement au moment du Carême. Ceux qui le pouvaient compensaient préventivement les privations en faisant ripaille le jeudi soir.

Du jour au lendemain se dit ***de la noche a la mañana*** en espagnol, donc littéralement « de la nuit au matin », mais la notion de rapidité est la même.

Alors qu'en français on travaille *du matin au soir*, en espagnol on travaille *de soleil à soleil*. L'expression ***trabajar de sol a sol*** fait allusion aux travaux des champs, menés du lever jusqu'au coucher du soleil.

quand ?
¿Cuándo?
kouanndo

aujourd'hui
hoy
oï

demain
mañana
magnana

après-demain
pasado mañana
pasado magnana

la semaine prochaine
la semana próxima
la sémana proksima

hier
ayer
ayèr

hier soir
anoche
anotché

avant-hier
antes de ayer
anntèss dé ayèr

le matin
la mañana
la magnana

l'après-midi
la tarde
la tardé

le soir/la nuit
la noche
la notché

ce matin...
esta mañana/tarde/noche
ésta magnana,...

demain matin
mañana por la mañana
magnana por la magnana

hier après-midi
ayer por la tarde
ayèr por la tardé

samedi soir
el sábado por la noche
el sábado por la notché

dans une heure
dentro de una hora
dènntro dé ouna ora

aujourd'hui, c'est mardi
hoy es martes
oï èss martèss

la veille
el día anterior
el di-a anntérior

la veille au soir ou la nuit précédente
la noche anterior
la notché anntérior

le lendemain
el día siguiente
el di-a siguiènnté

c'était la veille
era el día anterior
*éra el **di**-a anntér**ior***

c'est dans trois jours
es dentro de tres días
*èss **dènn**tro dé trèss **di**-ass*

dans deux semaines
dentro de dos semanas
***dènn**tro de doss sé**ma**nass*

il y a deux jours/mois
hace dos días/meses
***a**ssé doss **di**ass/ **mé**ssèss*

les mois de l'année et les saisons

los meses del año y las estaciones

un mois
un mes
ounn méss

deux mois
dos meses
*doss **mé**ssèss*

janvier
enero
*é**né**ro*

février
febrero
*fé**bré**ro*

mars
marzo
***mar**so*

avril
abril
*a**bril***

mai
mayo
***ma**ïo*

juin
junio
***Hou**nio*

juillet
julio
***Hou**lio*

août
agosto
*a**gos**to*

septembre
septiembre
*sép**tièm**bré*

octobre
octubre
*oc**tou**bré*

novembre
noviembre
*no**bièmm**bré*

décembre
diciembre
*dissi**èmm**bré*

les saisons
las estaciones
*lass ésstas**sio**nèss*

le printemps
la primavera
*la prima**bé**ra*

l'été
el verano
*el bé**ra**no*

l'automne
el otoño
*el o**to**gno*

l'hiver
el invierno
*el in**bièr**no*

C'est l'été.
Es el verano.
*èss el bé**ra**no*

Nous sommes au printemps.
Estamos en primavera.
*és**ta**moss ènn prima**bé**ra*

note

attention, le mot estación signifie à la fois « saison », « station » et « gare ». La phrase no es la buena estación peut donc avoir deux sens selon le contexte : « ce n'est pas la bonne saison » ou « ce n'est pas la bonne gare (ou station) ».

le temps qu'il fait

el tiempo

le temps
el tiempo
*el **tièmm**po*

le climat
el clima
*el **kli**ma*

tropical
tropical
*tropi**kal***

continental
continental
*konntinènn**tal***

méditerranéen
mediterráneo
*médité**rra**néo*

le soleil
el sol
el sol

le froid
el frío
*el **fri**-o*

la chaleur
el calor
*el ka**lorr***

le nuage
la nube
*la **nou**bé*

nuageux
nublado
*nou**bla**do*

la pluie
la lluvia
*la **you**bia*

pluvieux
lluvioso
*you**bio**sso*

ensoleillé
soleado
*solé**a**do*

frais
fresco
***frèss**ko*

le brouillard
la niebla
*la **nié**bla*

l'orage
la tormenta
*la tor**mènn**ta*

orageux(-euse)
tormentoso(-a)
*tormènn**to**sso(-a)*

- Il y a du soleil/du vent.
  Hace sol/viento.
  *assé sol/**biènn**to*
- Il fait très chaud/froid.
  Hace mucho calor/frío.
  *assé **mou**tcho ka**lorr**/**fri**-o*
- Qu'est-ce qu'il fait chaud/froid !
  ¡Qué calor/frío hace!
  *ké ka**lorr**/**fri**-o **a**ssé*

- Il ne fait pas très chaud, il fait frais.
  No hace mucho calor, hace fresco.
  *no **a**ssé **mou**tcho ka**lorr**, **a**ssé **frés**ko*
- À cette saison il pleut beaucoup.
  Llueve mucho en esta estación.
  youé**bé **mou**tcho ènn **és**ta ésta**ssionn
- Il est en train de pleuvoir/neiger.
  Está lloviendo/nevando.
  *éss**ta** yo**biènn**do/né**bann**do*
- Il n'arrête pas de pleuvoir/neiger.
  No deja de llover/nevar.
  *no **dé**Ha dé yo**bèrr**/né**bar***
- Quel temps fera-t-il demain ?
  ¿Qué tiempo hará mañana?
  *ké **tièmm**po ar**a** ma**gna**na*
- Quel temps annonce-t-on pour demain/le week-end ?
  ¿Qué tiempo anuncian para mañana/el fin de semana?
  *ké **tièmm**po a**nounn**siann **pa**ra ma**gna**na/el finn dé sé**ma**na*
- Quelles températures annonce-t-on pour demain ?
  ¿Qué temperaturas anuncian para mañana?
  *ké tèmmpéra**tou**rass a**nounn**siann **pa**ra ma**gna**na*
- Demain il y aura du soleil.
  Mañana hará sol.
  *ma**gna**na ar**a** sol*
- On annonce du beau/mauvais temps.
  Anuncian buen/mal tiempo.
  *a**nounn**siann bouènn/mal **tièmm**po*
- Il fait trop chaud pour sortir avec le bébé.
  Hace demasiado calor para salir con el bebé.
  a**ssé déma**ssia**do ka**lorr** **pa**ra sa**lirr** konn el bé**bé
- Il fait trop froid pour se baigner.
  Hace demasiado frío para bañarse.
  ***a**ssé déma**ssia**do **fri**-o **pa**ra ba**gnar**sé*
- Le ciel est très nuageux.
  El cielo está muy nublado.
  *el **sié**lo és**ta** mou-i nou**bla**do*

- Il y a beaucoup trop de vent pour aller à la plage.
  Hace demasiado viento para ir a la playa.
  *asé dema**ssiado** **biènn**to **pa**ra ir a la **pla**ya*

les chiffres et les nombres

las cifras y los números

0 cero
***sé**ro*

1 un(o, -a)
oun(o, -a)

2 dos
doss

3 tres
trèss

4 cuatro
***koua**tro*

5 cinco
***sinn**ko*

6 seis
***sè**-iss*

7 siete
***sié**té*

8 ocho
***o**tcho*

9 nueve
***noué**bé*

10 diez
*di**èss***

11 once
***onn**sé*

12 doce
***do**ssé*

13 trece
***tré**ssé*

14 catorce
*ka**tor**sé*

15 quince
***kinn**sé*

16 dieciséis
*diéssi**sséiss***

17 diecisiete
*diéssi**ssiété***

18 dieciocho
*diéssi**otcho***

19 diecinueve
*déssi**noué**bé*

20 veinte
***bé**-innté*

21 veintiuno(-a), veintiún
*bé-innti**ou**no(-a), bé-innti**ounn***

22 veintidós
*bé-innti**doss***

23 veintitrés
*bé-innti**trèss***

24 veinticuatro
*bé-innti**koua**tro*

25 veinticinco
*bé-innti**ssinn**ko*

26 veintiséis
*bé-innti**ssèiss***

27 veintisiete
*bé-innti**ssié**té*

28 veintiocho
*bé-innti**o**tcho*
29 veintinueve
*bé-innti**noué**bé*
30 treinta
*tré-**inn**ta*
31 treinta y un(o, -a)
*tré-**inn**ta i **ou**n(o, -a)*
32 treinta y dos
*tré-**inn**ta y doss*
40 cuarenta
*koua**rènn**ta*
43 cuarenta y tres
*koua**rènn**ta y trèss*
50 cincuenta
*sinn**kouènn**ta*
60 sesenta
*sé**ssènn**ta*
70 setenta
*sé**tènn**ta*
80 ochenta
*o**tchènn**ta*
90 noventa
*no**bènn**ta*
100 cien
siènn
101 ciento un(o, -a)
*siènnto **ou**n(o, -a)*
120 ciento veinte
*siènnto **bé**-inté*

200 doscientos(-as)
*doss-**sìènn**toss(-ass)*
300 trescientos(-as)
*trèss-**sìènn**toss(-ass)*
400 cuatrocientos(-as)
***koua**tro **sìènn**toss(-ass)*
500 quinientos(-as)
*ki**nìènn**toss(-ass)*
600 seiscientos(-as)
*séï**ssìènn**toss(-ass)*
700 setecientos(-as)
*sété**ssìènn**toss(-ass)*
800 ochocientos(-as)
*ocho**ssìènn**toss(-ass)*
900 novecientos(-as)
*nobé**ssìènn**toss(-ass)*
1000 mil
mil
1010 mil diez
mil dièss
2000 dos mil
doss mil
2015 dos mil quince
*doss mil **kinn**sé*
1.000.000 un millón
*ounn mi**yonn***
1.000.000.000 mil millones
*mil mi**yo**nèss*

remarque

Lorsque uno est un article indéfini, il perd son *o* devant un nom :

- un hombre un homme
- una mujer une femme
- veintiún niños 21 enfants
- veintiuna chicas 21 filles

attention

La conjonction y ne s'utilise qu'entre les dizaines et les unités :
- treinta y dos 32
- ciento treinta y dos 132

Expressions

Buscarle tres pies al gato, littéralement « chercher trois pattes au chat », est une déformation de l'expression initiale, plus logique, ***buscarle cinco pies al gato*** (« chercher cinq pattes au chat »). Une évolution moderne ? Pas vraiment. La version avec trois pattes se trouve déjà dans le célèbre roman de Cervantès, *Don Quichotte.*

Ser más chulo que un ocho, mot à mot « être plus crâneur qu'un huit » peut sembler un peu obscur. L'expression est apparue à Madrid au début du XXe siècle. Chaque année, les Madrilènes revêtaient fièrement le costume traditionnel et prenaient le tramway numéro 8 pour aller fêter le saint patron de la ville, Saint Isidro Labrador. ***Ser más chulo que un ocho*** est un peu l'équivalent de notre « être fier comme Artaban ».

la date et l'heure

la fecha y la hora

la date - la fecha

- **Aujourd'hui, c'est le 2 juillet 2016.**
  Hoy es el 2 de julio de 2016.
  *oï èss el doss dé **Hou**lio dé doss mil diéssi**ssèiss**.*
- **Aujourd'hui, nous sommes le 15 août 2016.**
  Hoy estamos a 15 de agosto de 2016.
  *oï és**ta**moss a **kinn**sé dé a**gos**to dé doss mil diéssi**ssèiss**.*

Notez la présence des prépositions a et de en espagnol.

l'heure - la hora

Il est une heure (pile).	**Il est deux heures.**
Es la una (en punto).	Son las dos.
*èss la **ou**na (ènn pounnto)*	*sonn lass doss*

Il est deux heures et quart.
Son las dos y cuarto.
*sonn lass doss i **kouar**to*

Il est deux heures et demie.
Son las dos y media.
*sonn lass doss i **mé**dia*

Il est trois heures moins cinq.
Son las tres menos cinco.
*sonn lass trèss **mé**noss **sinn**ko*

une heure
una hora
***ou**na **o**ra*

une minute
un minuto
*ounn mi**nou**to*

une seconde
un segundo
*ounn sé**gounn**do*

un quart d'heure
un cuarto de hora
*ounn **kouar**to dé **o**ra*

une demi-heure
media hora
***mé**dia **o**ra*

les couleurs

los colores

jaune
amarillo(-a)
*ama**ri**yo(-a)*

blanc/blanche
blanco(-a)
***blann**ko(-a)*

violet(te)
morado(-a)
*mo**ra**do(-a)*

noir(e)
negro(-a)
***né**gro(-a)*

rouge
rojo(-a)
***ro**Ho(-a)*

bleu(e)
azul*
*a**ssoul***

gris(e)
gris*
griss

marron
marrón*
*ma**rronn***

orange
naranja*
*na**rann**Ha*

vert(e)
verde*
***bèr**dé*

turquoise
turquesa*
*tour**ké**ssa*

* Ces adjectifs sont invariables en genre :
Je voudrais un pull bleu et une jupe bleue.
Quisiera un jersey azul y una falda azul.
*ki**ssié**ra ounn Hèr**séï** a**ssul** i **ou**na **fal**da a**ssul***

Expressions

Ponerse morado, littéralement « devenir violet », signifie en fait « s'empiffrer », par allusion à la couleur que prend la peau sous l'effet d'une cyanose provoquée par des excès alimentaires. ***Estar negro*** a également un sens figuré, celui de « devenir furieux ». Ainsi on comprend mieux Estaba negra porque Luis se puso morado durante la fiesta, « Elle est devenue noire parce que Luis était devenu violet pendant la fête » !

Les couleurs sont très souvent utilisées dans les expressions familières. En voici quelques exemples :
pasarlas moradas (« les passer violettes ») équivaut à « en voir de toutes les couleurs », « en voir des vertes et des pas mûres ».
poner verde a alguien (« rendre quelqu'un vert ») signifie « traiter quelqu'un de tous les noms », et non le rendre vert... de jalousie par exemple. Tandis que ***poner negro a alguien*** (« rendre quelqu'un noir ») signifie « agacer quelqu'un » et non l'enivrer.

exprimer des sensations

expresar sensaciones

- Comment te sens-tu ?
  ¿Cómo te sientes?
  komo té siènntès
- Comment vous sentez-vous ?
  ¿Cómo se siente?
  komo sé siènnté
- Je suis fatigué.
  Estoy cansado.
  éstoï kannsado
- Elle est assez fatiguée.
  Está bastante cansada.
  ésta bastannté kannsada
- Je suis (très) malade.
  Estoy (muy) enfermo(-a).
  éstoï (moui) ènnfèrmo(-a)
- Je suis (un peu) nerveux(-euse).
  Estoy (un poco) nervioso(-a).
  éstoï (ounn poko) nèrbiosso(-a)

- Je suis (très) stressé(e).
  Estoy (muy) estresado(-a).
  *és**toï** (moui) èstré**ssa**do(-a)*
- Je suis (très) content(e).
  Estoy (muy) contento(-a).
  *és**toï** (moui) konn**tènn**to(-a)*
- J'ai (très) chaud.
  Tengo (mucho) calor.
  tènn**go **mou**tcho ka**lor
- Il/elle a (très) froid.
  Tiene (mucho) frío.
  ***tié**né (**mou**tcho) **fri**-o*
- J'ai (très) faim.
  Tengo (mucha) hambre.
  ***tènn**go (**mou**tcha) **amm**bré*
- J'ai (très) soif.
  Tengo (mucha) sed.
  ***tènn**go (**mou**tcha) sèd*

Expression

Avoir une faim de loup se dit ***tener un hambre canina,*** littéralement « avoir une faim canine ».

exprimer sa joie, son accord

expresar su alegría, su acuerdo

- Super, c'est génial !
  ¡Qué bien!
  *ké **biénn***
- Je suis (super) content(-e).
  Estoy (super) contento(-a).
  *és**toï** **sou**pèrr conn**tènn**to(-a)*
- Nous sommes enchantés.
  Estamos encantados.
  *és**ta**moss ènnkann**ta**doss*

- C'est fantastique.
  Es fantástico.
  *èss fann**tas**tiko*
- C'est merveilleux.
  Es maravilloso.
  *èss marabi**yo**sso*
- Parfait !
  ¡Perfecto!
  *pèr**fèk**to*
- Tout est parfait.
  Todo es perfecto.
  ***to**do èss pèr**fèk**to*
- C'est très intéressant.
  Es muy interesante.
  *èss moui inntéréss**sann**té*
- D'accord ?
  ¿Vale?, ¿De acuerdo?
  ***ba**lé, dé a**kouèr**do*
- D'accord !
  ¡Vale!
  ***ba**lé*
- Oui, d'accord.
  Sí, de acuerdo.
  *si, dé a**kouèr**do*
- Je suis d'accord.
  Estoy de acuerdo.
  *és**toï** dé a**kouèr**do*
- Qu'est-ce que c'est joli !
  ¡Qué bonito!
  *ké bo**ni**to*
- Qu'est-ce que c'est bon !
  ¡Qué rico!
  *ké **ri**ko*
- Qu'est-ce que ça sent bon !
  ¡Qué bien huele!
  *ké biénn **oué**lé*

note L'adjectif rico(-a) signifie à la fois « riche » et « bon ».

exprimer son mécontentement

expresar su descontento

- Je ne suis pas content(e).
  No estoy contento(-a).
  *no és**toï** konn**tènn**to(-a)*
- Nous sommes déçus.
  Estamos decepcionados.
  *és**ta**moss désépsio**na**doss.*
- Je suis furieux(-euse).
  Estoy furioso(-a).
  *és**toï** fou**rio**sso(-a)*
- C'est horrible !
  ¡Es horrible!
  *èss o**rri**blé*
- Je n'y crois pas !
  ¡No me lo puedo creer!
  *no mé lo **poué**do kré-**èrr***
- Je ne suis pas d'accord.
  No estoy de acuerdo.
  *no és**toï** dé a**kouèr**do.*
- Il y a un problème.
  Hay un problema.
  *aïe ounn pro**blé**ma*
- J'ai un problème.
  Tengo un problema.
  ***tènn**go ounn pro**blé**ma*
- Je m'ennuie.
  Estoy aburrido(-a).
  *és**toï** abou**rri**do(-a)*
- Qu'est-ce que c'est laid !
  ¡Qué feo!
  *ké **fé**o*
- C'est mauvais (au goût).
  Sabe mal.
  ***sa**bé mal*

- Qu'est-ce que ça sent mauvais !
  ¡Qué mal huele!
  *ké mal **ouélé***
- La télévision ne marche pas.
  El televisor no funciona.
  *el télébi**ssor** no founn**sio**na*
- Ce n'est pas la bonne clé.
  No es la llave correcta.
  *no èss la **ya**bé ko**rrèk**ta*

Expression

Estar de un humor de perros signifie littéralement « être d'une humeur de chiens ». L'expression espagnole est donc très proche du français, au « s » du pluriel près.

les pronoms personnels

los pronombres personales

je yo *yo*	nous (masculin) nosotros *no**sso**tross*	vous (féminin) vosotras *bo**sso**trass*
tu tú *tou*	nous (féminin) nosotras *no**sso**trass*	ils/elles ellos/ellas ***é**yoss/**é**yass*
il/elle él/ella *el/**é**ya*	vous (masculin vosotros *bo**sso**tross*	

note

En espagnol, les pronoms personnels ne s'utilisent que pour insister sur une différence :

- Tú hablas español, pero yo no. Tu parles espagnol, mais moi pas.

Sinon, on dit simplement :

- Hablas español. Tu parles espagnol.
- No hablo español. Je ne parle pas espagnol.

N'oubliez pas qu'il existe une forme féminine pour nosotros et vosotros.

le tutoiement et le vouvoiement

el tuteo y el tratamiento de usted

Il existe trois vouvoiements en espagnol.

1) Vosotros/as est le pluriel de tú : il s'emploie lorsque l'on s'adresse à plusieurs personnes que l'on tutoie individuellement (amis, enfants, famille,...) :

- Ana, ¿estás (tú) aquí?
  Ana, es-tu là ?
- Niños, ¿habéis hecho (vosotros) los deberes?
  Les enfants, avez-vous fait vos devoirs ?

2) Usted est le vouvoiement de politesse singulier. Il s'emploie lorsque l'on s'adresse à une personne que l'on vouvoie. Le verbe qui suit se conjugue à la 3e personne du singulier :

- ¿Es usted el señor Pérez?
  Êtes-vous monsieur Pérez ?

3) Ustedes est le pluriel de usted. Le verbe se conjugue à la 3e personne du pluriel :

- ¿Son ustedes los señores García?
  Êtes-vous monsieur et madame García ?

le verbe « être » : ser ou estar ?

Les verbes ser et estar se traduisent tous les deux, dans la majorité des cas, par « être », mais leur utilisation est bien distincte.

Le verbe ser s'emploie principalement dans 5 cas :

◇ pour introduire une caractéristique (forme, taille, nationalité, provenance, caractère, matériau...)

- Soy francés. Je suis français.
- Es alto. Il est grand.
- Es de Francia. Il est ou vient de France.

- Es simpática. Elle est sympathique.
- Es de lana. C'est en laine.

◇ pour exprimer la possession
- Es mi maleta. C'est ma valise.

◇ pour exprimer un nombre, une somme
- Son 20 euros. Ça fait 20 euros.
- Somos dos. Nous sommes deux.

◇ pour situer un événement dans l'espace ou dans le temps
- El concierto es en la plaza Mayor/en mayo. Le concert a lieu sur la Plaza Mayor/en mai.

◇ pour exprimer le temps
- Es la una. Il est une heure.
- Es el verano. C'est l'été.
- Hoy es domingo. Aujourd'hui, c'est dimanche.

Le verbe estar s'emploie principalement dans 5 cas :

◇ pour exprimer un état physique ou moral passager
- Estoy cansado. Je suis fatigué.
- El plato está sucio. L'assiette est sale.
- Está deprimido. Il est déprimé.

◇ pour localiser un objet ou une personne
- Barcelona está en Cataluña. Barcelone est en Catalogne.
- Luisa está en Andalucía/en la cocina/en la escuela. Luisa est en Andalousie/dans la cuisine/à l'école.

◇ pour se situer soi-même dans le temps
- Estamos en verano. Nous sommes en été.
- Estamos a 15 de julio. Nous sommes le 15 juillet.

◇ avant bien et mal
- Está bien. C'est bien.
- Está mal. C'est mal.

◇ avec le gérondif (présent progressif)
- ¿Qué estás haciendo? Que fais-tu ?
- Estoy comiendo. Je suis en train de manger.

attention

Avec un adjectif, l'utilisation de ser ou de estar peut changer le sens de la phrase. Quelques exemples :

- ser nuevo être neuf
- estar nuevo être comme neuf
- ser grave être grave
- estar grave être gravement malade ou blessé
- ser listo être intelligent
- estar listo être prêt
- ser moreno être brun
- estar moreno être bronzé
- ser gordo/delgado être gros/mince
- estar gordo/delgado avoir grossi/maigri

Expression

¿Ser o no ser? ¡Hé ahí el dilema!

« Être ou ne pas être? Telle est la question ! »

Traduction fidèle du « to be or not to be » d'Hamlet, cette question philosophique est souvent moins cruelle pour le francophone que celle du « ¿ser o estar? » !

TRANSPORTS

Au large de Benidorm

À L'AÉROPORT

en el aeropuerto

Les mots pour le dire

la valise	la maleta	*la ma**lé**ta*
le sac à dos	la mochila	*la mot**chi**la*
les bagages	el equipaje	*el equi**pa**Hé*
les bagages à main	el equipaje de mano	*el equi**pa**Hé dé **ma**no*
l'hôtesse	la azafata	*la assa**fa**ta*
le billet	el billete	*el bi**yé**té*
le passeport	el pasaporte	*el passa**por**té*
le départ	la salida	*la sa**li**da*
partir, sortir	salir	*sa**lir***
l'arrivée	la llegada	*la yé**ga**da*
arriver	llegar	*yé**gar***
l'aller	la ida	*la **i**da*
le retour	la vuelta	*la bou**è**lta*
le comptoir	el mostrador	*el mostra**dor***
l'enregistrement	la facturación	*la faktoura**ssionn***
la porte d'embarquement	la puerta de embarque	*la **pouèr**ta dé èmm**bar**qué*
le changement	la conexión	*la conèk**sionn***
l'atterrissage	el aterrizaje	*el atéris**sa**Hé*
atterrir	aterrizar	*atéri**ssar***
le décollage	el despegue	*el dés**pé**gué*
décoller	despegar	*déspé**gar***
en avance	con antelación	*konn anntéla**ssionn***
en retard	con retraso	*konn ré**tra**sso*

attention aux faux amis

- Salir signifie « sortir » et « partir » mais jamais « salir » qui se dit ensuciar. La salida désigne donc à la fois la « sortie » et le « départ ».
- Facturar signifie à la fois « facturer » et « enregistrer des bagages ».
- El equipaje désigne les bagages et non l'équipage, qui se dit la tripulación.

➤ S'exprimer ≺ Comprendre

➤ À quelle heure part/arrive l'avion ?
¿A qué hora sale/llega el avión?
*a ké **o**ra **s**a**lé/yé**ga el a**bionn***

≺ El avión sale a las 2 : 30.
*el a**bionn** **sa**lé a las dos y **me**dia*
L'avion part à 2 h 30.

≺ Su pasaporte y su billete, por favor.
*sou passa**por**té y su bi**yé**té por fa**vor***
Votre passeport et votre billet, s'il vous plaît.

➤ Voici (mon passeport/mon billet).
Aquí tiene (mi pasaporte/mi billete).
***aki tié**né (mi passa**por**té/mi bi**yé**té)*

➤ À quelle heure a lieu l'embarquement ?
¿A qué hora es el embarque?
*a ké **o**ra èss el èm**bar**ké*

≺ El embarque comienza 45 minutos antes de la salida.
*el èmm**bar**ké ko**mmiènn**sa koua**rènn**ta i **sinn**ko mi**nou**toss **ann**tèss dé la sa**li**da*
L'embarquement commence 45 minutes avant le départ.

➤ Où se trouve le terminal C, s'il vous plaît ?
¿Dónde está la terminal C, por favor?
don**dé é**sta** la tèrmi**nal** sé, por fa**bor

➤ Où se trouvent les chariots pour les bagages ?
¿Dónde están los carritos para el equipaje?
***don**dé é**stann** los kar**ri**toss **pa**ra el équi**pa**Hé*

➤ Où récupère-t-on les bagages ?
¿Dónde se recogen las maletas?
***don**dé sé re**ko**Hènn lass ma**lé**tass*

➤ Il me manque une valise.
Me falta una maleta.
*mé **fal**ta **ou**na ma**lé**ta*

≺ El avión tiene retraso/ya ha salido.
*el a**bionn** **tié**né re**tra**sso/**ia** a sa**li**do*
L'avion a du retard/est déjà parti.

< El vuelo está cancelado.
*el **bué**lo és**ta** kannsé**la**do*
Le vol est annulé.

> J'ai raté l'avion/ma correspondance.
He perdido el avión/el vuelo de conexión.
*é pér**di**do el a**bionn**/el **bué**lo de konèk**sionn***

> Est-ce le bon terminal pour ma correspondance ?
¿Es esta la terminal correcta para mi vuelo de conexión?
*èss **és**ta la tèrmi**nal** kor**rèk**ta para mi **bué**lo de konèk**sionn***

< No, tiene que cambiar de terminal.
*no, **tié**né ké kamm**biar** dé tèrmi**nal***
Non, vous devez changer de terminal.

> Pourriez-vous me dire d'où part la navette qui va au terminal A, s'il vous plaît ?
¿Podría decirme de dónde sale el autobús para ir a la terminal A, por favor?
*po**dri**a déssir**mé** dé **donn**dé **sa**lé el aouto**bouss** **pa**ra ir a la tèrmi**nal** A, por fa**bor***

< Tome el autobús número 5.
***to**mé el aouto**bouss** **nou**méro **sinn**ko*
Prenez la navette n°5.

< El traslado a la terminal C dura 15 minutos.
*el tras**la**do a la tèrmi**nal** sé **dou**ra **kinn**sé mi**nou**tos*
Le trajet jusqu'au terminal C dure 15 minutes.

> Où se trouve le comptoir d'Ibéria ?
¿Dónde está la taquilla de Iberia?
***donn**dé és**ta** la ta**ki**ya dé i**bé**ria*

> Comment va-t-on à la salle d'embarquement numéro... ?
¿Cómo llego a la sala de embarque número...?
***ko**mo **yé**go a la **sa**la dé èmm**bar**ké **nou**méro...*

L'ESPAGNOL dans tous ses ÉTATS

Manières de dire

- En Amérique latine, on emploie **un boleto** pour désigner un billet.
- En Argentine, l'arrivée se dit **el arribo**, le départ se dit **la partida**.

Le saviez-vous ?

Le mot **aduana** (douane) vient de l'arabe *diouan*, qui a aussi donné le mot *divan* en français.

Le dicton du jour

> ***Quién fue a Sevilla perdió su silla***
>
> Littéralement « Qui est parti à Séville a perdu sa chaise » est l'équivalent de notre fameux « Qui va à la chasse perd sa place ».

Ce dicton est basé sur un fait historique : durant le règne d'Enrique IV (1454-1474), roi de Castille, l'archevêché de Saint-Jacques-de-Compostelle fut attribué à un neveu de l'archevêque de Séville, Alonso de Fonseca. Les habitants de Saint-Jacques-de-Compostelle s'étant révoltés, le neveu demanda à son oncle d'échanger les archevêchés le temps que la révolte soit apaisée. Une fois la paix retrouvée, Alonso de Fonseca voulut retourner à Séville. Son neveu refusa de lui rendre son poste et il fallut l'intervention du pape et du roi pour qu'Alonso de Fonseca redevienne archevêque de Séville.

JUSQU'À L'HÔTEL

hasta el hotel

Les mots pour le dire

la sortie	la salida	*la sa**li**da*
la douane	la aduana	*la a**dou**ana*
le taxi	el taxi	*el **ta**ksi*
la gare	la estación	*la éста**ssionn***
le train	el tren	*el trènn*
le métro	el metro	*el **mé**tro*
le guichet	la taquilla	*la ta**ki**ya*
le billet	el billete	*el bi**yé**té*
le bus	el autobús	*el aouto**bouss***
l'arrêt de bus	la parada del autobús	*la pa**ra**da del aouto**bouss***
la gare routière	la estación de autobuses	*la éсta**ssionn** dé aouto**bou**ssèss*
la voiture	el coche	*el **ko**tché*
louer	alquilar	*alki**lar***
l'agence	la agencia	*la a**Hènn**sia*
l'hôtel	el hotel	*el o**tèl***
la ville	la ciudad	*la siou**da***
prendre	tomar, coger	*to**mar**, ko**Hèrr***
le trajet	el trayecto	*el tra**yèk**to*
durer	durar	*dou**rar***
l'aller	la ida	*la **i**da*
l'adresse	la dirección	*la dirèk**sionn***
emmener	llevar	*yé**bar***
la consigne	la consigna	*la konn**si**gna*
laisser	dejar	*dé**Har***

attention aux faux amis

La dirección signifie « la direction » mais aussi « l'adresse ».

⮞ S'exprimer ⮜ Comprendre

➤ Où sont les taxis ?
¿Dónde están los taxis?
***donn**dé és**tann** loss **ta**kssiss*

➤ Al final de la calle, a la derecha/izquierda.
*al **final** dé la **ka**yé a la dé**ré**tcha/iss**kièr**da*
Au bout de la rue, à droite/gauche.

➤ ¿Adónde los llevo?
*a**donn**dé loss **yé**bo*
Je vous dépose où?

➤ J'aimerais aller à cette adresse, s'il vous plaît.
Quisiera ir a esta dirección, por favor.
*kis**sié**ra ir a **és**ta diréks**ionn**, por fa**bor***

➤ J'ai besoin d'un taxi adapté aux personnes handicapées.
Necesito un taxi adaptado para discapacitados ou minusválidos.
*néssé**ssi**to ounn **ta**ksi adap**ta**do para diskapassi**ta**doss/ minous**va**lidoss*

➤ Nous avons besoin d'un coffre plus grand.
Necesitamos un maletero más amplio.
*nésséssi**ta**moss ounn malé**té**ro mass **amm**plio*

➤ Nous avons beaucoup de bagages.
Tenemos mucho equipaje.
*té**né**moss **mou**tcho éki**pa**Hé*

➤ Le va a costar más o menos 50 euros.
*lé ba a kos**tar** mass o **mé**noss sinn**kouènn**ta **é**ouross*
Cela va vous coûter environ 50 euros.

➤ Où se trouve l'arrêt d'autobus ?
¿Dónde está la parada del autobús?
donn**dé éss**ta** la pa**ra**da del aouto**bouss

➤ Combien coûte un billet pour aller au centre ?
¿Cuánto cuesta un billete para ir al centro?
***kouan**to **kouéss**ta ounn bi**yé**té **pa**ra ir al **sènn**tro*

◄ ¿Desea un billete sencillo o una ida y vuelta?
*dé**ssé**a ounn bi**yé**té sènn**si**yo o **ou**na ida i **bouèl**ta*
Voulez-vous un aller simple ou un aller-retour ?

► Combien coûte un aller-retour pour Séville ?
¿Cuánto cuesta un billete de ida y vuelta para Sevilla?
***kouann**to **kouéss**ta ounn bi**yé**té dé **i**da y **bouèl**ta **pa**ra Sé**bi**ya*

► Je voudrais un ticket de métro.
Quisiera un billete de metro.
*kis**sié**ra ounn bi**yé**té dé **mé**tro*

► Y a-t-il un tarif réduit pour les étudiants ?
¿Hacen descuentos para estudiantes?
***a**ssènn dés**kouènn**toss **pa**ra éstou**diann**tèss*

► Où puis-je louer une voiture ?
¿Dónde puedo alquilar un coche?
***donn**dé **poué**do alki**lar** ounn **ko**tché*

◄ Hay varias agencias de alquiler allí a la derecha.
*aïe **ba**riass a**Hènn**siass dé alki**lèrr** a**yi** a la dé**ré**tcha*
Il y a plusieurs agences de location là-bas à droite.

► Je cherche un hôtel dans le centre-ville.
Estoy buscando un hotel en el centro de la ciudad.
*és**toï** bouss**kann**do ounn o**tèl** ènn el **sènn**tro dé la siou**da***

► Acceptez-vous les paiements par carte de crédit ?
¿Acepta pagos con tarjeta de crédito?
*as**sép**ta **pa**goss konn tar**Hé**ta dé **kré**dito*

◄ No, solo aceptamos pagos en efectivo.
*no, **so**lo asséep**ta**moss **pa**goss ènn éfék**ti**bo*
Non, nous n'acceptons que les paiements en liquide.

► À quelle heure ouvre/ferme la consigne ?
¿A qué hora abre/cierra el servicio de consigna?
*a ké **o**ra **a**bré/**sié**rra el sèr**bi**ssio dé kon**sig**-na*

L'ESPAGNOL dans tous ses ÉTATS

Manières de dire

En Amérique latine, on emploie **un carro** pour désigner une voiture, sauf dans certains pays du sud (Argentine, Chili...) où l'on parle de **un auto**. Mais attention, **un carro**, c'est une charrette en Espagne. Le confort ne sera pas le même !

Expressions

• *Untar el carro*, mot à mot « enduire la charrette », est une expression ancienne qui fait référence au fait qu'il faille graisser les roues de la charrette pour qu'elle roule bien. Toujours utilisée, cette expression est l'équivalent de *donner des pots de vin*, ou plus familièrement de *graisser la patte de quelqu'un*.

• Si, demandant où se trouve l'arrêt de bus le plus proche, vous vous entendez dire : *¿La parada del autobús? ¡Uy, está en el quinto pino!* ce n'est pas une bonne nouvelle !

Estar en el quinto pino signifie mot à mot « se trouver au cinquième sapin ». Cette expression date du début du xxe siècle, époque où il y avait cinq grands sapins alignés entre la rue Recoletos et la rue de Alcalá (deux rues très connues de Madrid). Les amoureux se retrouvaient sous le cinquième sapin, le plus éloigné, afin de n'être vus de personne. Les expressions *estar en el quinto pino* et *irse al quinto pino* signifient donc « être très loin », et « aller très loin ».

LES MOYENS DE TRANSPORT

los medios de transporte

Les mots pour le dire

l'autobus	el autobús	*el aouto**bouss***
l'avion	el avión	*el a**bionn***
le bateau	el barco	*el **bar**ko*
le vélo	la bici(cleta)	*la **bi**ssi(kléta)*
la piste cyclable	el carril bici	*el ka**rril** **bi**ssi*
la voiture	el coche	*el **ko**tché*
le métro	el metro	*el **mé**tro*
le billet	el billete	*el bi**yé**té*
la moto	la moto	*la **mo**to*
les patins	los patines	*los pa**ti**nèss*
à pied	a pie	*a pié*
le taxi	el taxi	*el **ta**ksi*
le tramway	el tranvía	*el trann**bi**-a*
le train	el tren	*el trènn*
le train express	el tren expreso	*el trènn èks**prés**so*
le wagon, la voiture	el vagón	*el ba**gonn***
l'aéroport	el aeropuerto	*el aéro**pouèr**to*
le parking	el aparcamiento	*el aparka**mièn**nto*
la gare	la estación	*la ésta**ssionn***
l'arrêt	la parada	*la pa**ra**da*
l'arrêt suivant	la parada siguiente	*la pa**ra**da si**guièn**nté*
la station précédente	la estación anterior	*la ésta**ssionn** annté**rior***
le port	el puerto	*el **pouèr**to*
prendre	tomar, coger	*to**marr**, ko**Hèrr***
descendre	bajar	*ba**Har***
prendre une correspondance	hacer trasbordo	*assèrr tras**bor**do*

⮞ S'exprimer ⮜ Comprendre

➤ Comment va-t-on au musée d'Art moderne ?
¿Cómo se va al museo de Arte Moderno?
__ko__mo sé ba al mou__ssé__o dé __ar__té mo__dèr__no

➤ Tome el metro hasta la estación...
__to__mmé el __mé__tro __as__ta la ésta__ssionn__
Prenez le métro jusqu'à la station...

➤ Coja el autobús número 6 hasta la parada "Museo".
__ko__Ha el aouto__bouss__ __nou__méro __sé__-iss __as__ta la pa__ra__da mou__ssé__o
Prenez le bus numéro 6 jusqu'à l'arrêt « Musée ».

➤ Pregunte al conductor.
pré__gounn__té al konndouk__tor__
Demandez au chauffeur.

➤ Excusez-moi, monsieur, pourriez-vous me prévenir quand nous arriverons à ... ?
Disculpe señor, ¿me podría avisar cuando lleguemos a...?
dis__koul__pé sé__gnor__, mé po__dri__-a abi__ssar__ __kouann__do yé__gué__moss a

➤ Lo mejor es que tome un taxi.
lo mé__Hor__ èss ké __to__mé ounn __ta__ksi
Le mieux, c'est que vous preniez un taxi.

➤ Peut-on y aller à pied ?
¿Se puede ir a pie?
sé __poué__dé ir a __pié__

➤ Queda muy lejos.
__ké__da moui __lé__Hoss
C'est très loin.

➤ Bájese en la estación siguiente.
__ba__Héssé ènn la ésta__ssionn__ si__guiènn__té
Descendez à la station suivante.

➤ Está a 10 minutos a pie.
és__ta__ a dièss mi__nou__toss a pié
C'est à dix minutes à pied.

➤ Tiene que hacer trasbordo en Goya.
__tié__né ké a__ssèr__ tras__bor__do ènn __go__ya
Vous devez changer (de métro) à Goya.

➤ Jusqu'où va la piste cyclable ?
¿Hasta dónde llega el carril bici?
***as**ta **donn**dé **yé**ga el ka**rril** **bi**ssi*

➤ Je voudrais un billet de métro.
Quisiera un billete de metro.
*ki**ssié**ra ounn bi**yé**té dé **mé**tro*

➤ Je voudrais un billet valable pour 10 voyages.
Quisiera un billete combinado 10 viajes.
*ki**ssié**ra ounn bi**yé**té kommbi**na**do dièss bi**a**Hèss*

➤ Auriez-vous un plan du métro ?
¿Tiene un mapa de la red de metro?
***tié**né ounn **ma**pa dé la rèd dé **mé**tro*

➤ Quel trajet me recommandez-vous pour aller à ...
¿Qué trayecto me recomienda para ir a...?
*ké tra**yék**to mé réko**miènn**da **pa**ra ir a*

➤ Quelle est la ligne qui va à l'aéroport/au centre-ville ?
¿Cuál es la línea que lleva al aeropuerto/al centro?
*koual èss la **li**néa ké **yé**ba al aéro**pouèr**to/al **sènn**tro*

➤ À quelle heure passe le premier/dernier métro ?
¿A qué hora sale el primer/último metro?
*a ké **o**ra **sa**lé el pri**mèrr**/**oul**timo **mé**tro*

➤ El último tren sale a la una y media.
*el **oul**timo trènn **sa**lé a la **ou**na i **mé**dia*
Le dernier métro passe à une heure et demie du matin.

➤ Combien de stations y a-t-il d'ici au musée ?
¿Cuántas estaciones son de aquí al museo?
***kouann**tass ésta**ssio**nèss sonn dé a**ki** al mou**ssé**o*

➤ Son cinco estaciones con trasbordo en...
*sonn **sinn**ko ésta**ssio**nèss kon tras**bor**do ènn*
Il y a cinq stations avec un changement à...

L'ESPAGNOL dans tous ses ÉTATS

! Ne confondez pas

Notez que le mot **puerto** a deux sens bien distincts : le « port » et le « col (de montagne) ».

? Le saviez-vous ?

L'équivalent espagnol du TGV s'appelle **el AVE** /*el abé*/, acronyme de **Alta Velocidad Española** (grande vitesse espagnole), à ne pas confondre avec **un ave**, terme qui désigne la volaille et les grands oiseaux en général (rapaces, etc.).

Manières de dire

Un autobus se dit **un autobús** en Espagne, **un camión** au Mexique, **una guagua** à Cuba, **un micro** au Chili, **un colectivo** en Argentine pour un bus urbain, mais **un ómnibus** pour ceux qui parcourent de longues distances.

Expression

En Espagne, pays très catholique, l'hostie se retrouve dans bon nombre d'expressions familières, parfois obscures. Ainsi ***ir a toda hostia***, littéralement « aller à toute hostie », est l'équivalent de *aller à toute vitesse*, peut-être par allusion à l'empressement des fidèles à aller communier.

EN VOITURE

en coche

Les mots pour le dire

la rue	la calle	*la **ka**yé*
la route	la carretera	*la karré**té**ra*
l'autoroute	la autopista	*la aouto**pis**ta*
la voie	el carril	*el ka**rril***
la chaussée	la calzada	*la kal**sa**da*
le conducteur	el conductor	*el konndouk**tor***
la signalisation	la señalización	*la ségnalissa**ssionn***
le carrefour	el cruce	*el **krou**ssé*
les feux de croisement	las luces de posición	*lass **lou**ssèss dé possi**ssionn***
les feux de brouillard	los faros antiniebla	*loss **fa**ross annti**nié**bla*
le parebrise	el parabrisas	*el para**bri**ssass*
les papiers	la documentación	*la dokoumènnta**ssionn***
le rétroviseur	el retrovisor	*el rétrobi**ssor***
le garage	el taller mecánico	*el ta**yèrr** mé**ka**niko*
la dépanneuse	la grúa	*la **grou**-a*
le sens unique	el sentido único	*el sènn**ti**do **ou**niko*
la voie à double sens	la vía de doble sentido	*la **bi**-a dé **do**blé sènn**ti**do*
la déviation	el desvío	*el dés**bi**-o*
les feux tricolores	el semáforo	*el sé**ma**foro*
le feu rouge/vert	la luz roja/verde	*la louss **ro**Ha/**bèr**dé*
le feu orange	la luz amarilla	*la louss ama**ri**ya*
le passage pour piétons	el paso peatonal	*el **pa**sso péato**nal***
un accident	un accidente	*ounn aksi**dènn**té*
une panne	una avería	***ou**na abé**ri**-a*
dépasser	adelantar	*adélann**tar***
conduire	conducir	*konndou**ssir***

➤ S'exprimer ◄ Comprendre

➤ Je voudrais de l'essence sans plomb.
Quisiera gasolina sin plomo.
*ki**ssié**ra gasso**li**na sinn **plo**mo*

◄ ¿Le lleno el depósito?
*lé **yé**no el dé**po**ssito*
Je vous fais le plein ?

➤ Oui, le plein, s'il vous plaît.
Si, lleno, por favor.
*si **yé**no por fa**bor***

◄ Prohibido el paso
*pro-i**bi**do el **pa**sso*
Passage interdit

◄ Siga todo recto.
***si**ga **to**do **rék**to*
Continuez tout droit.

◄ Gire a la izquierda/derecha.
***Hi**ré a la iss**kièr**da/dé**ré**tcha*
Tournez à gauche/droite.

◄ Ceda el paso.
***sé**da el **pa**sso*
Cédez le passage.

◄ Curvas peligrosas sobre 100 metros
***kour**bass péli**gro**ssass **so**bré siènn **mé**tross*
Virages dangereux sur cent mètres

◄ Calzada resbaladiza
*kal**sa**da résbala**di**ssa*
Chaussée glissante

◄ Hay que respetar los límites de velocidad.
*aïe ké réspé**tar** loss **li**mitèss dé bélossi**da***
Il faut respecter les limites de vitesse.

➤ Quelle est la vitesse maximum sur route/l'autoroute ?
¿Cuál es la velocidad máxima en la carretera/autopista?
*koual èss la bélossi**da** **ma**ksima ènn la karré**té**ra/aouto**pis**ta*

➤ La velocidad máxima permitida en la ciudad es de 50 kilómetros por hora.
*la bélossi**da** **ma**ksima pèrmi**ti**da ènn la siou**da** èss dé sinn**kouènn**ta ki**lo**métross por **o**ra*
La vitesse maximum autorisée en ville est de 50 km/h.

➤ La documentación está en la guantera.
*la dokoumènnta**ssionn** és**ta** ènn la gouann**té**ra*
Les papiers sont dans la boîte à gants.

➤ El uso del cinturón de seguridad es obligatorio.
*el **ou**sso del sinntou**ronn** dé ségouri**da** èss obliga**to**rio*
Le port de la ceinture de sécurité est obligatoire.

➤ Est-ce obligatoire aussi à l'arrière ?
¿Es obligatorio también en el asiento trasero?
*èss obliga**to**rio tamm**biénn** ènn el a**ssiènn**to tra**ssé**ro*

➤ Tiene que abrocharse el cinturón.
tié**né ké abro**tchar**sé el sinntou**ronn
Vous devez boucler votre ceinture.

➤ J'ai besoin d'assistance mécanique/d'une dépanneuse.
Necesito asistencia mecánica/una grúa.
*néssé**ssi**to assi**tènn**sia mé**ka**nika/**ou**na **grou**-a*

➤ Es una avería en la caja de cambios.
*èss **ou**na abé**ri**-a énn la **ka**Ha dé **kamm**bioss*
Il y a un problème dans la boîte de vitesses.

➤ J'avais/Il avait la priorité.
Tenía la prioridad.
*té**ni**-a la priori**da***

➤ L'autre voiture allait très vite.
El otro coche iba conduciendo muy rápido.
*el **o**tro **kot**ché **i**ba konndou**ssiénn**do moui **rá**pido*

➤ Nous devons remplir le constat à l'amiable.
Tenemos que llenar la declaración amistosa de accidente.
*té**né**moss ké yé**nar** la déklara**ssionn** amis**to**ssa dé aksi**dènn**té*

L'ESPAGNOL dans tous ses ÉTATS

Manières de dire

- En Amérique latine, *conduire* ne se dit pas **conducir**, comme en Espagne, mais **manejar**, verbe dérivé de l'italien *maneggiare*.
- *Se garer* se dit **aparcar** en Espagne, mais **estacionar** en Amérique latine, proche du verbe français *stationner*.
- *Un phare* se dit **un faro** en Espagne, mais **un foco** en Argentine, en Uruguay et à Cuba.

Expression

Si vous entendez dire de quelqu'un *Tiene pocas luces*, ce n'est pas que ses phares sont défaillants, mais que l'on considère « qu'il n'a pas la lumière à tous les étages », expression familière désobligeante.

LOUER UN VÉLO

alquilar una bici

Les mots pour le dire

le vélo	la bicicleta	*la bissi**kléta***
le VTT	la bicicleta todo terreno	*la bissi**kléta** todo té**rréno***
la selle	el sillín	*el si-**yinn***
le guidon	el manillar	*el mani**yar***
les freins	los frenos	*loss **fré**noss*
la roue avant	la rueda delantera	*la **roué**da délann**té**ra*
la roue arrière	la rueda trasera	*la **roué**da tra**ssé**ra*
la pédale	el pedal	*el pé**dal***
le cycliste	el ciclista	*el si**klis**ta*
la pompe	la bomba de aire	*la **bom**ba dé **a**-iré*
les réflecteurs	los reflectores	*loss réflék**to**rèss*
la chaîne	la cadena	*la ka**dé**na*
le pare-boue	el guardabarros	*el gouarda**ba**rross*
le levier de changement de vitesses	la palanca de cambios de velocidades	*la pa**lann**ka dé **kam**bioss dé bélossi**da**dèss*
le pneu	el neumático	*el néou**ma**tiko*
la lumière avant/ arrière	la luz delantera/ trasera	*la louss délann**té**ra/ tra**ssé**ra*
le cadenas	el candado	*el kann**da**do*
le casque	el casco protector	*el **kas**ko protèk**tor***
le tricycle	el triciclo	*el tri**ssi**klo*
le siège enfant	la silla porta-niños ou bebés	*la **si**ya porta**ni**gnoss/ bé**béss***
la chambre à air	la cámara de aire	*la **ka**mara dé **a**-iré*
le dérailleur	el cambio de marchas	*el **kamm**bio dé **mar**tchass*
le porte-bagages	el portaequipajes	*el portaéki**pa**Hèss*
un kit anti-crevaison	un kit antipinchazo	*ounn kit anntipinn**tcha**sso*

⮞ S'exprimer ⮜ Comprendre

➤ Où y a-t-il un magasin de location de vélos ?
¿Dónde hay una tienda de alquiler de bicicletas?
__donn__dé aïe __ou__na __tiènn__da dé alki__lèrr__ dé bissi__klé__tass

➤ Je voudrais louer/réserver un vélo.
Quisiera alquilar/reservar una bici.
ki__ssié__ra alki__lar__/réssèr__bar__ __ou__na __bi__ssi

➤ Pourriez-vous me donner les tarifs et les réductions ?
¿Me podría dar las tarifas y los descuentos?
mé po__dri__-a dar lass ta__ri__fass i loss dés__kouènn__toss

⮜ Tiene que llenar este formulario de solicitud.
__tié__né ké yé__nar__ __és__té formu__la__rio dé solissi__tou__
Vous devez remplir ce formulaire.

➤ Quel est le tarif horaire/à la journée ?
¿Cuál es la tarifa por hora/por día?
koual èss la ta__ri__fa por __o__ra/__di__-a

⮜ ¿Tiene una tarjeta de socios?
__tié__né __ou__na tar__Hé__ta dé __so__ssioss
Avez-vous une carte d'abonné ?

⮜ Tiene que ir por el carril bici ou la ciclovía.
__tié__né ké ir por el ka__rril__ __bi__ssi/la siklo__bi__-a
Vous devez rouler sur la piste cyclable.

➤ Avez-vous des vélos avec un siège enfant ?
¿Tienen bicis con silla porta-bebés?
__tié__nnènn __bi__ssiss konn __si__yass __por__ta bé__béss__

➤ Combien coûte un vélo électrique ?
¿Cuánto cuesta una bici eléctrica?
__kouann__to __koués__ta __ou__na __bi__ssi é__lèk__trika

➤ Je voudrais un vélo pour un enfant de 10 ans.
Quisiera una bici para un niño de 10 años.
ki__ssié__ra __ou__na __bi__ssi __pa__ra ounn __ni__gno dé dièss __a__gnoss

➤ Il lui faut un vélo avec des roues stabilisatrices.
Necesita una bici con ruedas estabilizadoras.
néssé__ssi__ta __ou__na __bi__ssi konn __roué__dass éstabilissa__do__rass

➤ Le pneu est crevé.
El neumático está pinchado.
*el néou**ma**tiko és**ta** pinn**tcha**do*

➤ Je n'ai pas les outils nécessaires.
No tengo las herramientas necesarias.
*no **tènn**go lass érra**mіènn**tas néssé**ssa**riass*

➤ J'ai besoin d'une rustine et de colle.
Necesito un parche y pegamento.
*nésséss**si**to ounn **par**tché i péga**mènn**to*

➤ Le pneu arrière/avant est dégonflé.
El neumático delantero/trasero está deshinflado.
*el néou**ma**tiko délann**té**ro/tras**sé**ro és**ta** déssinn**fla**do*

➤ Auriez-vous une pompe à me prêter ?
¿Tendría una bomba de aire que prestarme?
*tènn**dri**-a **ou**na **bomm**ba dé **a**-iré ké prés**tar**mé*

➤ Ce casque est trop serré/large.
Este casco es demasiado apretado/suelto.
***és**té **kas**ko èss déma**ssia**do aprét**ta**do/**souèl**to*

➤ En avez-vous un autre plus serré/large ?
¿Tiene otro más apretado/suelto?
***tié**né **o**tro mass aprét**ta**do/**souèl**to*

➤ Cette selle est très inconfortable.
Este sillín es muy incómodo.
***és**té si**yinn** èss moui inn**ko**modo*

< ¿Quiere alquilar una bici para varios días?
***kié**ré alki**lar** **ou**na **bi**ssi **pa**ra **ba**rioss **di**-as*
Vous voulez louer un vélo pour plusieurs jours ?

➤ Non, juste pour cet après-midi.
No, solo para esta tarde.
*no **so**lo **pa**ra **és**ta **tar**dé*

L'ESPAGNOL dans tous ses ÉTATS

Manières de dire

Una palanca, c'est un levier de vitesse et un plongeoir. Mais dans certains pays d'Amérique latine, ce mot désigne également, dans un registre familier, une personne influente qui aide à trouver un travail ; c'est donc l'équivalent de notre « piston ».

Expressions

- En langage familier, *pasarlo bomba* signifie « bien s'amuser ».

- Vous vous sentez un peu honteux de ne pas parvenir à monter une côte ? Voici une excuse toute prête, que vous entendrez fréquemment :
Es que salí ayer y voy a medio gas, ¡si no te ibas a enterar ! que l'on peut traduire ainsi :
C'est parce que je suis sorti hier soir, et je ne vais pas à plein régime, sinon, tu verrais ce que tu verrais !

Ne confondez pas

Attention, le mot **bomba** désigne aussi bien une pompe qu'une bombe !

Marché de La Boqueria à Barcelone

LE PETIT-DÉJEUNER

el desayuno

Les mots pour le dire

le pain	el pan	*el pann*
le pain grillé	el pan tostado	*el pann toss**ta**do*
le pain de mie	el pan de molde	*el pann dé **mol**dé*
le pain complet	el pan completo	*el pann komm**plé**to*
la tranche de pain	la rebanada de pan	*la réba**na**da dé pann*
le pain grillé	la tostada	*la toss**ta**da*
le beurre	la mantequilla	*la mannté**ki**ya*
la confiture	la mermelada	*la mèrmé**la**da*
le café noir	el café solo	*el ka**fé** **so**lo*
le café au lait	el café con leche	*el ka**fé** konn **lé**tché*
le (café) noisette	el cortado	*el kor**ta**do*
le déca	el descafeinado	*el déska**fé**-inado*
le thé	el té	*el té*
le lait	la leche	*la **lé**tché*
chaud(e)	caliente	*ka**liénn**té*
froid(e)	frío(-a)	***fri**-o(-a)*
tiède	tibio(-a)	*tibio(-a)*
le jus d'orange	el zumo de naranja	*el **sou**mo dé na**rann**Ha*
la madeleine	la magdalena	*la magda**lé**na*
les céréales	los cereales	*loss séré**a**lèss*
l'œuf	el huevo	*el **oué**bo*
l'œuf au plat	el huevo frito	*el **oué**bo **fri**to*
la salade de fruits	la ensalada de fruta	*la ènnsa**la**da dé **frou**ta*
prendre son petit-déjeuner	desayunar	*déssa**you**nar*

note

- Le chocolate con churros ne se sert que dans les churrerías. Ailleurs, on vous servira un chocolate con Colacao (« chocolat en poudre »).
- El huevo frito est frit, donc plus gras qu'un œuf au plat.

➤ S'exprimer ◀ Comprendre

➤ Servez-vous le petit-déjeuner ?
¿Sirven desayunos?
sirbènn déssayounoss

➤ À quelle heure le petit-déjeuner est-il servi ?
¿Cuáles son los horarios de desayuno?
koualèss sonn loss orarioss dé déssayouno

◀ El desayuno se sirve de 7 a 10:30
el déssayouno sé sirbé dé siété a dièss i média
Le petit-déjeuner est servi de 7 h à 10 h 30.

➤ Servez-vous le petit-déjeuner dans les chambres ?
¿Suben el desayuno a la habitación?
soubènn el déssayouno a la abitassionn

◀ ¿Sí, qué desea señor/señora?
si ké désséa ségnor/ségnora
Oui, que désirez-vous, monsieur/madame ?

◀ ¿Qué desean? (pluriel)
ké désséann
Que désirez-vous ?

◀ Puede escoger un desayuno continental o americano.
pouédé éskoHèrr ounn déssayouno konntinènntal o américano
Vous pouvez choisir un petit-déjeuner continental ou américain.

➤ Je préfère un petit-déjeuner continental.
Prefiero un desayuno continental.
préfiéro ounn déssayouno konntinènntal

➤ Je voudrais du pain complet grillé.
Quisiera unas tostadas de pan integral.
kissiéra ounas tostadass dé pann intégral

➤ Nous voudrions un café noir et un café noisette.
Quisiéramos un café solo y un cortado.
kissiéramoss ounn kafé solo i ounn kortado

➤ Pourriez-vous m'/nous apporter plus de confiture, s'il vous plaît ?
¿Me/Nos puede traer más mermelada, por favor?
*mé/noss **poué**dé tra**èrr** mass mèrmé**la**da por fa**bor***

➤ Je voudrais aussi un jus d'orange pressée.
Quisiera también un zumo de naranja natural.
*ki**ssié**ra tam**biénn** ounn **sou**mo dé na**rann**Ha natou**ral***

➤ Pourriez-vous nous apporter un verre de lait tiède pour l'enfant ?
¿Nos puede traer un vaso de leche tibia para el niño?
*noss **poué**dé tra**èrr** ounn **ba**sso dé **lé**tché **ti**bia **pa**ra el ni**gno***

➤ Vous me mettez une autre tranche de pain grillé, s'il vous plaît ?
¿Me pone otra tostada, por favor?
*mé **po**né **o**tra toss**ta**da, por fa**bor***

➤ Le café est froid.
El café está frío.
*el ka**fé** és**ta** **fri**-o*

➤ Pourriez-vous m'en apporter un autre, s'il vous plaît ?
¿Me puede traer otro, por favor?
*mé **poué**dé tra**èrr** **o**tro, por fa**bor***

➤ Je voudrais un croissant/deux croissants.
Quisiera un croasán/dos croasanes.
*ki**ssié**ra ounn kroa**ssann**/doss kroa**ssa**nèss*

➤ ¿Cuántos quiere?
***kouann**toss **kié**ré*
Combien en voulez-vous ?

➤ Avez-vous des céréales ?
¿Tienen cereales?
***tié**nènn séré**a**lèss*

➤ Vous reste-t-il de la salade de fruits ?
¿Queda ensalada de fruta?
***ké**da ènnsa**la**da dé **frou**ta*

? Le saviez-vous ?

Le mot **chocolate** vient du nahuatl (langue des Aztèques) *chocolatl*. Mais prudence si vous ne voulez pas avoir maille à partir avec les autorités espagnoles ! En argot d'Espagne, **el chocolate**, c'est du haschich.

Expressions

• ***¡A cualquier cosa llaman las patronas chocolate!*** signifie “les aubergistes appellent n'importe quoi ‘chocolat’! ». Cette phrase devenue populaire est tirée de la comédie de Miguel Ramos Carrión (1848-1915), *La careta verde*. **Una patrona** est une femme qui tient une auberge ou loue des chambres. On comprend vite l'intérêt qu'elle a à essayer de nous faire prendre des vessies pour des lanternes...

• ***Tener mala leche*** signifie mot à mot « avoir du mauvais lait ».

Cette expression familière vient de l'ancienne croyance selon laquelle le lait avec lequel un bébé était allaité influençait son caractère. Ainsi saint Augustin recommandait-il que les enfants chrétiens ne soient pas allaités par des nourrices païennes. Aujourd'hui, ***tener mala leche*** signifie “avoir mauvais caractère”.

“ Citation

“Si no hay café para todos, no habrá para nadie.”

S'il n'y a pas de café pour tout le monde, il n'y en aura pour personne.

Ernesto « Che » Guevara

(1928-1967), révolutionnaire cubain d'origine argentine

AU RESTAURANT

en el restaurante

Les mots pour le dire

le restaurant	el restaurante	*el rèstaou**rann**té*
le déjeuner	el almuerzo	*el al**mouè**rso*
le dîner	la cena	*la **sé**na*
le hors-d'œuvre	el entremés	*el ènntré**mèss***
l'entrée	el primer plato	*el prim**èrr** **pla**to*
le plat principal	el segundo plato	*el sé**gounn**do **pla**to*
le menu du jour	el menú del día	*el me**nou** del **di**-a*
l'assiette	el plato	*el **pla**to*
le couteau	el cuchillo	*el kou**tchi**yo*
la fourchette	el tenedor	*el téné**dorr***
la cuillère	la cuchara	*la kou**tcha**ra*
le verre	el vaso	*el **ba**sso*
la bouteille	la botella	*la bo**té**ya*
l'eau minérale	el agua mineral	*el **a**goua miné**ral***
l'eau pétillante	el agua con gas	*el **a**goua konn gass*
l'eau plate	el agua sin gas	*el **a**goua sinn gass*
le vin rouge	el vino tinto	*el **bi**no **tinn**to*
le vin blanc	el vino blanco	*el **bi**no **blann**ko*
le rosé	el vino rosado	*el **bi**no ro**ssa**do*
la serviette	la servilleta	*la sèrbi**yé**ta*
le dessert	el postre	*el **poss**tré*
manger	comer	*ko**mèrr***
boire	beber	*bé**bèrr***
le serveur	el camarero	*el kama**ré**ro*
la serveuse	la camarera	*la kama**ré**ra*
l'addition	la cuenta	*la **kouènn**ta*

note

La tortilla española (= tortilla de patatas) est une omelette avec des œufs, des oignons et des pommes de terre, tandis que la tortilla francesa est une omelette simple.

➤ S'exprimer ◄ Comprendre

◄ ¿Tienen reserva?
tiénènn réssèrba
Avez-vous une réservation ?

◄ ¿Qué desea?
ké désséa
Que désirez-vous ?

◄ Quisiera...
kissiéra
Je voudrais...

◄ ¿Han elegido ya?
ann éléHido ya
Avez-vous choisi ?

➤ Oui/Non, pas encore.
Sí/No, todavía no.
si/no todabi-a no

➤ Un moment, s'il vous plaît.
Un momento, por favor.
ounn momènnto, por fabor

➤ Avez-vous une carte en français ?
¿Tienen una carta en francès?
tiénènn ouna karta ènn frannssèss

◄ ¿Qué va(n) a tomar de primero/primer plato?
ké ba(nn) a tomar dé primero/dé primèrr plato
Qu'allez-vous prendre comme entrée ?

◄ ¿Qué va(n) a tomar de segundo (plato)?
ké ba(nn) a tomar dé ségounndo (plato)
Qu'allez-vous prendre comme plat principal ?

➤ Moi, (je vais prendre).../Pour moi...
Yo (voy a tomar).../Para mí...
yo (boï a tomar).../para mi...

➤ Pour lui/elle/l'enfant...
Para él/ella/el niño...
para el/éya/el nigno...

➤ Avez-vous un menu enfant ?
¿Tienen un menú para niños?
***tié**nènn ounn mé**nou** **pa**ra **ni**gnoss*

◀ ¿Y de postre, qué desea(n) tomar?
*y dé **poss**tré ké dé**sséa**(nn) to**mar***
Et comme dessert, que désirez-vous ?

➤ Comme dessert, je voudrais...
De postre, quisiera...
*dé **pos**tré ki**ssié**ra...*

◀ Y de bebida, ¿qué desea/va a tomar?
*y dé bé**bi**da ké dé**sséa**/ba a to**mar***
Et comme boisson, que désirez-vous/que prenez-vous ?

➤ Qu'est-ce que c'est ?
¿Qué es?/¿Qué son...? (pluriel)
ké èss/ké sonn

➤ Qu'est-ce qu'il y a dans la salade ?
¿Qué lleva la ensalada?
*ké **yé**ba la ènnsa**la**da*

➤ Qu'est-ce qu'il y a dans les boulettes de viande ?
¿Qué llevan las albóndigas?
*ké **yé**bann lass al**bonn**digass*

➤ Pouvez-vous m'apporter plus de pain/d'eau, s'il vous plaît ?
¿Me puede traer más pan/agua, por favor?
*mé **poué**dé tra**èrr** mass pan/**a**goua por fa**bor***

➤ Pouvez-vous nous apporter du sel et du poivre, s'il vous plaît ?
¿Nos puede traer sal y pimienta, por favor?
*noss **poué**dé tra**èrr** sal y pi**miènn**ta, por fa**bor***

➤ (Pouvez-vous m'apporter) l'addition, s'il vous plaît ?
¿(Me trae) la cuenta, por favor?
*(mé **tra**é) la **kouènn**ta por fa**bor***

◀ ¡(Buen) provecho! ou ¡Que aproveche!
*(bouènn) pro**bèt**cho/ké apro**bét**ché*
Bon appétit !

L'ESPAGNOL dans tous ses ÉTATS

Manières de dire

• Au Mexique, *une omelette* se dit **una omelette**, et **la tortilla** désigne la galette de maïs que l'on mange en *tacos*.

• *Un serveur/une serveuse* se dit **un camarero/una camarera** en Espagne et dans certains pays d'Amérique latine, mais en Amérique centrale, au Mexique, en Bolivie, au Chili et en Équateur, on parle de **mesero/ mesera.**

Expressions

• L'expression familière ***sacar los pies del plato*** signifie littéralement « retirer ses pieds de l'assiette », ce qui pourrait évoquer de fort mauvaises manières à table. En fait, cette expression évoque l'ancienne habitude, dans les campagnes espagnoles, de placer les poussins dans des assiettes remplies de lait et de céréales. Ceci avait pour double objectif de veiller à ce qu'ils s'alimentent bien et qu'ils n'échappent pas à la surveillance. Aujourd'hui, l'expression signifie « se dévergonder », « dépasser les limites », voire « être infidèle »...

• ***Comer como un animal*** (« manger comme un animal») pourrait aussi faire référence à un manque de savoir-vivre, alors que c'est un commentaire sur l'appétit, équivalent de notre « manger comme quatre ». En revanche, ***comer como un pajarito***, c'est manger comme un petit oiseau, donc très peu, tandis que ***comer como un cerdo***, c'est véritablement manger comme un porc...

AU RESTAURANT : cas particuliers

en el restaurante : casos especiales

Les mots pour le dire

sale	sucio(-a)	*soussio(-a)*
propre	limpio(-a)	*limmpio(-a)*
demander, commander	pedir	*pédir*
manquer	faltar	*faltar*
trop	demasiado	*démassiado*
trop peu	demasiado poco	*démassiado poko*
salé(e)	salado(-a)	*salado(-a)*
sucré(e)	dulce	*doulsé*
pimenté(e)	picante	*pikannté*
fade	soso(-a)	*sosso(-a)*
le goût	el sabor	*el sabor*
avec	con	*konn*
sans	sin	*sinn*
végétarien(-ne)	vegetariano(-a)	*béHétariano(-a)*
allergique	alérgico(-a)	*alérHiko(-a)*
le gluten	el gluten	*el gloutènn*
laitages, produits laitiers	productos lácteos	*prodouktoss laktéoss*
attendre	esperar	*éspérar*
l'attente	la espera	*la éspéra*
s'impatienter	impacientarse	*immpassiènntarsé*
mettre du temps	tardar	*tardar*
annuler, décommander	anular ou cancelar	*anoular/kannsélar*

attention aux faux amis

Salado(-a) ne signifie pas « sale », mais « salé(e) ». *Sale* se dit sucio(-a) en espagnol.

⮞ S'exprimer ⮜ Comprendre

- Je crois que vous vous êtes trompé.
  Creo que se ha equivocado.
  ***kréo** ké sé a ékibo**ka**do*

- Ce n'est pas ce que j'avais commandé.
  No es lo que había pedido.
  *no èss lo ké **abi**-a pé**di**do*

- J'avais commandé...
  Había pedido...
  ***abi**-a pé**di**do...*

- Excusez-moi, les frites sont froides.
  Perdone, pero las patatas fritas están frías.
  *pèr**do**né, péro lass pa**ta**tass **fri**tass és**tann** **fri**-ass*

- C'est trop chaud/froid.
  Está demasiado caliente/frío.
  *és**ta** déma**ssia**do ka**liénn**té/**fri**-o*

- C'est très salé/pimenté.
  Está muy salado/picante.
  *és**ta** moui sa**la**do/pi**kann**té*

- La viande n'est pas assez cuite/est trop cuite.
  La carne no está hecha/está demasiado hecha.
  *la **kar**né no és**ta** **ét**cha/és**ta** déma**ssia**do **ét**cha*

- Pourriez-vous réchauffer l'assiette ?
  ¿Podría recalentar el plato?
  *po**dri**-a rékalènn**tar** el **pla**to*

- Pourriez-vous chauffer le biberon ?
  ¿Podría calentar el biberón?
  *po**dri**-a kalènn**tar** el bibé**ronn***

- Auriez-vous une chaise haute pour l'enfant ?
  ¿Tendría una silla alta para el niño?
  *tènn**dri**-a **ou**na **si**ya **al**ta **pa**ra el **ni**gno*

- On paie séparément.
  Cada uno paga lo suyo.
  ***ka**da **ou**no **pa**ga lo **sou**yo*

BOISSONS & NOURRITURE

- J'en voudrais un sans oignon/mayonnaise.
  Quisiera uno sin cebolla/mayonesa.
  *ki**ssié**ra **ou**no sinn sé**bo**ya/mayo**né**ssa*

- Un peu plus/moins, s'il vous plaît.
  Un poco más/menos por favor.
  *ounn **po**ko mass/**mé**noss por fa**bor***

- Je suis végétarien(ne), je ne mange pas de viande.
  Soy vegetariano(-a), no como carne.
  *soy béHéta**ria**no(-a), no **ko**mo **kar**né*

- Je suis désolé(e), je ne mange pas de porc.
  Lo siento, no como cerdo.
  *lo **siénn**to, no **ko**mo **sèr**do*

- Je suis allergique aux fruits de mer/aux arachides.
  Soy alérgico al marisco/a los cacahuetes.
  *soï a**lèr**Hiko al ma**ris**ko/a loss kaka**oué**tèss*

- Je dois suivre un régime sans sel/gluten.
  Tengo que seguir una dieta sin sal/gluten.
  ***tènn**go ké sé**guir** **ou**na **dié**ta sinn sal/**glou**tènn*

- Je ne supporte pas les produits lactés.
  No soporto los productos lácteos.
  *no so**por**to loss pro**douk**toss **lak**téoss*

- Nous sommes très pressé(e)s.
  Tenemos mucha prisa.
  *té**né**moss **mou**tcha **pri**ssa*

- Les légumes ne sont pas frais.
  La verdura no está fresca.
  *la bèr**dou**ra no és**ta** **frés**ka*

- L'assiette/Le verre/La fourchette est sale.
  El plato/El vaso/El tenedor está sucio.
  *el **pla**to/el **ba**sso/el téné**dor** és**ta** **sou**ssio*

- Il manque une serviette/une cuillère.
  Falta una servilleta/una cuchara.
  ***fal**ta **ou**na sérbi**yé**ta/**ou**na kou**tcha**ra*

Ne confondez pas

Si vous allez à la plage, il vous faut **una toalla**, qui est une serviette de bain, et non **una servilleta**, qui est une serviette de table.

Manières de dire

- Il est tout à fait possible de se faire agresser par **un chorizo** en Espagne ! En effet, **chorizo** est un mot d'argot qui désigne un voleur, qui peut être fort et doux à la fois.
- Le menu du jour se dit **el menú del día**, sauf au Mexique où l'on parle de **comida corrida**, c'est-à-dire littéralement de « repas couru ». Car il s'agit bien de manger rapidement, sans s'attarder au restaurant comme on le ferait pour un menu spécial ou de dégustation.

Expression

Beber como una cuba, mot à mot « boire comme un tonneau », est l'équivalent de notre expression familière *boire comme un trou.*

Le dicton du jour

Si l'on vous dit *contigo, pan y cebolla* « avec toi, pain et oignon », c'est qu'on vous déclare sa flamme.
Mais remarquez qu'on ne vit pas que d'amour et d'eau fraîche en Espagne, il faut aussi du pain et des oignons !

AU BAR

en el bar

Les mots pour le dire

un verre	un vaso	*ounn **basso***
la bière	la cerveza	*la sèr**bé**ssa*
le demi (de bière)	la caña	*la **ka**gna*
le panaché	la clara	*la **kla**ra*
le vin rouge	el vino tinto	*el **bi**no **tinn**to*
le vin blanc	el vino blanco	*el **bi**no **blann**ko*
le rosé	el vino rosado	*el **bi**no ro**ssa**do*
le coca-cola	la Coca-Cola	*la **ko**ka **ko**la*
le soda	el refresco	*el ré**fréss**ko*
avec/sans glaçons	con/sin hielo	*konn/sinn **yé**lo*
picorer	picar	*pi**karr***
une tapa de...	una tapa de...	***ou**na **ta**pa dé...*
une portion de...	una ración de...	***ou**na ra**ssionn** dé...*
~ fromage	~ queso	*~ **ké**sso*
~ olives	~ aceitunas	*~ assé-i**tou**nass*
~ pommes de terre	~ patatas	*~ pa**ta**tass*
~ jambon	~ jamón	*~ Ha**monn***
~ poulpe	~ pulpo	*~ **poul**po*
~ calamars	~ calamares	*~ kala**ma**rèss*
~ anchois	~ boquerones	*~ boké**ro**nèss*
~ tripes	~ callos	*~ **ka**yoss*
~ museau	~ morro	*~ **mo**rro*
le sandwich	el bocadillo	*el boka**di**yo*
~ de pain de mie	el sándwich	*el **sann**douitch*
le mini-sandwich	el montadito	*el monnta**di**to*
la brochette	el pincho, la brocheta	*el **pinn**tcho, la brot**ché**ta*

attention aux faux amis

Si vous demandez un sándwich, il sera au pain de mie. Pour tout autre type de sandwich, demandez un bocadillo.

⮞ S'exprimer ⮜ Comprendre

➤ Vous nous mettez deux demis, s'il vous plaît ?
¿Nos pone dos cañas, por favor?
*noss **po**né doss **ka**gnass por fa**bor***

⮜ ¿Algo más?
***al**go mass*
Et avec ceci ?

➤ Ce sera tout, merci.
Nada más, gracias.
***na**da mass **gra**ssias*

➤ Je voudrais un verre de vin rouge et deux panachés.
Quisiera un tinto y dos claras.
*ki**ssié**ra ounn **tinn**to i doss **kla**rass*

➤ Un coca sans glaçons, s'il vous plaît.
Una coca-cola sin hielo, por favor.
ou**na koka**ko**la sin **yé**lo por fa**bor

➤ Je voudrais un sandwich de jambon cru.
Quisiera un bocadillo de jamón.
*ki**ssié**ra ounn boka**di**yo dé Ha**monn***

➤ Mettez-m'en un autre.
Póngame otro.
***ponn**gamé **o**tro*

➤ Trois brochettes : une pimentée et deux non pimentées.
Tres pinchos : uno que pica y dos que no pican.
*trèss **pinn**tchoss : **ou**no ké **pi**ka i doss ké no **pi**kann*

➤ Une portion d'olives et une de calamars.
Una ración de aceitunas y una de calamares.
***ou**na ra**ssionn** dé assé-i**tou**nass i **ou**na dé kala**ma**rèss*

⮜ Ya no quedan calamares.
*ya no **ké**dann kala**ma**rèss*
Il ne reste plus de calamars.

➤ Je voudrais une tapa d'omelette aux pommes de terre.
Quisiera una tapa de tortilla española.
*ki**ssié**ra **ou**na **ta**pa dé tor**ti**ya espa**gno**la*

➤ Une portion de jambon et une demie de chorizo grillé.
Una ración de jamón y media de chorizo asado.
ouna rassionn dé Hamonn i média dé tchorisso assado

➤ Avez-vous des anchois ?
¿Tienen boquerones?
tiénènn bokéronèss

➤ Deux mini-sandwichs au jambon blanc.
Dos montaditos de jamón de York.
doss monntaditoss dé Hamonn dé York

➤ Je n'aime ni le museau ni les tripes.
No me gustan ni el morro ni los callos.
no mé gousstann ni el morro ni loss kayoss

➤ Combien je vous dois ?
¿Cuánto le debo?
kouannto lé débo

➤ Je n'ai pas très faim.
No tengo mucha hambre.
no tènngo moutcha ammbré

➤ Je voudrais payer, s'il vous plaît.
¿Me cobra, por favor?
mé kobra por fabor

➤ ¿Qué desea tomar?
ké désséa tomar
Que voulez-vous boire ?

➤ ¿Desea una coca cola pequeña o grande?
désséa ouna koka kola pékégna o granndé
Voulez-vous un petit ou un grand coca-cola ?

➤ Pourrais-je avoir des glaçons ?
¿Me podría poner hielo?
mé podri-a ponèrr iélo

➤ Est-il possible de commander à manger ?
¿Es posible comer?
ess possiblé komèrr

L'ESPAGNOL dans tous ses ÉTATS

? Le saviez-vous ?

Le mot **tapa** vient du verbe **tapar** (« fermer », « boucher »). À l'origine, les **tapas** se limitaient à des tranches de saucisson ou de fromage que l'on posait sur les pichets et les verres afin d'éviter que des insectes n'y entrent. Après la Reconquête, les tapas servirent également à démasquer les « faux » catholiques : celui qui ne mangeait pas sa tapa de jambon devait être juif, maure ou *converso*, c'est-à-dire une personne qui s'était convertie pour ne pas être expulsée du pays.

Manières de dire

- Le mot « sandwich » se traduit de différentes manières en Amérique latine. Au Mexique, par exemple, on dit **una torta**. Mais attention, en Espagne, **una torta** désigne une galette, et en Argentine, Bolivie, Chili, Paraguay, Uruguay et Venezuela, une tarte, qui se dit **tarta** dans les autres pays. En langage familier, **dar una torta** (littéralement « donner une galette »), c'est donner une claque. Donc prudence dans le maniement de ce mot !
- En argot mexicain, une bière se dit **una chela** ; **echarse una chelita**, c'est se prendre une petite bière.

Expressions

- L'expression ***ser pan comido***, littéralement « être du pain mangé », est l'équivalent de *c'est un jeu d'enfant*.
- Si l'on vous invite à ***ir de bares*** ou ***ir de copas***, réjouissez-vous ! Vous allez faire la tournée des bars pour y prendre des verres (**copear**). Mais attention aux abus : au Mexique ce verbe signifie « se saouler ». Et n'oubliez pas de **ir de tapas**, c'est-à-dire d'aller manger des tapas (**tapear**) dans les bars. Enfin **tardear**, verbe formé sur le mot **tarde**, c'est profiter de la fin de l'après-midi pour se délasser avec des amis autour d'un verre.

AU MARCHÉ

en el mercado

Les mots pour le dire

un kilo de…	un kilo de…	ounn **ki**lo dé…
un demi-kilo de…	medio kilo de…	**mé**dio **ki**lo dé…
un litre de…	un litro de…	ounn **li**tro dé…
un demi-litre de…	medio litro de…	**mé**dio **li**tro dé…
une livre de…	500 gramos de…	ki**nièn**toss **gra**moss dé
être en promotion	estar de oferta	és**tar** dé o**fèr**ta
cher	caro(-a)	**ka**ro(-a)
bon marché	barato(-a)	ba**ra**to(-a)
salé(e)	salado(-a)	sa**la**do(-a)
sucré(e)	dulce	**doul**sé
amer(-ère)	amargo(-a)	a**mar**go(-a)
le prix	el precio	el **prés**sio
la monnaie	el cambio	el **kamm**bio
un sac	una bolsa	**ou**na **bol**sa
un étal	un puesto	ounn **pouès**to
un ingrédient	un ingrediente	ounn ingré**dièn**té
pour	para	**pa**ra
préparer	preparar	prépa**rar**
cuisiner	cocinar	kossi**nar**
cuire	cocer	ko**ssèrr**
bouillir	hervir	èrr**bir**
frire	freír	fré-**ir**
une balance	una balanza	**ou**na ba**lann**ssa
servir	servir	sèr**bir**
un cageot	una caja	**ou**na **ka**Ha

attention aux faux amis

¿Le atienden? signifie « On s'occupe de vous ? » et non « On vous attend ? » qui se dit ¿Le esperan?

< Buenos días, ¿le atienden?
bouénoss di-ass lé atiènndènn
Bonjour, on s'occupe de vous ?

> Où est la file d'attente ? (en arrivant, pour se placer à la fin de la file d'attente)
¿Quién es el último?
kiènn èss el oultimo

< ¿Qué quería?
ké quéri-a
Que souhaitez-vous ?

> Je voudrais un kilo de...
Quería un kilo de...
kéri-a ounn kilo dé...

< ¿Qué desea?
ké désséa
Que désirez-vous ?

> Trois côtelettes, s'il vous plaît.
Tres chuletas, por favor.
trèss tchoulétass por fabor

< ¿Qué le pongo?
ké lé ponngo
Qu'est-ce que je vous mets ?

> Mettez-moi deux kilos de...
Póngame dos kilos de...
ponngamé doss kiloss dé...

< ¿Cuánto(s) le pongo?
kouannto(ss) lé ponngo
Je vous en mets combien ?

> Mettez-m'en un kilo.
Póngame un kilo.
ponngamé ounn kilo

> Mettez-m'en quatre.
Póngame cuatro.
ponngamé kouatro

➤ Je voudrais un demi-kilo de..., s'il vous plaît.
Quisiera medio kilo de..., por favor.
*ki**ssié**ra **mé**dio **ki**lo dé... por fa**bor***

➤ Combien coûte un demi-poulet (rôti) ?
¿Cuánto cuesta medio pollo (asado)?
***kouann**to **koués**ta **mé**dio **po**yo (a**ssa**do)*

➤ Comment est-ce que ça se prépare/mange ?
¿Cómo se prepara/come?
***ko**mo sé pré**pa**ra/**ko**mé*

➤ Se come crudo/frito/asado/al vapor.
*sé **ko**mé **krou**do/**fri**to/a**ssa**do/al ba**por***
Ça se mange cru/frit/grillé/à la vapeur.

➤ ¿Algo más?
***al**go mass*
Et avec ceci ?

➤ Ce sera tout, merci.
Nada más, gracias.
***na**da mass **gra**ssiass*

➤ Je vous dois combien ?
¿Cuánto le debo?
***kouann**to lé **dé**bo*

➤ C'est combien ?
¿Cuánto es?
***kouann**to èss*

➤ Vous avez la monnaie ?
¿Tiene cambio?
***tié**né **kamm**bio*

➤ Je suis désolé, je n'ai pas la monnaie.
Lo siento, no tengo cambio.
*lo **siénn**to, no **tènn**go **kamm**bio*

L'ESPAGNOL dans tous ses ÉTATS

? Le saviez-vous ?

Nombreux sont les mots espagnols d'origine amérindienne, entrés dans la langue lors de la conquête de l'Amérique. On les retrouve dans les noms de villes et de pays, dans la gastronomie, mais également dans le vocabulaire quotidien (fruits, légumes, animaux...). Le *Dictionnaire de la Real Academia* en dénombre 26 299. Le plus gros contributeur est le Mexique, avec 2 895 mots principalement d'origine nahuatl, la langue des Aztèques, mais également d'origine maya.

Marché, par exemple, se dit **mercado** en Espagne mais **tianguis** (mot nahuatl) au Mexique, et **gato** (mot quechua) au Pérou.

En voici d'autres exemples :

- Le nahuatl (Mexique) a donné : **cacao** (cacao), **chocolate** (chocolat), **aguacate** (avocat), **cacahuate** (cacahuète), **chicle** (chewing-gum), **chile** (piment), **coyote** (coyote), **mapache** (raton laveur), **mecate** (désigne une corde au Mexique, en Amérique centrale, et au Venezuela), **zopilote** (vautour, en Amérique centrale et au Mexique), sans oublier le fameux **guacamole**.
- La langue caraïbe : **colibrí** (colibri), **loro** (perroquet), **papaya** (papaye), **piragua** (pirogue).
- Le taíno (Antilles et nord de l'Amérique du Sud) : **caimán** (caïman), **caoba** (acajou), **canoa** (canoë), **hamaca** (hamac), **huracán** (ouragan), **maíz** (maïs), **maní** (cacahuète), **guayaba** (goyave), **iguana** (iguane).
- Le quechua (Andes) : **coca** (coca), **papa** (pomme de terre), **cóndor** (condor), **pampa** (pampa), **puma** (puma), **quinua** (quinoa).
- Et enfin, le mot **cigarro** (cigare) vient du maya (Mexique).

FRUITS

fruta

Les mots pour le dire

le magasin de fruits	la frutería	*la froutéría*
les fruits	la fruta	*la **frou**ta*
l'abricot	el albaricoque	*el albari**ko**ké*
l'avocat	el aguacate	*el agoua**ka**té*
la cerise	la cereza	*la sé**ré**ssa*
la prune	la ciruela	*la si**rouè**la*
la framboise	la frambuesa	*la framm**boué**ssa*
la fraise	la fresa	*la **fré**ssa*
le citron	el limón	*el li**monn***
l'orange	la naranja	*la na**rann**Ha*
la pomme	la manzana	*la mann**sa**na*
la pêche	el melocotón	*el méloko**tonn***
le melon	el melón	*el mé**lonn***
la poire	la pera	*la **pé**ra*
l'ananas	la piña	*la **pi**gna*
la banane	el plátano	*el **pla**tano*
le pamplemousse	el pomelo	*el po**mé**lo*
la pastèque	la sandía	*la sann**di**-a*
la tomate	el tomate	*el to**ma**té*
le raisin	la uva	*la **ou**ba*
le kiwi	el kiwi	*el **ki**-oui*
la papaye	la papaya	*la pa**pa**ya*
la mangue	el mango	*el **mann**go*
le fruit de la passion	la fruta de la pasión	*la **frou**ta dé la pa**ssionn***

ne confondez pas

La fruta (le plus souvent utilisé au singulier) désigne les fruits frais, tandis que el fruto désigne les fruits secs ou le produit de l'arbre (la manzana es el fruto del manzano la pomme est le fruit du pommier). Fruto est également employé au sens figuré (el fruto de su trabajo le fruit de son travail ; dar fruto porter ses fruits).

⊳ S'exprimer ⊲ Comprendre

- J'aime les fruits.
  Me gusta la fruta.
  *mé **gous**ta la **frou**ta*

- Je n'aime pas les pamplemousses.
  No me gustan los pomelos.
  *no mé **gous**tann loss po**mé**loss*

- Les pêches sont-elles mûres ?
  ¿Están maduros los melocotones?
  *és**tann** ma**dou**ross loss méloko**to**nèss*

- Les prunes sont-elles mûres ?
  ¿Están maduras las ciruelas?
  *és**tann** ma**dou**ras lass si**roué**lass*

- Ils/Elles sont trop mûr(e)s.
  Están demasiado maduros(-as).
  *és**tann** déma**ssia**do ma**dou**ross(-ass)*

- Ils/Elles ne sont pas assez mûr(e)s.
  No están suficientemente maduros(-as).
  *no és**tann** soufi**cièn**nté**mèn**nté ma**dou**ross(-ass)*

- Je voudrais des oranges qui ne soient pas acides.
  Quisiera unas naranjas que no sean ácidas.
  *ki**ssié**ra **ou**nass na**rann**Hass ké no **sé**ann **a**ssidass*

- Je n'aime pas les oranges amères.
  No me gustan las naranjas amargas.
  *no mé **gous**tann lass na**ran**Hass a**mar**gass*

- Je voudrais des pommes très sucrées.
  Quisiera unas manzanas muy dulces.
  *ki**ssié**ra **ou**nas man**sa**nass moui **doul**sèss*

- Je cherche un vendeur de fruits bio.
  Estoy buscando una frutería ecológica.
  *és**toï** bous**kann**do **ou**na froutéri-a éko**lo**Hika*

- Avez-vous des oranges à jus ?
  ¿Tienen naranjas para zumo?
  ***Tié**nnènn na**rann**Hass **pa**ra **sou**mo*

BOISSONS & NOURRITURE

➤ Un avocat pour aujourd'hui et deux pour demain.
Un aguacate para hoy y dos para mañana.
*ounn agoua**ka**té **pa**ra oï i doss **pa**ra ma**gna**na*

➤ Je voudrais des tomates à farcir.
Quisiera unos tomates para rellenar.
*ki**ssié**ra **ou**noss to**ma**tèss **pa**ra réyé**nar***

➤ C'est pour faire de la compote/de la confiture/une tarte.
Es para hacer compota/mermelada/una tarta.
*èss **pa**ra a**ssèrr** kommp**o**ta/mèrmé**la**da/**ou**na **tar**ta*

➤ Est-ce que ces citrons sont bio/sans pesticides ?
¿Son los limones biológicos/sin pesticidas?
*sonn los li**mo**nèss bio**lo**Hikoss/sinn pésti**ssi**dass*

◄ ¿Desea(n) frutos secos?
*dé**ssé**a(nn) **frou**toss **sé**koss*
Voulez-vous des fruits secs ?

◄ Son cuatro aguacates por el precio de tres.
*sonn **koua**tro agoua**ka**tèss por el **pré**ssio de trèss*
Vous pouvez avoir quatre avocats pour le prix de trois.

➤ Combien coûte un kilo de cerises ?
¿Cuánto cuesta un kilo de cerezas?
***kouann**to **kouès**ta ounn **ki**lo dé sé**ré**ssass*

➤ Je voudrais du raisin bien sucré et sans pépins.
Quisiera unas uvas muy dulces y sin semilla.
*ki**ssié**ra **ou**nass **ou**bas moui **doul**sèss i sin sé**mi**ya*

Manières de dire

- Au Mexique, *une tomate* se dit **un jitomate**, alors que **un tomate** désigne une variété de petite tomate verte que l'on utilise pour faire **la salsa verde** (sauce verte), toujours présente sur une table mexicaine.
- *Une pastèque* se dit **una sandía** en Espagne et dans certains pays latino-américains, mais **una patilla** au Venezuela, en Colombie, à Porto Rico et en République dominicaine.
- *Une banane* se dit **un plátano** dans la plupart des pays hispanophones, mais **una banana** en Argentine, en Colombie, en Équateur, au Paraguay et en Uruguay. Au Guatemala et au Honduras, **una banana** désigne une variété particulière de bananes.
- *Un avocat* se dit en général **un aguacate**, sauf en Argentine, au Chili, au Pérou et en Uruguay où le mot **palta**, d'origine quechua, a été adopté.

Expression

L'expression *tomar las uvas* (« manger les raisins ») ou *las doce uvas de la suerte* (« les douze raisins de la chance ») fait référence aux raisins que l'on mange le 31 décembre à minuit avec un verre de *cava* (sorte de champagne espagnol). Le plus souvent réunis sur la place principale de la ville, les Espagnols attendent les douze coups de minuit et, à chaque son de cloche, mangent un grain de raisin. Douze mois de chance et de bonheur attendent ceux qui réussissent la prouesse de les avoir tous avalés au moment où retentit le dernier coup. Pour cela, certains n'hésitent pas à tricher et à éplucher préalablement les grains afin de pouvoir les manger plus rapidement !

LÉGUMES

verdura

Les mots pour le dire

l'aubergine	la berenjena	*la bérènn**Héna***
la courgette	el calabacín	*el kalaba**ssinn***
l'oignon	la cebolla	*la sé**bo**ya*
le chou	la col	*la kol*
le chou-fleur	la coliflor	*la koli**florr***
l'asperge	el espárrago	*el éss**pa**rrago*
l'épinard	la espinaca	*la éss**pina**ka*
le haricot vert	la judía verde, la alubia	*la Hou**di**-a **bè**rrdé, la a**lou**bia*
la laitue	la lechuga	*la lé**tchou**ga*
le maïs	el maíz	*el ma-**iss***
la pomme de terre	la patata	*la pa**ta**ta*
le concombre	el pepino	*el pé**pi**no*
le cornichon	el pepinillo	*el pépi**ni**yo*
le poireau	el puerro	*el **poué**rro*
la carotte	la zanahoria	*la sana-**o**ria*
l'ail	el ajo	*el **a**Ho*
le radis	el rábano	*el **ra**bano*
la betterave	la remolacha	*la rémo**la**tcha*
l'artichaut	el alcachofa	*la alka**tcho**fa*
l'endive	la endivia	*la ènn**di**bia*
le brocoli	el brócoli	*el **bro**koli*
le céleri	el apio	*el **a**pio*
le fenouil	el hinojo	*el i**no**Ho*
le navet	el nabo	*el **na**bo*

attention aux faux amis

La verdura désigne les légumes et non de la verdure. Ce mot s'utilise généralement au singulier ; ainsi *manger des légumes* se dit comer verdura.

AU MARCHÉ

➤ Comment s'appelle ce légume ?
¿Cómo se llama esta verdura?
__ko__mo sé __ya__ma __és__ta bèr__dou__ra

➤ Ça se prépare comment ?
¿Cómo se prepara?
__ko__mo sé pré__pa__ra

➤ Ça se mange cru ou cuit ?
¿Se come crudo o cocido?
sé __ko__mé __krou__do o ko__ssi__do

⮜ Se come hervido/frito.
sé __ko__mé èr__bi__do/__fri__to
Ça se mange bouilli/frit.

➤ Je voudrais des tomates farcies.
Quisiera unos tomates rellenos.
ki__ssié__ra __ou__noss to__ma__tèss ré__yé__noss

➤ Avez-vous des courgettes à farcir ?
¿Tiene calabacines para rellenar?
__tié__né kalaba__ssi__nèss __pa__ra réyé__nar__

⮜ No señora/señor, no tenemos.
no sé__gno__ra/sé__gnor__ no té__né__moss
Non, madame/monsieur, nous n'en avons pas.

⮜ Ya no quedan.
ya no __ké__dann
Il n'en reste plus.

AU RESTAURANT

➤ Quels légumes y a-t-il dans cette soupe ?
¿Qué lleva esta sopa de verdura?
ké __yé__ba __és__ta __so__pa dé bèr__dou__ra

➤ Je voudrais une salade de carottes râpées.
Quisiera una ensalada de zanahorias rayadas.
ki__ssié__ra __ou__na ènnsa__la__da dé sana-__o__riass ra__ya__dass

LÉGUMES

➤ Je préfère une salade de laitue, tomates et oignon.
Prefiero una ensalada de lechuga, tomates y cebolla.
*pré**fié**ro **ou**na ènnsa**la**da dé lé**tchou**ga, to**ma**tèss i sé**bo**ya*

➤ Il y a de l'ail (dans ce plat) ?
¿Lleva ajo (este plato)?
***yé**ba **a**Ho (**és**té **pla**to)*

➤ Je voudrais des frites/des pommes de terre au four.
Quisiera unas patatas fritas/al horno.
*ki**ssié**ra **ou**nass pa**ta**tass **fri**tass/al **or**no*

➤ Est-ce que les beignets d'aubergine sont très gras ?
¿Tienen mucha grasa las berenjenas rebozadas?
***tié**nènn **mou**tcha **gra**ssa lass bérènn**Hé**nass rébo**ssa**dass*

➤ Avez-vous des épinards à la crème ?
¿Tienen espinacas a la crema?
***tié**nènn éspi**na**kass a la **kré**ma*

➤ J'aime les brochettes de légumes.
Me gustan las brochetas vegetales.
*mé **gouss**tann lass bro**tché**tass béHé**ta**lèss*

➤ Je voudrais des croquettes de pomme de terre au fromage.
Quisiera unas croquetas de patata y queso.
*ki**ssié**ra **ou**nass kro**ké**tass dé pa**ta**ta i **ké**sso*

➤ Je suis allergique à l'oignon.
Soy alérgico(-a) a la cebolla.
*soï a**lèr**Hico(-a) a la sé**bo**ya*

➤ El cocido madrileño es un plato típico hecho a base de garbanzos.
*el ko**ssi**do madri**lé**gno èss ounn **pla**to **ti**piko **é**tcho a **ba**ssé dé gar**bann**soss*
Le « cocido madrileño » est un plat typique à base de pois chiches.

L'ESPAGNOL dans tous ses ÉTATS

! Ne confondez pas

Un champignon se dit **una seta**, tandis que le mot **champiñones** désigne exclusivement les champignons de Paris.

? Le saviez-vous ?

Les aubergines (**las berenjenas**) ont été introduites en Espagne par les Maures. Elles étaient tellement populaires à l'époque de la conquête de l'Espagne par les musulmans (711-1492), qu'on appelait **berenjenal** un déjeuner festif auquel assistait une foule bruyante. Aujourd'hui, l'expression familière **meterse en un berenjenal** signifie curieusement « se fourrer dans un sale pétrin ».

Manières de dire

- *Une pomme de terre* se dit **una patata** en Espagne, sauf aux Canaries où le mot quechua **una papa** a été adopté, tout comme en Amérique latine.
- *Un épi de maïs* se nomme de différentes manières selon les régions : **una mazorca de maís** en Espagne, **un elote** (du nahuatl, la langue des Aztèques) au Mexique, **un choclo** (mot quechua) dans le sud de l'Amérique du Sud, et **un abatí** (mot guarani) au Paraguay.

Expression

Mandar a alguien a freír espárragos (« envoyer quelqu'un frire des asperges ») n'est pas une invitation à se mettre en cuisine mais l'équivalent espagnol de notre expression familière *envoyer quelqu'un se faire cuire un œuf*.

ALIMENTS DE BASE

alimentos de base

Les mots pour le dire

le pain	el pan	*el pann*
les pâtes	los macarrones	*loss maka**rro**nèss*
les spaghettis	los espaguetis	*los éspa**gué**tiss*
le riz	el arroz	*el arr**oss***
le riz complet	el arroz integral	*el arr**oss** innté**gral***
les œufs	los huevos	*loss **oué**boss*
l'huile	el aceite	*el **assé**-ité*
l'huile d'olive	el aceite de oliva	*el **assé**-ité dé o**li**ba*
le vinaigre	el vinagre	*el bi**na**gré*
sel et poivre	sal y pimienta	*sal i pi**mièn**nta*
la viande	la carne	*la **kar**né*
le poisson	el pescado	*el pés**ka**do*
le fromage	el queso	*el **ké**sso*
le fromage crémeux	el queso cremoso	*el **ké**sso kré**mo**sso*
le fromage à tartiner	el queso para untar	*el **ké**sso **pa**ra ounn**tar***
le fromage râpé	el queso rallado	*el **ké**sso ra**ya**do*
le fromage blanc	el requesón	*el rékés**sonn***
fort	fuerte	*fou**èr**té*
doux	suave	***soua**bé*
bleu	tipo roquefort	***ti**po roké**for***
la soupe	la sopa	*la **so**pa*
le consommé	el consomé	*el konnso**mé***
le bouillon	el caldo	*el **kal**do*

note

Le mot macarrón désigne à la fois les pâtes et les macarons.

➤ S'exprimer ⮜ Comprendre

➤ Pouvez-vous me passer le sel, s'il vous plaît ?
¿Me puede pasar la sal, por favor?
*mé **poué**dé pa**ssar** la sal, por fa**bor***

⮜ Aquí tiene, señora/señor.
*a**ki** **tié**né sé**gno**ra/sé**gnor***
Le/la voici, madame/monsieur.

➤ Pourriez-vous me le préparer sans... ?
¿Me lo puede preparar sin...?
*mé lo **poué**dé prépa**rar** sinn...*

⮜ ¡Por supuesto! ou ¡Claro que sí!
*por sou**pouès**to/**kla**ro ké si*
Bien sûr !

⮜ Lo siento, es imposible.
*lo **siènn**to èss immpo**ssi**blé*
Je suis désolé(e), c'est impossible.

➤ Je dois suivre un régime sans...
Tengo que seguir una dieta sin...
***tènn**go ké sé**guir** **ou**na **dié**ta sinn*

➤ Je ne supporte pas ce qui est pimenté.
No soporto lo picante.
*no so**por**to lo pi**kann**té*

➤ Je voudrais des pâtes au gratin.
Quisiera unos macarrones gratinados.
*ki**ssié**ra **ou**noss maka**rro**nèss grati**na**doss*

➤ Je voudrais des œufs au plat/brouillés.
Quisiera unos huevos fritos/revueltos.
*ki**ssié**ra **ou**noss **oué**boss **fri**toss/ré**bouèl**toss*

⮜ En España todo se prepara con aceite de oliva.
*ènn és**pa**gna **to**do sé pré**pa**ra konn a**ssé**-ité dé o**li**ba*
En Espagne, on cuisine tout à l'huile d'olive.

⮜ El Cabrales es un queso bastante fuerte.
*el ka**bra**lèss èss ounn **ké**sso bas**tann**té **fouèr**té*
Le Cabrales est un fromage assez fort.

➤ J'aime/Je n'aime pas les fromages forts.
(No) me gustan los quesos fuertes.
*(no) mé **gous**tann loss **kés**soss **fouèr**tèss*

⮜ Es un Manchego curado.
*èss ounnn mann**tché**go kou**ra**do*
C'est un Manchego vieux.

➤ Avez-vous du fromage à tartiner pour les enfants ?
¿Tienen queso para untar para los niños?
***tié**nènn **kés**so **pa**ra ounn**tar** **pa**ra loss **ni**gnoss*

➤ Est-ce très fort ?
¿Es muy fuerte?
*èss moui **fouèr**té*

⮜ No, es bastante suave.
*no, èss bas**tann**té **soua**bé*
Non, c'est assez doux.

⮜ El arroz a la cubana lleva ajo y se come con un huevo frito.
*el a**rross** a la kou**ba**na **yé**ba **a**Ho i sé **ko**mé konn ounn ou**é**bo **fri**to*
Le riz à la cubaine se prépare avec de l'ail et se mange avec un œuf au plat.

⮜ Le aconsejo los pimientos de Padrón.
*lé akonn**sé**Ho loss pi**mièn**ntoss dé pa**dronn***
Je vous conseille les poivrons verts saisis dans le sel et l'huile d'olive.

➤ J'aime la macédoine de légumes à la mayonnaise.
Me gusta la ensaladilla rusa.
*mé **gous**ta la ènnsala**di**ya **rous**sa*

⮜ El ajillo es una salsa a base de ajo, aceite y pimiento.
*el a**Hi**yo èss **ou**na **sal**sa a **bas**sé dé **a**Ho dé a**ssé**-ité i dé pi**mièn**nto*
« El ajillo » est une sauce à base d'ail, d'huile et de piment.

L'ESPAGNOL dans tous ses ÉTATS

! Ne confondez pas

La oliva désigne le fruit frais dont on se sert pour fabriquer **el aceite de oliva** (l'huile d'olive), tandis que **la aceituna** est le fruit en saumure, prêt à être mangé.

Expressions

- ***Ahogarse en un vaso de agua*** est l'équivalent exact de *se noyer dans un verre d'eau.*
- ***Estar como un queso***, littéralement « être comme un fromage » signifie curieusement « être très attirant ou séduisant », expression sans doute créée par un grand gourmand.

Si l'expression s'emploie essentiellement à propos des personnes du sexe féminin, on peut aussi dire ***Ese tío está como un queso*** (Ce mec est super mignon).

★ Le dicton du jour

En Espagne comme en France…

> ***No se puede hacer tortilla sin romper los huevos.***
> On ne fait pas d'omelette sans casser des œufs.

" Citation

" Hay algo tan necesario como el pan de cada día, y es la paz de cada día; la paz sin la cual el mismo pan es amargo. "

Il y a quelque chose d'aussi nécessaire que le pain quotidien, c'est la paix quotidienne ; la paix, sans laquelle le pain lui-même est amer.

Amado Nervo

(1870-1919), poète, romancier et essayiste mexicain

BOISSONS & NOURRITURE

VIANDES ET POISSONS

carnes y pescados

Les mots pour le dire

la viande	la carne	*la karné*
la viande hachée	la carne picada	*la karné pikada*
la viande d'agneau	la carne de cordero	*la karné dé kordéro*
la viande de porc	la carne de cerdo	*la karné dé sèrdo*
la viande de veau	la carne de ternera	*la karné dé tèrnéra*
la viande de bœuf	la carne de vaca	*la karné dé baka*
la côtelette	la chuleta	*la tchouléta*
l'épaule	el lomo	*el lomo*
le poulet	el pollo	*el poyo*
le jambon	el jamón	*el Hamonn*
le canard	el pato	*el pato*
le poisson	el pescado	*el péskado*
le thon	el atún, el bonito	*el atounn, el bonito*
la morue	el bacalao	*el bakalao*
la daurade	el besugo	*el béssougo*
la sole	el lenguado	*el lènngouado*
l'anchois	el boquerrón	*el bokéronn*
le merlu	la merluza	*la mèrloussa*
le bar	la lubina	*la loubina*
les fruits de mer	el marisco	*el marisko*
le crabe	el cangrejo	*el kanngréHo*
les crevettes	las gambas	*lass gammbass*
les moules	los mejillones	*loss méHiyonèss*
les huîtres	las ostras	*lass ostrass*

ne confondez pas

Pescado et pez se traduisent tous deux par « poisson » mais attention à la nuance : el pescado est le poisson qui a été « pêché » (pescado est le participe passé du verbe pescar) tandis que el pez (pluriel : los peces) est bien vivant. Quant à vous, si vous êtes Poissons, vous n'êtes ni pez ni pescado, mais Piscis !

➤ S'exprimer ➤ Comprendre

➤ Nous voudrions trois côtelettes d'agneau grillées.
Quisiéramos tres costillas de cordero asadas.
*ki**ssié**ramoss trèss kos**ti**yass dé kor**dé**ro a**ssa**dass*

➤ Comment ce poisson est-il préparé ?
¿Cómo está preparado este pescado?
***ko**mo és**ta** prépa**ra**do ésté pés**ka**do*

➤ Comment cette viande est-elle préparée ?
¿Cómo está preparada esta carne?
***ko**mo és**ta** prépa**ra**da **és**ta **kar**né*

➤ Es carne estofada/al horno/asada/a la plancha.
*èss **kar**né ésto**fa**da/al **or**no/a**ssa**da/a la **plann**tcha*
C'est de la viande à l'étouffée/au four/grillée/à la plancha.

➤ ¿Cómo le gusta la carne?
***ko**mo lé **gous**ta la **kar**né*
Comment aimez-vous votre viande ?

➤ Bleue/À point/Très cuite.
Poco hecha/No muy hecha/Muy hecha.
***po**ko **è**tcha/no moui **è**tcha/moui **è**tcha*

➤ Combien coûte un demi-poulet grillé ?
¿Cuánto cuesta medio pollo asado?
***kouann**to **kouès**ta **mé**dio **po**yo a**ssa**do*

➤ Un steak tartare et un filet de merlu.
Un filete tártaro y un filete de merluza.
*ounn fi**lé**té **tár**taro i ounn fi**lé**té dé mèr**lou**ssa*

➤ On va prendre des moules marinières.
Vamos a tomar unos mejillones a la marinera.
***va**moss a to**mar** **ou**noss méHi**yo**nèss a la mari**né**ra*

➤ Combien coûte le filet de sole ?
¿Cuánto cuesta el filete de lenguado?
***kouann**to **kouès**ta el fi**lé**té dé lènn**goua**do*

➤ Ça se prépare comment ?
¿Cómo se prepara?
***ko**mo sé pré**pa**ra*

BOISSONS & NOURRITURE

➤ J'aime le saumon fumé/la viande fumée.
Me gusta el salmón ahumado/la carne ahumada.
*mé **gous**ta el sal**monn** a-ou**ma**do/la **kar**né a-ou**ma**da*

➤ Je voudrais une paella avec/sans fruits de mer.
Quisiera una paella con/sin marisco.
*ki**ssié**ra **ou**na pa**é**ya konn/sinn ma**ris**ko*

➤ Nous voudrions une paella au poulet pour cinq personnes.
Quisiéramos una paella con pollo para cinco personas.
*ki**ssié**ramoss **ou**na pa**é**ya konn **po**yo **pa**ra **sinn**ko pèr**so**nass*

⮜ El atún encebollado está preparado con cebolla.
*el a**tounn** ènnsébo**ya**do ès**ta** prépa**ra**do konn sé**bo**ya*
Le thon « encebollado » est préparé avec des oignons.

⮜ El bacalao con tomate lleva también pimiento morrón.
*el baka**lao** konn to**ma**té **yé**ba tamm**biènn** pi**miènn**to mo**rronn***
La morue aux tomates comporte également du poivron.

➤ Je n'aime pas les calamars dans leur encre.
No me gustan los calamares en su tinta.
*no mé **gous**tann loss kala**ma**rèss ènn sou **tinn**ta*

➤ Je préfère des sardines à la plancha.
Prefiero unas sardinas a la plancha.
*pré**fié**ro **ou**nass sar**di**nass a la **plann**tcha*

⮜ La lengua rebozada está muy buena.
*la **lènn**goua rébo**ssa**da ès**ta** moui **boué**na*
La langue panée est très bonne.

L'ESPAGNOL dans tous ses ÉTATS

Manières de dire

- *Un barbecue* se dit **una barbacoa** en Espagne, mais **una parilla** dans divers pays latino-américains. Attention cependant : au Mexique, **una barbacoa** est un plat de viande (généralement à base de mouton) cuite à la vapeur et dans son jus. Quant au mot **parilla**, il désigne la galerie d'une voiture dans différents pays d'Amérique latine, le porte-bagage d'un vélo à Cuba, un sommier en Uruguay... et un arrière-train volumineux au Salvador ! Bref, réfléchissez bien avant de parler...

- En Espagne, *viande de mouton* se dit **carne de cordero**, tandis qu'au Mexique on parle de **carne de borrego**. De la même manière, on dit **carne de vaca** en Espagne pour désigner la viande de bœuf, mais **carne de res** en Amérique latine.

- **Una chuleta** n'est pas toujours comestible ! C'est certes une côtelette, mais aussi une antisèche en Espagne et dans certains pays latino-américains.

Expressions

- Si l'on vous parle de quelqu'un qui ***tiene una merluza impresionante***, ce n'est pas un pêcheur émérite qui « a un merlu impressionnant » mais quelqu'un qui est complètement ivre. Car en argot, **una merluza**, c'est une cuite !

- ***Te conozco bacalao aunque vengas disfrazao*** cette expression pleine d'allitérations signifie mot à mot « je te reconnais, morue, même si tu es déguisée », mais ne le prenez pas mal. C'est l'équivalent de « je te vois venir, avec tes gros sabots ». Même déguisée, on reconnaît toujours la morue à son odeur...

DESSERTS

postres

Les mots pour le dire

le riz au lait	el arroz con leche	*el a**rross** konn **lé**tché*
les beignets	los buñuelos	*loss bou**gnoué**loss*
la compote	la compota	*la komm**po**ta*
la compote de pommes	la compota de manzana	*la komm**po**ta dé mann**sa**na*
la crème catalane	la crema catalana	*la **kré**ma kata**la**na*
la crème chantilly	la crema chantilly, la nata montada	*la **kré**ma tchannti**yi**, la **na**ta monn**ta**da*
le fromage blanc	la cuajada	*la koua**Ha**da*
la pâte de coings	el dulce de membrillo	*el **doul**sé dé mèmm**bri**yo*
le flan au caramel	el flan de caramelo	*el flann dé kara**mé**lo*
le flan à la noix de coco	el flan de coco	*el flann dé **ko**ko*
la glace	el helado	*el é**la**do*
la glace au chocolat	el helado de chocolate	*el é**la**do dé tchoko**la**té*
la glace à la vanille	el helado de vainilla	*el é**la**do dé ba-**ini**-ya*
la macédoine de fruits	la macedonia de frutas	*la massé**do**nia dé **frou**tass*
le miel	la miel	*la miel*
la crème fraîche	la nata	*la **na**ta*
la crème renversée	las natillas	*lass **nati**-yass*
le gâteau	el pastel	*el pas**tèl***
la tarte	la tarta	*la **tar**ta*
la tarte aux fraises	la tarta de fresas	*el é**la**do dé **fré**ssass*

attention aux faux amis

- Un gato ne signifie pas « un gâteau », qui se dit un pastel, mais « un chat » !
- Un bombón ne désigne pas *un bonbon*, qui se dit un caramelo, mais un chocolat fourré. Dire d'une fille que c'est un bombón revient à dire qu'elle est « canon ».

◀ ¿Ha elegido su postre?
a éléHido su postré
Avez-vous choisi votre dessert ?

◀ Y de postre, ¿qué desea tomar?
i dé postré ké désséa tomar
Et comme dessert, que désirez-vous ?

➤ Comme dessert, je voudrais/nous voudrions...
De postre quisiera/quisiéramos...
dé postré kissiéra/kissiéramoss

➤ Quelles glaces avez-vous ?
¿Qué helados tienen?
ké éladoss tiénènn

➤ Je voudrais une glace à la noisette et une au café.
Quisiera un helado de avellana y uno de café.
kissiéra ounn élado dé abéyana i ouno dé kafé

➤ Une glace au chocolat avec de la crème chantilly, s'il vous plaît.
Un helado de chocolate con chantilly, por favor.
ounn élado dé tchokolaté konn tchanntiyi por fabor

➤ Quel genre de gâteaux avez-vous ?
¿Qué tipo de pasteles tienen?
ké tipo dé pastélèss tiénénn

➤ Avez-vous de la crème renversée ?
¿Tienen natillas?
tiénènn natiyass

◀ Sí. ¿Cuántas quieren?
si kouanntass kiérènn
Oui. Combien en voulez-vous ?

◀ Ya no tenemos natillas. Pero tenemos crema catalana.
ya no ténémoss natiyass - péro ténémoss kréma katalana
Nous n'avons plus de crème renversée. Mais nous avons de la crème catalane.

⮜ Ya no queda helado de pistacho.
*ya no kéda é**la**do dé pis**ta**tcho*
Nous n'avons plus de glace à la pistache.

➤ Une part de tarte au fromage et une autre de tarte aux pommes.
Una porción de tarta de queso y otra de tarta de manzana.
***ou**na por**sionn** dé **tar**ta dé **ké**sso y **o**tra dé **tar**ta dé mann**sa**na*

➤ Y a-t-il de la cannelle dans le riz au lait ?
¿Lleva canela el arroz con leche?
***yé**ba ca**né**la el ar**ross** konn **lé**tché*

➤ Avez-vous des fruits ?
¿Tienen fruta?
***tié**nènn **frou**ta*

⮜ Sí, tenemos fruta del tiempo.
*sí, té**né**moss **frou**ta del **tièmm**po*
Oui, nous avons des fruits de saison.

➤ Je suis allergique aux fruits à coque.
Soy alérgico(-a) a los frutos secos.
*soï a**lèr**Hiko(-a) a loss **frou**toss **sé**koss*

⮜ También tenemos dulce de membrillo.
*tamm**biénn** té**né**mos **doul**sé dé mèmm**bri**yo*
Nous avons également de la pâte de coings.

➤ Je voudrais deux pommes au four.
Quisiera dos manzanas asadas.
*kis**sié**ra doss mann**sa**nass as**sa**dass*

⮜ ¿Le gusta la fruta en almíbar?
*lé **gous**ta la **frou**ta ènn al**mi**bar*
Aimez-vous les fruits au sirop ?

⮜ La tarta de Santiago lleva almendras.
*la **tar**ta dé sann**tia**go **yé**ba al**mènn**drass*
La tarte de Saint-Jacques est faite avec des amandes.

L'ESPAGNOL dans tous ses ÉTATS

! Ne confondez pas

El helado, c'est la crème glacée, **el hielo** l'eau gelée, et **el espejo** le miroir.

? Le saviez-vous ?

Le riz au lait (**el arroz con leche**), comme l'anis (**el anís**) qui aromatise bon nombre de biscuits, a été introduit en Espagne par les Maures au XIIIe siècle.

Expressions

- ***Estar hecho un flan***, c'est littéralement « être devenu un flan » et au sens figuré « avoir peur » ou « être extrêmement nerveux ». Pourquoi ? Parce qu'une personne qui a peur ou qui est très nerveuse tremblote comme le flan dans son ravier, non ?
- ***Descubrir el pastel*** (« découvrir le gâteau ») faisait autrefois référence à une sorte de gâteau de viande. Il était de notoriété publique que certains cuisiniers indélicats trichaient sur le poids de la viande utilisée pour sa confection. Afin de savoir si le gâteau était suffisamment fourré, on soulevait la pâte du dessus. Il s'agissait en quelque sorte de « découvrir le pot aux roses », sens actuel de l'expression.

★ Le dicton du jour

> ***El amor es como los pasteles, que recalentados no sirven.***
> L'amour, comme les gâteaux, ne peut être réchauffé.

BOISSONS & NOURRITURE

Voici quelques modes de préparation et spécialités régionales et nationales pour vous ouvrir l'appétit. Comme vous le verrez, certains mets ont déjà passé la frontière.

- **Aceite de oliva** */**assé**-ité dé o**li**ba/* Huile d'olive
- **Aceitunas rellenas** */assé-i**tou**nass ré**yé**nass/* Olives farcies
- **Adobo (en)** */ènn a**do**bo/* Mariné
- **Ajillo (al)** */al a**Hi**yo/* À l'ail
- **Albóndigas** */al**bonn**digass/* Boulettes de viande de bœuf ou de veau en sauce, assaisonnées de persil et cumin
- **Alboronía** */alboro**ni**-a/* Plat andalou à base de légumes : sorte de ratatouille (courgettes, aubergines, tomates, oignon, ail) posée sur une base de pommes de terre frites
- **Arroz a banda** */**arross** a **bann**da/* Riz au poisson
- **Arroz a la cubana** */**arross** a la kou**ba**na/* Riz à l'ail servi avec de la sauce tomate, un œuf au plat et, parfois, de la banane frite
- **Arroz con costra** */**arross** konn **kos**tra/* Riz en croûte
- **Arroz con leche** */**arross** kon **lé**tché/* Riz au lait
- **Arroz empedrado** */**arross** èmmpé**dra**do/* Riz accompagné de haricots secs, de morue, de piment et d'ail
- **Arroz negro** */**arross** **né**gro/* Sorte de paëlla cuite dans de l'encre de seiche
- **Asadillo de la Mancha (= asadillo manchego)** */assa**di**yo dé la **mann**tcha/mann**tché**go/* Poivrons rouges grillés
- **Bacalao al pilpil** */baka**la**o al pil**pil**/* Morue à l'ail, au piment rouge et à l'huile d'olive
- **Berenjenas a la miel** */bérènn**Hé**nass a la miel/* Beignets d'aubergine au miel
- **Berenjenas de Almagro** */bérènn**Hé**nass dé al**ma**gro/* Aubergines généralement farcies aux poivrons ou marinées

- **Besugo a la madrileña** /*béssougo a la madri**lé**gna*/ Daurade à la madrilène, grillée au four et accompagnée de crevettes et de légumes, assaisonnée avec du vin et de l'huile d'olive
- **Borrachos** /*bo**rra**tchoss*/ (littéralement « ivres ») Gâteau aromatisé au rhum, citron et cannelle
- **Botifarra** /*boti**fa**rra*/ Saucisse de porc catalane
- **Brasa (a la)** /*a la **bra**ssa*/ Braisé(e)
- **Buñuelo** /*bou**gnoué**lo*/ Beignet
- **Calamares a la romana** /*kala**ma**rèss a la ro**ma**na*/ Anneaux de calamar frits
- **Calamares en su tinta** /*kala**ma**ress ènn sou **tinn**ta*/ Calamars à l'encre
- **Caldereta** /*kaldé**ré**ta*/ Ragoût de viande ou de poisson
- **Caldo** /***kal**do*/ Bouillon
- **Callos a la madrileña** /***ka**yoss a la madri**lé**gna*/ Tripes à la madrilène : tripes de porc, vin blanc, tomates, ail, muscade, oignons et chorizo
- **Carcamusa de Toledo** /*karka**mou**ssa dé to**lé**do*/ Ragoût de veau aux légumes, souvent proposé comme tapa
- **Cazuela de fideos** /*ka**ssoué**la dé fi**dé**oss*/ Plat à base de pâtes, poivrons, poisson et parfois fruits de mer
- **Ceviche** /*sé**vi**tché*/ Poisson ou poulpe cru, coupé en petits morceaux, macéré dans du jus de citron vert, de l'oignon et, selon les pays, de la coriandre, de l'ail et de la tomate
- **Chanfaina** /*tchannfa-**i**na*/ Fricassée d'abats
- **Chilindrón** /*tchilinn**dronn***/ Ragoût de viande (porc, dinde ou mouton) et tomates
- **Chistorra** /*tchis**to**rra*/ Spécialité de la région de Navarre : sorte de chorizo
- **Chorizo** /*tcho**ri**sso*/ Saucisse de porc hachée grossièrement, parfois pimentée ; se mange crue ou grillée
- **Chorizo asado** /*tcho**ri**sso a**ssa**do*/ Chorizo grillé au four, au grill ou à la poêle
- **Chuleta** /*tchou**lé**ta*/ Côtelette

- **Chuletillas al sarmiento** */tchoulé**ti**yass al sar**mièn**nto/* Côtelettes d'agneau grillées sur les braises obtenues avec des branches de vigne de la Rioja
- **Chuletón** */tchoulé**tonn**/* Côte de bœuf
- **Churros** */**tchou**rross/* Beignets allongés frits puis roulés dans le sucre, qui se dégustent avec du chocolate espeso (chocolat épais) dans les churrerías
- **Cocido madrileño** */ko**ssi**do madri**lé**gno/* Sorte de pot au feu à base de pois chiches, pommes de terre, carottes, chou, chorizo, viande de porc
- **Cordero a la pastora** */kor**dé**ro a la pas**to**ra/* Ragoût d'agneau aux pommes de terre et aux épices
- **Crema catalana** */**kré**ma cata**la**na/* Sorte de crème brûlée
- **Croquetas** */kro**ké**tass/* Croquettes à base de béchamel, fromage et jambon ou morue
- **Cuajada** */koua**Ha**da/* Caillé au miel (con miel) ou à la cannelle (con canela)
- **Dulce** */**doul**sé/* Gâteau ou bonbon
- **Dulce de membrillo** */**doul**sé dé mèmm**bri**yo/* Pâte de coings
- **Dulce de guayaba** */**doul**sé dé gua**ya**ba/* Pâte de goyave
- **Dulces** */**doul**sèss/* Friandises, sucreries
- **Embutidos** */èmmbou**ti**doss/* Terme qui désigne toutes les charcuteries en boyaux (saucisses, saucissons, chorizo, etc.)
- **Empanada** */èmmpa**na**da/* Sorte de chausson généralement fourré au thon (atún, bonito) ou à la viande
- **Empanado(-a)** */èmmpa**na**do(-a)/* Pané(é)
- **Ensalada mixta** */ènnsa**la**da **mik**sta/* Salade composée
- **Escalivada** */éskali**ba**da/* Lamelles d'aubergines et de poivrons rouges grillées au four et arrosées d'huile d'olive
- **Fabada** */fa**ba**da/* Plat typique des Asturies, sorte de cassoulet comprenant des haricots blancs, du chorizo, de la morcilla (sorte de boudin), de l'oignon, de l'ail et différents aromates
- **Flamenquín** */flamènn**kinn**/* Rouleau de porc pané farci au jambon serrano ou parfois au chorizo

BOISSONS & NOURRITURE

- **Fritura de pescado** /*fri**tou**ra dé pés**ka**do*/ Friture de poissons
- **Fuet** /*fou**ètt***/ Saucisson catalan
- **Gambas al ajillo** /***gamm**bass al a**Hi**yo*/ Crevettes à l'ail
- **Gazpacho** /*gas**pa**tcho*/ Soupe froide, généralement à la tomate
- **Gazpacho manchego** /*gas**pa**tcho manntc**hé**go*/ Ragoût de viande (lapin, poulet, caille...), d'oignons, de tomates, d'ail et de safran, généralement accompagné de galettes de froment
- **Hornazo** /*or**na**sso*/ Pain au levain généralement farci au chorizo
- **Horno (al)** /*al **or**no*/ Au four
- **Huevo relleno** /***oué**bo ré**yé**no*/ Œuf dur farci au crabe ou au thon
- **Huevos a la flamenca** /***oué**boss a la fla**mèn**nka*/ Œufs au plat accompagnés de petits légumes (petits pois, tomates frites, persil...) et de jambon serrano ou de chorizo
- **Huevos fritos** /***oué**boss **fri**toss*/ Œufs au plat
- **Huevos revueltos** /***oué**boss ré**bouèl**toss*/ Œufs brouillés
- **Jamón ibérico** /*Ha**monn** i**bé**riko*/ Jambon sec fait de porcs nourris aux glands
- **Jamón serrano** /*Ha**monn** sé**rra**no*/ Jambon sec
- **Leche frita** /***lé**tché **fri**ta*/ Dessert à base de farine cuite avec du lait condensé. Une fois l'ensemble épaissi, il est coupé en petits cubes puis frit et saupoudré de sucre et de cannelle
- **Lomo embuchado** /***lo**mo èmmbou**tcha**do*/ Filet de porc (épaule) séché
- **Mantecaos y polvorones** /*manntè**ka**oss i polbo**ro**nèss*/ Biscuits sablés à base d'amandes et de cannelle
- **Mariscada** /*maris**ka**da*/ Plateau de fruits de mer servis chauds
- **Mazapán** /*massa**pann***/ Petit gâteau à la pâte d'amande, cuit
- **Mejillones pipirrana** /*méHi**yo**nèss pipi**rra**na*/ Moules farcies avec des oignons, des poivrons et arrosées de citron
- **Molleja** /*mo**yé**Ha*/ Ris de veau ou gésier
- **Montadito** /*monnta**di**to*/ Mini sandwich au jambon, fromage, saumon, tortilla...
- **Morcilla** /*mor**si**ya*/ Sorte de boudin

- **Morcón** /mor**konn**/ Gros chorizo
- **Moros y cristianos** /**mo**ross i kris**tia**noss/ (littéralement « maures et chrétiens ») Plat à base de riz et de haricots noirs
- **Natillas** /na**ti**yass/ Crème renversée généralement au citron (de limón), à la cannelle (de canela) ou à la vanille (de vainilla)
- **Orejas de cerdo** /o**ré**Hass dé **sèr**do/ Oreilles de porc à la plancha accompagnées d'une sauce piquante à l'ail et au persil
- **Paella** /pa**è**ya/ Plat typique à base de riz et de poisson, de fruits de mer ou de poulet
- **Paella mixta** /pa**è**ya **mix**ta/ Paella mélangeant poulet et poisson/fruits de mer
- **Pan con tomate** /pann konn to**ma**té/ Pain généralement grillé, frotté à l'ail, recouvert de purée de tomate et d'un filet d'huile d'olive, accompagné de jambon cru
- **Papandúa** /papann**dou**-a/ Morue cuisinée avec du persil et du safran
- **Parrilla (a la)** /a la pa**ri**ya/ Grillé(e)
- **Patatas a la importancia** /pa**ta**tass a la immpor**tann**sia/ Pommes de terres panées assaisonnées à l'ail, au persil et au safran
- **Patatas bravas** /pa**ta**tass **bra**bass/ Pommes de terre sautées accompagnées d'une sauce piquante ou d'aïoli
- **Patatas revolconas** /pa**ta**tass rébol**ko**nass/ Pommes de terre écrasées assaisonnées d'ail, de piment rouge en poudre et accompagnées de lardons
- **Pepito** /pé**pi**to/ Sandwich à la viande
- **Pepito de ternera** /pé**pi**to dé tèr**né**ra/ Sandwich de viande de bœuf cuite à la plancha accompagnée de sauce à l'ail
- **Pepitoria de pavo/pollo** /pépi**to**ria dé **pa**bo/**po**yo/ Fricassée de dinde/poulet
- **Pescaito frito** /péska-**i**to **fri**to/ (Andalousie) Équivalent andalou de pescadito frito, mélange de petits poissons frits
- **Pimientos al piquillo** /pi**mièn**ntoss al pi**ki**yo/ Poivrons rouges grillés et marinés

- **Pimientos rellenos** /pi**mièn**toss ré**yé**noss/ Poivrons farcis à la morue, à la morcilla, à la viande et parfois aux crevettes
- **Pisto manchego** /**pis**to mann**tché**go/ Friture à base de poivrons émincés, oignons et tomates
- **Polvorones** /polbo**rro**nèss/ Biscuits secs, généralement aux amandes moulues, recouverts de sucre en poudre ; ils sont dégustés principalement à Noël
- **Puchero** /pou**tché**ro/ Pot-au-feu
- **Pulpo a la gallega** /**poul**po a la ga**yé**ga/ « Poulpe à la galicienne », en marinade, saupoudré de piment rouge avec un filet d'huile d'olive et de l'ail
- **Roscón de Reyes** /ros**konn** dé **ré**yèss/ Galette des rois, sorte de brioche garnie de fruits confits, généralement à la fleur d'oranger
- **Rosquillas** /ros**ki**yass/ Beignets, souvent au citron, à la cannelle et à l'anis
- **Salsa romesco** /**sa**lsa ro**més**ko/ Sauce à base de tomates, ail, amandes grillées, huile d'olive, vinaigre et piment
- **Salpicón de pescado y/o marisco** /salpi**konn** dé pés**ka**do i/o ma**ris**ko/ Poisson et/ou fruits de mer à la vinaigrette
- **Sofrito** /so**fri**to/ Friture d'oignons et de tomates
- **Solomillo al Jerez** /solo**mi**llo al Hé**rèss**/ Filet de porc au xérès
- **Sopa de ajo** /**so**pa dé **a**Ho/ Soupe à l'ail (particulièrement appréciée au lendemain des nuits blanches de la Semaine sainte)
- **Tapas** /**ta**pass/ Petites rations de nourriture que l'on consomme dans les bars pour accompagner une boisson
- **Tarta de queso** /**tar**ta dé **ké**sso/ Tarte au fromage
- **Ternasco asado y mechado** /tèr**nas**ko as**sa**do i mé**tcha**do/ Agneau de lait mariné dans du vin et rôti dans un four à bois
- **Torta de aceite** /**tor**ta dé as**sé**-ité/ Galette feuilletée à l'huile d'olive et à l'anis
- **Tortilla de patatas** /tor**ti**ya dé pa**ta**tass/ = tortilla española
- **Tortilla española** /tor**ti**ya éspa**gno**la/ « omelette espagnole », d'environ 5 cm d'épaisseur, faite d'œufs, de pommes de terre et d'oignons

- **Tortilla francesa** /*tortiya frannséssa*/ « omelette française », ne comportant que des œufs
- **Tostada catalana** /*tostada catalana*/ Petit pain ou tartine à l'huile d'olive, à l'ail, à la tomate fraîche, recouvert(e) de jambon cru
- **Turrón** /*tourronn*/ Sorte de nougat, sur toutes les tables à Noël. On en trouve de différentes variétés : el turrón duro (dur, avec des amandes entières), el turrón blando (mou et friable), el turrón de chocolate (sorte de grosse tablette de chocolat au lait avec amandes entières)
- **Vieiras al albariño** /*bié-irass al albarigno*/ Coquilles Saint-Jacques à l'albariño (vin blanc espagnol), à l'huile d'olive, au jambon serrano, aux petits oignons et à la crème
- **Zarzuela** /*sarsouéla*/ Poêlée de fruits de mer et/ou de poisson en sauce

La rue du Darro à Grenade

À L'HÔTEL/À L'AUBERGE

en el hotel/en el albergue

Les mots pour le dire

un hôtel	un hotel	*ounn ot**èl***
une auberge	un albergue	*ounn al**bèr**gué*
une auberge de jeunesse	un albergue de juventud	*ounn al**bèr**gué de Houbènn**tou***
réserver	reservar	*réssèr**barr***
une réservation	una reserva	***ou**na réssèrba*
une chambre	una habitación	***ou**na abita**ssionn***
~ individuelle	~ individual	*~ inndibidou**al***
~ double	~ doble	*~ **do**blé*
~ avec climatisation	~ climatizada	*~ klimati**ssa**da*
un lit	una cama	***ou**na **ka**ma*
~ simple	~ individual	*~ indibidou**al***
~ double	~ matrimonial	*~ matrimoni**al***
la réception	la recepción	*la résssép**sionn***
le prix par personne	el precio por persona	*el **pré**ssio por pèr**so**na*
la clé	la llave	*la **ya**bé*
demi-pension	media pensión	***mé**dia pènn**sionn***
pension complète	pensión completa	*pènn**sionn** kom**plé**ta*
petit-déjeuner inclus	desayuno incluido	*déssa**you**no inklou**i**do*
la salle de bains	el cuarto de baño	*el **kouar**to dé **ba**gno*
la douche	la ducha	*la **dou**tcha*
le lavabo	el lavabo	*el la**ba**bo*
la baignoire	la bañera	*la ba**gné**ra*
les toilettes	los servicios	*loss sèr**bi**ssioss*

attention aux faux amis

Le mot habitación ne désigne pas une habitation mais une chambre. *Une habitation* se dit una vivienda en espagnol.

➤ S'exprimer ◄ Comprendre

➤ J'ai réservé par internet/téléphone une chambre au nom de...
He reservado por internet/teléfono una habitación a nombre de...
*é réssèr**ba**do por inntèr**nèt**/té**lé**fono **ou**na abita**ssionn** a **nomm**bré dé*

➤ Nous avons réservé une chambre double/simple.
Hemos reservado una habitación doble/individual.
é**moss réssèr**ba**do **ou**na abita**ssionn** **do**blé/inndibidou**al

➤ Est-il possible d'avoir un lit supplémentaire pour un enfant ?
¿Es posible tener una cama suplementaria para un niño?
*èss po**ssi**blé té**nèrr** **ou**na **ka**ma souplémènn**ta**ria **pa**ra ounn **ni**gno*

➤ Combien coûte une chambre double ?
¿Cuánto cuesta una habitación doble?
***kouann**to **kouès**ta **ou**na abita**ssionn** **do**blé*

➤ Avez-vous une chambre adaptée aux personnes handicapées ?
¿Tienen una habitación adaptada para personas discapacitadas ou minusválidas?
***tié**nnènn **ou**na abita**ssionn** adap**ta**da para pèr**so**nass diskapassi**ta**dass/minous**ba**lidass*

➤ Le petit-déjeuner est-il inclus ?
¿Está incluido el desayuno?
*éss**ta** innklou**i**do el déssa**you**no*

➤ J'aimerais réserver une chambre pour deux nuits.
Quisiera reservar una habitación para dos noches.
*ki**ssié**ra réssèr**bar** **ou**na abita**ssionn** **pa**ra dos **no**tchèss*

➤ Faites-vous demi-pension/pension complète ?
¿Ofrecen media pensión/pensión completa?
*o**fré**ssènn **mé**dia pènn**sionn**/pènn**sionn** kom**plé**ta*

◄ Es la llave cincuenta y dos.
*èss la **ya**bé sinn**kouènn**ta i doss*
C'est la clé 52.

EN CAS DE PROBLÈME

- J'ai/Nous avons un problème.
  Tengo/Tenemos un problema.
  *tènngo/té**né**moss ounn pro**blé**ma*

- Il y a un problème.
  Hay un problema.
  *aïe ounn pro**blé**ma*

- La douche ne fonctionne pas (bien).
  La ducha no funciona (bien).
  *la **dou**tcha no founn**sio**na (biènn)*

- Il n'y a pas d'eau chaude.
  No hay agua caliente.
  *no aïe **a**goua ka**lièn**nté*

- La salle de bains est sale.
  El cuarto de baño está sucio.
  *el **kouar**to dé **ba**gno és**ta** **sous**sio*

- La baignoire est bouchée.
  La bañera está atascada.
  *la ba**gné**ra és**ta** atas**ka**da*

- Les draps sont sales.
  Las sábanas están sucias.
  *las **sa**banass és**tann** **sous**siass*

- J'ai besoin d'une couverture supplémentaire.
  Necesito una manta suplementaria.
  *néssé**ssi**to **ou**na **mann**ta souplémènn**ta**ria*

- Le chauffage/la climatisation ne fonctionne pas.
  La calefacción/la climatización no funciona.
  *la kaléfak**sionn**/la klimatissa**sionn** no founn**sio**na*

L'ESPAGNOL dans tous ses ÉTATS

! Ne confondez pas

una llave et **una clave**. Si ces deux mots se traduisent bien par *clé*, il faut distinguer **la llave**, qui sert à ouvrir ou fermer une porte, de **la clave** qui a plutôt un sens figuré : **la clave del éxito** (la clé du succès), **la palabra clave** (le mot clé), **el punto clave** (l'élément clé). En informatique, **la clave** désigne le code.

Expressions

• Si quelqu'un vous dit ***he pasado la noche en vela***, mot à mot « j'ai passé la nuit à la bougie », ce n'est pas qu'il a fait une retraite aux flambeaux mais qu'il a passé une nuit blanche.

• Et si un autre vous dit ***voy a consultar con la almohada*** (« je vais consulter mon oreiller »), ne croyez pas qu'il souffre de délire ou d'une grande solitude, c'est simplement qu'il espère que la nuit lui portera conseil.

Manières de dire

• En Amérique latine, *une chambre* peut se dire **una habitación**, comme en Espagne, mais vous trouverez plus fréquemment **un cuarto**.

• Quant à *la baignoire*, elle se traduit en Amérique latine par **la tina** et non **la bañera**.

Citation

“Sea moderado tu sueño; que el que no madruga con el sol, no goza del día.”

Que ton sommeil soit modéré, car celui qui ne se lève pas avec le soleil ne profite pas de sa journée.

Miguel de Cervantes

(1547-1616), écrivain espagnol
auteur du roman *Don Quichotte*

EN LOCATION

en alquilar

Les mots pour le dire

louer	alquilar	*alkil**arr***
le loyer	el alquiler	*el alkil**èrr***
le locataire	el inquilino	*el innki**li**no*
le propriétaire	el propietario	*el propié**ta**rio*
l'appartement	el piso	*el **pi**sso*
la maison	la casa	*la **ka**ssa*
la chambre	la habitación	*la abita**ssionn***
avec accès à la cuisine	con derecho a cocina	*konn dé**ré**tcho a ko**ssi**na*
meublé(e)	amueblado(-a)	*amoué**bla**do(-a)*
le logement	el alojamiento	*el aloHa**miénn**to*
partager	compartir	*kommpar**tirr***
appartement en colocation	piso compartido	***pi**sso kommpar**ti**do*
un colocataire	un compañero de piso	*ounn kommpa**gné**ro dé **pi**sso*
une cour	un patio	*ounn **pa**tio*
le rez-de-chaussée	la planta baja	*la **plann**ta **ba**Ha*
un dossier	una solicitud	***ou**na solissi**tou***
remplir des formulaires	rellenar formularios	*réyé**narr** formou**la**rioss*
l'intimité	la intimidad	*la inntimi**da***
un jardin	un jardín	*ounn Har**dinn***
le ménage, la propreté	la limpieza	*la limm**piés**sa*
les tâches ménagères	las tareas domésticas	*lass ta**ré**ass do**méss**tikass*
la caution	la fianza	*la **fiann**sa*
nettoyer	limpiar	*limm**piar***

⮞ S'exprimer ⮜ Comprendre

➤ Excusez-moi, monsieur/madame, savez-vous où il y a une agence immobilière ?
Disculpe señor/señora, ¿sabe dónde hay una agencia inmobiliaria?
*dis**koul**pé sé**gnor**/sé**gno**ra, **sa**bé **donn**dé aïe **ou**na a**Hènn**sia innmobi**lia**ria*

➤ Buenos días. ¿Qué desea?
bouénos di**-as - ké dé**sséa
Bonjour, que désirez-vous ?

➤ Je cherche un appartement/une maison avec trois chambres.
Busco un piso/una casa de tres habitaciones.
***bous**ko ounn **pi**sso/**ou**na **ka**ssa dé trèss abita**ssio**nèss*

➤ ¿En qué barrio?
*ènn ké **ba**rri-o*
Dans quel quartier ?

➤ Dans le centre-ville/le centre historique.
En el centro de la ciudad/el casco antiguo.
*ènn el **sènn**tro dé la siou**da**/el **kas**ko ann**ti**gouo*

➤ Près d'une station de métro.
Cerca de una estación de metro.
***sèr**ka dé **ou**na ésta**ssionn** dé **mé**tro*

➤ Dans une rue tranquille.
En una calle tranquila.
*ènn **ou**na **ka**yé trann**ki**la*

➤ Avec vue sur la mer.
Con vistas al mar.
*konn **bis**tass al mar*

➤ Avec une chambre qui donne sur la cour/la rue/le jardin.
Con una habitación que da al patio/a la calle/al jardín.
*konn **ou**na abita**ssionn** ké da al **pa**tio/a la **ka**yé/al Har**dinn***

HÉBERGEMENT

< Este piso es muy tranquilo, da al patio.
*é**s**té **pi**sso èss moui trann**ki**lo, da al **pa**tio*
Cet appartement est très calme, il donne sur la cour.

< ¿Es para comprar o para alquilar?
*èss **pa**ra komm**prar** o **pa**ra alki**lar***
C'est pour acheter ou pour louer ?

> J'aimerais que ce soit très lumineux.
Quisiera que fuera muy luminoso.
*ki**ssié**ra ké **foué**ra moui loumi**no**sso*

< Éste cuesta mil euros al mes.
***és**té **kouès**ta mil **éou**ross al mèss*
Celui-ci coûte 1 000 euros par mois.

< Tiene que pagar fianza de un mes.
***tié**né ké pa**gar** **fiann**sa dé ounn mèss*
Vous devez payer une caution d'un mois.

> Je cherche un appartement en colocation.
Busco un piso para compartir.
bous**ko ounn **pi**sso **pa**ra commpar**tir

> Je cherche une chambre avec accès à la cuisine.
Busco una habitación con derecho a cocina.
***bous**ko **ou**na abita**ssionn** konn dé**ré**tcho a ko**ssi**na*

< Tiene que participar en las tareas domésticas.
***tié**né ké partissi**par** ènn lass ta**réass** do**més**tikass*
Vous devez participer aux tâches ménagères.

L'ESPAGNOL dans tous ses ÉTATS

Manières de dire

En Espagne, **un piso** désigne à la fois un appartement et un étage. En Amérique latine, le mot **piso** ne signifie que « étage ». Selon les pays, *un appartement* se dit **un apartamento** ou **un departamento.**

Expressions

- Si vous êtes ***como Pedro en su casa***, c'est que vous vous sentez comme chez vous, parfaitement à l'aise.
- ***Liarse la manta a la cabeza*** signifie littéralement « s'attacher la couverture à la tête ».

Cette expression obscure remonte à une bataille menée contre les Maures en 1094. Malgré le brouillard épais, le Cid décida de ne pas différer le combat. Il demanda à ses hommes de s'enrouler la tête dans leur cape (**el manto**) afin de passer – de loin et dans le brouillard donc – pour des Maures. Malgré cette ruse, nombreux furent les chrétiens tués. L'expression, où **el manto** (« la cape ») se transforma en **la manta** (« la couverture »), s'utilise depuis pour désigner un acte irréfléchi.

Le marché central de Valencia

LES MAGASINS

las tiendas

Les mots pour le dire

le magasin	la tienda	*la **tièn**da*
le marché (alimentaire)	el mercado	*el mèr**ka**do*
le supermarché	el supermercado	*el soupèrmèr**ka**do*
le marché (d'objets)	el mercadillo	*el mèrka**di**yo*
la boulangerie	la panadería	*la panadé**ri**-a*
la pâtisserie	la pastelería	*la pastélé**ri**-a*
la pharmacie	la farmacia	*la far**ma**ssia*
la boucherie	la carnicería	*la karnissé**ri**-a*
la poissonnerie	la pescadería	*la péskadé**ri**-a*
la bijouterie	la joyería	*la Hoyé**ri**-a*
la papeterie	la papelería	*la papélé**ri**-a*
la librairie	la librería	*la libré**ri**-a*
le/la client(e)	el/la cliente	*el/la kli**ènn**té*
le vendeur	el vendedor, el dependiente	*el bènndé**dor**, el dépènn**diènn**té*
la vendeuse	la vendedora, la dependienta	*la bènndé**do**ra, la dépènn**diènn**ta*
le marché aux puces	el rastro	*el **rass**tro*
acheter	comprar	*komm**prar***
vendre	vender	*bènn**dèrr***
échanger	cambiar	*kamm**biar***
rapporter	devolver	*débol**bèrr***
rembourser	reembolsar	*ré-èmmbol**sar***

attention aux faux amis

Atender ne signifie pas « attendre » mais « s'occuper de quelqu'un » (un client, un patient...). *Attendre* se dit esperar. Le vendeur qui vous demande ¿Lo atienden? désire donc uniquement savoir si l'on s'occupe de vous.

➤ S'exprimer ◄ Comprendre

➤ À quelle heure les magasins ouvrent-ils ?
¿A qué hora abren las tiendas?
*a ké ora **a**brènn las **tiènn**dass*

◄ Las tiendas abren a las...
*lass **tiènn**dass **a**brènn a lass*
Les magasins ouvrent à...

➤ À quelle heure le magasin ferme-t-il ?
¿A qué hora cierra la tienda?
*a ké ora **sié**rra la **tiènn**da*

◄ Cerramos a las 8.
*sé**rra**moss a lass **o**tcho*
Nous fermons à 20 h.

➤ Quel jour y a-t-il marché ?
¿Qué día hay mercado?
*ké **di**-a aïe mèr**ka**do*

◄ Hay mercado cada sábado por la mañana.
*aïe mèr**ka**do **ka**da **sa**bado por la ma**gna**na*
Il y a marché tous les samedis matin.

➤ Où se trouve le centre commercial ?
¿Dónde está el centro comercial?
donn**dé éss**ta** el **sènn**tro komèr**sial

➤ Où se trouve la pharmacie la plus proche ?
¿Dónde está la farmacia más cercana?
***donn**dé éss**ta** la far**ma**ssia mass sèr**ka**na*

◄ ¿Lo/La atienden?
*lo/la a**tiènn**dènn*
On s'occupe de vous ?

➤ Non, pas encore.
No, todavía no.
*no, toda**bí**-a no*

➤ On s'occupe de moi, merci.
Ya me atienden, gracias.
*ia mé a**tiènn**dènn **gra**ssiass*

< ¿Qué desea?
*ké dé**sséa***
Que désirez-vous ?

➤ Je voudrais un pain, s'il vous plaît.
Quisiera una barra de pan, por favor.
*ki**ssié**ra **ou**na **ba**rra dé pann, por fa**bor***

➤ Combien ce sac coûte-t-il ?
¿Cuánto cuesta este bolso?
***kouann**to **kouès**ta **és**te **bol**so*

➤ Combien coûtent ces chaussures ?
¿Cuánto cuestan estos zapatos?
***kouann**to **kouès**tann **és**toss sa**pa**toss*

➤ Je voudrais un kilo de.../un demi-kilo de...
Quisiera un kilo de.../medio kilo de...
*ki**ssié**ra ounn **ki**lo dé/**mé**dio **ki**lo dé...*

➤ Je voudrais une bouteille d'eau fraîche.
Quisiera una botella de agua fresca.
*ki**ssié**ra **ou**na bo**té**ya dé **a**goua **frés**ka*

➤ Avez-vous de la monnaie ?
¿Tiene cambio?
***tié**né **kamm**bio*

➤ Puis-je payer par carte de crédit ?
¿Puedo pagar con tarjeta de crédito?
***poué**do pa**gar** konn tar**Hé**ta dé **kré**dito*

➤ Avez-vous une enveloppe pour la carte postale ?
¿Tiene un sobre para la tarjeta postal?
tié**né ounn **so**bré **pa**ra la tar**Hé**ta pos**tal

➤ Pourriez-vous me l'emballer ? C'est pour un cadeau.
¿Me lo puede envolver? Es para un regalo.
*mé lo **poué**dé ènnbol**bèrr** - èss **pa**ra ounn ré**ga**lo*

➤ Je cherche le rayon femme/homme/enfant.
Estoy buscando la sección de mujeres/hombres/infantil.
*éstoï bous**kann**do la sék**sionn** dé mu**Hé**rèss/**omm**brèss/innfann**til***

Expressions

• Si quelqu'un vous dit *No tengo pasta* ce n'est pas forcément qu'il s'excuse de ne pas vous offrir des spaghettis. De façon plus triviale, cela signifie « je n'ai pas de fric ».

• *llamar al pan pan y al vino vino*, littéralement « appeler le pain pain, et le vin vin » est l'équivalent de nos expressions *appeler un chat un chat, appeler les choses par leur nom.*

• *¡Zapatero a tus zapatos!*
« Cordonnier à tes chaussures ! »

Cette expression trouve son origine dans *L'Histoire naturelle* de Pline l'Ancien. Un peintre, célèbre mais peu sûr de lui, avait pour habitude d'exposer ses œuvres sur la place publique pour recueillir les avis des badauds. Un jour, un cordonnier critiqua la représentation d'une sandale sur un tableau. Le peintre exécuta une retouche, ce qui enhardit ledit cordonnier qui, le lendemain, formula d'autres commentaires désobligeants. Excédé, le peintre finit par le renvoyer à son métier.

L'expression s'utilise pour signifier à quelqu'un qu'il ne doit pas s'aviser de parler de choses qu'il ne connaît pas.

VÊTEMENTS ET ACCESSOIRES

ropa y accesorios

Les mots pour le dire

les vêtements	la ropa	*la **ro**pa*
la jupe	la falda	*la **fal**da*
la robe	el vestido	*el bés**ti**do*
le pantalon	los pantalones	*loss panntal**o**nèss*
le short	los pantalones cortos	*loss panntal**o**nèss **kor**toss*
la blouse	la blusa	*la **blou**ssa*
la chemise	la camisa	*la ka**mi**ssa*
le t-shirt	la camiseta	*la kami**ssé**ta*
à manches courtes	de mangas cortas	*dé **mann**gass **kor**tas*
à manches longues	de mangas largas	*dé **mann**gass **lar**gass*
sans manches	sin mangas	*sin **mann**gass*
le pull	el jersey	*el Hérr**seï***
le manteau	el abrigo	*el a**bri**go*
l'écharpe	la bufanda	*la bou**fann**da*
les chaussures	los zapatos	*loss sa**pa**toss*
les bottes	las botas	*lass **bo**tass*
les chaussures de sport	las zapatillas	*lass sapa**ti**yass*
le sac	el bolso	*el **bol**so*
les lunettes de soleil	las gafas de sol	*lass **ga**fass dé sol*
le bracelet	la pulsera	*la poul**sé**ra*
les boucles d'oreille	los pendientes	*los pènn**dién**ntèss*
le collier	el collar	*el ko**yar***
la bague	el anillo	*el a**ni**yo*
le parapluie	el paraguas	*el pa**ra**gouass*
la montre	el reloj	*el ré**loH***

attention aux faux amis

Un chándal ne désigne pas un chandail mais un survêtement.

⮞ S'exprimer ⮜ Comprendre

➤ Avez-vous des éventails fabriqués en Espagne ?
¿Tienen abanicos hechos en España?
tiénènn abanikoss étchoss ènn éspagna

➤ Savez-vous où je peux en trouver ?
¿Sabe dónde puedo encontrar?
sabé donndé pouédo ènnkonntrar

➤ Puis-je l'essayer ?
¿Me lo/la puedo probar?
mé lo/la pouédo probar

⮜ ¿Quiere probárselo/probársela?
kiéré probarsélo/probarséla
Voulez-vous l'essayer ?

➤ Où se trouvent les cabines d'essayage ?
¿Dónde están los probadores?
donndé éstann loss probadorèss

➤ C'est trop large/grand/serré/petit pour moi.
Me queda ancho/grande/apretado/pequeño.
mé kéda anntcho/granndé/aprétado/pékégno

➤ Avez-vous la taille en dessous/au-dessus ?
¿Lo tiene en una talla más pequeña/grande?
lo tiéné ènn ouna taya mass pékégna/granndé

⮜ Ya no nos queda de esta talla.
ya no noss kéda dé ésta taya
Nous n'en avons plus dans cette taille.

➤ J'aimerais une jupe plus courte/longue.
Quisiera una falda más corta/larga.
kissiéra ouna falda mass korta/larga

➤ C'est pour porter avec...
Es para llevar con...
èss para yébar konn

⮜ ¿Qué número calza?
ké nouméro kalsa
Vous chaussez du combien ?

➤ Je chausse du 37.
Calzo un 37.
kalso ounn tré-innta i siété

➤ Avez-vous des maillots de bain pour enfant/femme/homme ?
¿Tienen bañadores para niños/mujeres/hombres?
tiénènn bagnadorèss para nignoss/muHérèss/ommbrèss

➤ Je voudrais voir celui/celle qui est en vitrine.
Quisiera ver el/la que está en el escaparate.
kissiéra bèrr el/la ké ésta ènn el éskaparaté

➤ Vous ne l'avez pas dans une autre couleur ?
¿No lo tiene en otros colores?
no lo tiéné ènn otross kolorèss

◄ Le queda muy bien este color.
lé kéda moui biènn ésté kolor
Cette couleur vous va très bien.

➤ C'est bon, je le prends.
Está bien, me le quedo.
ésta biènn, mé lo kédo

➤ Je cherche un pull qui aille avec ce pantalon.
Estoy buscando un jersey que combine con estos pantalones.
éstoï bouskanndo ounn Hèrséï ké kombiné konn éstoss panntalonès

➤ Je cherche quelque chose pour ma mère.
Estoy buscando algo para mi madre.
éstoï bouskanndo algo para mi madré

◄ ¿Es un regalo?
èss ounn régalo
C'est un cadeau ?

◄ ¿Se lo envuelvo?
sé lo ènnbouèlbo
Je vous l'emballe ?

➤ Oui, c'est un cadeau. Pouvez-vous l'emballer ?
Sí, es un regalo. ¿Me lo puede envolver?
si èss ounn régalo mé lo pouédé ènnbolbèrr

L'ESPAGNOL dans tous ses ÉTATS

Manières de dire

• Le t-shirt porte des noms différents selon les pays : **una camiseta** en Espagne, en Colombie, au Costa Rica, en Équateur, au Honduras, au Nicaragua et en République dominicaine ; **una franela** au Venezuela ; **una polera** en Bolivie et au Chili ; **un polo** au Pérou ; **una remera** en Argentine, au Paraguay et en Uruguay ; **una playera** au Mexique et au Guatemala. Attention, en Espagne, **las playeras** sont des chaussures de tennis en tissu.

• *Un short* se dit **unos pantalones cortos** en Espagne, et **un short** en Amérique latine.

• *Un pull* se dit **un jersey** en Espagne, mais **un suéter** dans certains pays d'Amérique latine, sous l'influence de l'anglais *sweater*.

• Dans beaucoup de pays latino-américains, *les boucles d'oreille* se dit **los aretes**, alors que l'on parle de **los pendientes** en Espagne.

Ne confondez pas

Il y a « taille » et « taille ». **La talla**, c'est l'ampleur d'un vêtement, tandis que **el talle** est la partie du tronc qui correspond à la ceinture. Pour parler de la stature d'une personne, on dit **la estatura**. Quant à **la tala**, c'est l'élagage des arbres.

Le dicton du jour

Aunque la mona se vista de seda, mona se queda.

Même vêtue de soie, une guenon reste une guenon.

Ce dicton, très courant en Espagne, signifie qu'une condition ou un défaut ne saurait être caché ni modifié par des améliorations extérieures superficielles. *L'habit ne fait pas le moine* est le dicton français qui s'en approche le plus.

La Festa Major de Terrassa

EN VILLE

en la ciudad

Les mots pour le dire

la ville	la ciudad	*la siou**da***
le trottoir	la acera	*la a**ssé**ra*
la rue	la calle	*la **ka**yé*
traverser	cruzar	*krou**ssar***
la route	la carretera	*la karré**té**ra*
la chaussée	la calzada	*la kal**sa**da*
l'office du tourisme	la oficina de turismo	*la ofi**ssi**na dé tou**ris**mo*
le plan	el mapa	*el **ma**pa*
la maison	la casa	*la **ka**ssa*
le bâtiment	el edificio	*el édi**fi**ssio*
la place	la plaza	*la **pla**ssa*
la voiture	el coche	*el **ko**tché*
le quartier	el barrio	*el **ba**rrio*
le réverbère	la farola	*la fa**ro**la*
l'église	la iglesia	*la i**glé**ssia*
la cathédrale	la catedral	*la katé**dral***
le musée	el museo	*el mou**ssé**o*
le croisement	el cruce	*el **krou**ssé*
le passage piéton	el paso peatonal	*el **pa**sso péato**nal***
le feu tricolore	el semáforo	*el sé**ma**foro*
le pont	el puente	*el pou**èn**nté*
la poste	Correos	*korré**o**ss*
le parc	el parque	*el **par**ké*
à droite	a la derecha	*a la dé**ré**tcha*
à gauche	a la izquierda	*a la iss**kièr**da*
tout droit	todo recto	***to**do **ré**kto*
autour de	alrededor de	*alrédé**dor** dé*

⮞ S'exprimer ⮜ Comprendre

➤ Où se trouve l'office du tourisme, s'il vous plaît ?
¿Dónde está la oficina de turismo, por favor?
__donn__dé és__ta__ la ofi__ssi__na dé tou__ris__mo por fa__bor__

⮜ Siga todo recto hasta el cruce.
siga __to__do __rék__to __ass__ta el __krou__ssé
Continuez tout droit jusqu'au croisement.

➤ Je cherche un plan de la ville.
Estoy buscando un mapa de la ciudad.
éss__toï__ bous__kann__do ounn __ma__pa dé la siou__da__

➤ La ville est-elle très grande ?
¿Es muy grande la ciudad?
éss mou-i __grann__dé la siou__da__

➤ Quels monuments/musées y a-t-il dans cette ville ?
¿Qué monumentos/museos hay en esta ciudad?
ké monou__mènn__toss/mou__sséoss__ aïe ènn __ès__ta siou__da__

➤ Quels sont les monuments les plus intéressants ?
¿Cuáles son los edificios más notables?
__koua__lèss son loss édi__fi__ssioss mass no__ta__blèss

➤ Quels sont les quartiers les plus typiques de la ville ?
¿Cuáles son los barrios más típicos de la ciudad?
__koua__lèss son loss __ba__rrioss mass __ti__pikoss dé la siou__da__

➤ La cathédrale est-elle loin ?
¿Está muy lejos la catedral?
és__ta__ moui __lé__Hoss la katé__dral__

⮜ Lo mejor es ir en metro.
lo mé__Hor__ èss ir ènn __mé__tro
Le mieux, c'est d'y aller en métro.

➤ On peut y aller à pied ?
¿Se puede ir a pie?
sé __poué__dé ir a pié

⮜ No, tienen que tomar el metro/autobús.
no __tié__nènn ké to__mar__ el __mé__tro/aouto__bouss__
Non, vous devez prendre le métro/le bus.

➤ De quand date cette église ?
¿De qué siglo es esta iglesia?
*dé ké **si**glo èss **és**ta **iglé**ssia*

◄ Es del siglo 15.
*èss del **si**glo **kinn**sé*
Elle date du XVe siècle.

➤ Nous cherchons un parc où piqueniquer.
Estamos buscando un parque donde hacer picnic.
*éstamoss bous**kann**do ounn **par**ké **donn**dé a**ssèrr** **pik**nik*

➤ Y a-t-il des tours organisés ?
¿Hay circuitos organizados?
*aïe sir**koui**toss organi**ssa**doss*

➤ Nous voudrions visiter la ville avec un guide.
Quisiéramos visitar la ciudad con un guía.
*ki**ssié**ramoss bissi**tar** la siou**da** konn ounn **gui**-a*

➤ Avez-vous des guides qui parlent français ?
¿Tienen guías que hablen francés?
tié**nènn **gui**-ass ké **a**blènn frann**sèss

➤ Quel endroit nous conseillez-vous pour prendre un verre ?
¿Qué sitio nos aconseja para tomar una copa?
*ké **si**tio noss akonn**sé**Ha **pa**ra to**mar** **ou**na **ko**pa*

➤ Où se trouve la zone piétonne ?
¿Dónde está la zona peatonal?
donn**dé **és**ta la **so**na péato**nal

➤ Excusez-moi, je cherche la cathédrale.
Perdone, estoy buscando la catedral.
*pèr**do**né és**toï** bous**kann**do la katé**dral***

➤ Excusez-moi, est-ce la bonne direction pour aller au musée d'Art moderne ?
Disculpe, ¿es este el camino para ir al museo de arte moderno?
*dis**koul**pé èss **és**té el ka**mi**no **pa**ra ir al mou**ssé**o dé **ar**té mo**dèr**no*

◄ No, tiene que volver hacia atrás.
*no **tié**né ké bol**bèrr** **a**ssia a**trass***
Non, vous devez revenir sur vos pas.

L'ESPAGNOL dans tous ses ÉTATS

Manières de dire

- Un trottoir, qui est **una acera** en Espagne et dans certains pays latino-américains, est **una banqueta** au Guatemala et au Mexique, et **una vereda** en Argentine et en Uruguay.
- Quant au mot voiture, c'est **un coche** en Espagne, mais **un carro** dans la plupart des pays d'Amérique latine, sauf dans certains pays du sud (Argentine, Chili...) où l'on parle de **un auto**.
- Enfin, *un pâté de maisons*, qui se dit **una manzana** (donc comme une pomme !) en Espagne, se dit fréquemment **una cuadra** en Amérique latine. Mais attention : en Espagne, **una cuadra** signifie « une écurie »...

Expression

Tirar la casa por la ventana signifie littéralement « jeter la maison par la fenêtre ».

Cette expression date du XVIIIe siècle, et plus exactement de 1763, date de la première loterie financée par l'État espagnol. Les heureux gagnants jetaient par les fenêtres tous les vieux meubles dont ils ne voulaient plus.
C'est un peu l'équivalent de notre *jeter l'argent par les fenêtres.*

Citation

"Por la calle del 'después' se llega a la plaza de 'nunca'."

« Par la rue de "l'après" on arrive à la place du "jamais". »

Luis Coloma

(1851-1915), écrivain, journaliste et jésuite espagnol

RÉSERVER 1 : taxi, voiture

reservar

Les mots pour le dire

une voiture	un coche	*ounn **ko**tché*
avec climatisation	con climatización	*konn klimatissa**ssionn***
un GPS	un GPS	*ounn Hé pé éssé*
un taxi	un taxi	*ounn **ta**ksi*
le compteur *(de taxi)*	el taxímetro	*el tak**si**métro*
avec un siège enfant	con asiento para niño	*konn **assiènn**to **pa**ra **ni**gno*
pour bébé	para bebé	***pa**ra bébé*
handicapé(e)	discapacitado(-a)	*diskapassi**ta**do(-a)*
les valises	las maletas	*lass ma**lé**tass*
les bagages	el equipaje	*el éki**pa**Hé*
le coffre	el maletero	*el malé**té**ro*
le porte-vélo	el portabicicletas	*el **por**tabissi**klé**tass*
le réservoir	el depósito	*el dé**po**ssito*
la roue	la rueda	*la **rouè**da*
la roue avant	la rueda delantera	*la **rouè**da délann**té**ra*
la roue arrière	la rueda trasera	*la **rouè**da tra**ssé**ra*
le prix	el precio	*el **pré**ssio*
le prix horaire	el precio por hora	*el **pré**ssio por **o**ra*
par jour	por día	*por **di**-a*
(conduite) manuelle	manual	*manou**al***
(conduite) automatique	automático	*aouto**ma**tiko*
le permis de conduire	el carné de conducir	*el kar**né** dé konndou**ssir***
l'assurance	el seguro	*el sé**gou**ro*
la restitution	la devolución	*la déboulou**ssionn***
la station-service	la gasolinera	*la gassoli**né**ra*

⮞ S'exprimer ⮜ Comprendre

➤ Pouvez-vous m'envoyer un taxi ?
¿Me puede enviar un taxi?
*mé **pouédé** ènn**biar** ounn **ta**ksi*

➤ J'ai besoin d'un taxi tout de suite/demain à 8 h.
Necesito un taxi ahora mismo/mañana a las ocho.
*néssé**ssi**to ounn **ta**ksi a**o**ra **mis**mo/ma**gna**na a las otcho*

➤ C'est pour aller à...
Es para ir a...
*èss **pa**ra ir a*

➤ Je voudrais réserver un taxi pour aller à l'aéroport.
Quisiera reservar un taxi para ir al aeropuerto.
*ki**ssié**ra réssèr**bar** ounn **ta**ksi **pa**ra ir al aéro**pouè**rto*

➤ Je voudrais louer une voiture cinq portes avec la clim.
Quisiera alquilar un coche de cinco puertas con climatización.
*ki**ssié**ra alqui**lar** ounn **ko**tché dé **sinn**ko **pouè**rtass konn klimatissa**ssionn***

➤ - avec sécurité enfants
- con cierres de seguridad para niños
*konn **sié**rrèss dé ségouri**da** **pa**ra **ni**gnoss*

⮜ ¿Durante cuánto tiempo/cuántos días?
*dou**rann**té **kouann**to **tièmm**po/**kouann**toss **di**-ass*
Pendant combien de temps/de jours ?

➤ Pour deux jours, trois semaines.
Para dos días, tres semanas.
***pa**ra doss **di**-ass, trèss sé**ma**nass*

⮜ Son... euros al día sin límite de kilometraje.
*son... **é**ouross al **di**-a sinn **li**mité dé kilomé**tra**Hé*
Ça coûte... euros par jour kilométrage illimité.

➤ Avant quelle heure dois-je la restituer ?
¿Antes de qué hora tengo que devolverlo?
***ann**tèss dé ké **o**ra **tènn**go ké débol**bè**rlo*

< Tiene que devolverlo antes de las dos de la tarde.
*tiéné ké débol**bèr**lo **ann**tèss dé lass doss de la **tar**dé*
Vous devez la restituer avant 14 heures.

< Tiene que llenar el depósito.
***tié**né ké yén**ar** el dé**po**ssito*
Vous devez faire le plein.

< Tiene que dejar una fianza.
***tié**né ké dé**Har ou**na fi-**ann**sa*
Vous devez laisser une caution.

> Le clignotant ne marche pas.
El intermitente no funciona.
*el inntèrmi**tènn**té no founn**sio**na*

> Il y a une éraflure sur le capot.
Hay un rasguño en el capó.
*aïe ounn ras**gou**gno ènn el ka**po***

> Combien consomme-t-elle ?
¿Cuánto consume?
***kouann**to kon**sou**mé*

> Que couvre l'assurance ?
¿Qué es lo que cubre el seguro?
*ké èss lo ké **kou**bré el sé**gou**ro*

> Comment ouvre-t-on le réservoir ?
¿Cómo se abre el depósito?
***ko**mo sé **a**bré el dé**po**ssito*

> Quel type d'essence doit-on utiliser ?
¿Qué tipo de gasolina hay que utilizar?
*ké **ti**po de gasso**li**na aïe ké outili**ssar***

< Sin plomo, súper, diésel.
*sinn **plo**mo, **sou**pèrr, **dié**ssèl*
Sans plomb, super, diesel.

> Nous avons crevé.
Hemos pinchado.
***é**moss pinn**tcha**do*

L'ESPAGNOL dans tous ses ÉTATS

? Le saviez-vous ?

Le mot **llanta** (« jante ») vient du français. Attention, en Amérique latine, ce mot désigne le pneu, qui se dit **neumático** en Espagne.

Manières de dire

- Dans la plupart des pays latino-américains, *une voiture* se dit **un carro** et non **un coche**, comme en Espagne. Par ailleurs, *louer* se dit **rentar**, sous l'influence de l'anglais américain *to rent*, et non **alquilar**. *Louer une voiture* se dit donc **alquilar un coche** en Espagne, mais **rentar un carro** en Amérique latine.
- *Mettre de l'essence* se dit **echar gasolina** en Espagne, mais généralement **echar gas** en Amérique latine où **el gas** désigne à la fois le gaz et le carburant.

Expression

Des deux côtés de l'Atlantique, ***ir a todo gas*** signifie « aller à toute vitesse » ; c'est donc l'équivalent de nos expressions familières *aller à pleins gaz, rouler pleins gaz.*

VISITES TOURISTIQUES

visitas turísticas

Les mots pour le dire

un musée	un museo	*ounn mousséo*
une exposition	una exposición	*ouna ékspossissionn*
la galerie d'art	la galería de arte	*la galéri-a dé arté*
l'entrée	la entrada	*la ènntrada*
le billet	el billete	*el biyété*
le prix	el precio	*el préssio*
par personne	por persona	*por pèrsona*
entrée libre	entrada libre	*ènntrada libré*
une réduction	un descuento	*ounn déskouènnto*
le guichet	la taquilla	*la taki-ya*
la visite	la visita	*la bissita*
la visite guidée	la visita guiada	*la bissita gui-ada*
l'audioguide	el audioguía	*el aoudiogui-a*
le/la guide	el/la guía	*el/la gui-a*
le guide (livre)	la guía	*la gui-a*
les heures de visite	los horarios de visita	*loss orarioss dé bissita*
ouvert	abierto	*abièrto*
fermé	cerrado	*sérrado*
le catalogue	el catálogo	*el katalogo*
le monument	el monumento	*el monoumènnto*
la cathédrale	la catedral	*la katédral*
le tableau	el cuadro	*el kouadro*
la sculpture	la escultura	*la éskoultoura*
le tourisme	el turismo	*el tourismo*
faire du tourisme	turistear	*touristéar*
faire un voyage	hacer un viaje	*assèr ounn biaHé*
le voyage organisé	el viaje organizado	*el biaHé organissado*

attention aux faux amis

El cuadro ne désigne pas le cadre, mais le tableau. *Un cadre* se dit un marco.

⮞ S'exprimer ⮜ Comprendre

➤ Quelles sont les heures d'ouverture ?
¿Cuáles son los horarios de apertura?
koualèss sonn loss orarioss dé apèrtoura

➤ À quelle heure commence/finit le spectacle nocturne ?
¿A qué hora empieza/acaba el espectáculo nocturno?
a ké ora èmmpiéssa/akaba el éspéktakoulo noktourno

➤ Y a-t-il des réductions pour les étudiants/pour les enfants ?
¿Hay descuentos para estudiantes/para niños?
aïe déskouènntoss para éstoudianntèss/para nignoss

➤ Je voudrais trois entrées, s'il vous plaît.
Quisiera tres entradas, por favor.
kissiéra trèss ènntradass por fabor

➤ Deux adultes et un enfant de 10 ans.
Dos adultos y un niño de 10 años.
doss adoultos i ounn nigno dé dièss agnoss

➤ Entrada gratis para menores de 26 años.
ènntrada gratiss para ménoress dé bé-intisséiss agnoss
Accès gratuit pour les moins de 26 ans.

➤ Peut-on prendre des photos ?
¿Se puede sacar fotos?
sé pouédé sakar fotoss

➤ Está prohibido sacar/tomar fotos.
éssta pro-ibido sakar/tomar fotoss
Il est interdit de prendre des photos.

➤ Está prohibido tocar.
éssta pro-ibido tokar
Il est interdit de toucher.

➤ Cerrado por obras hasta el...
sérrado por obrass assta el
Fermé pour travaux jusqu'au...

< Esta visita está recomendada para niños de entre 5 y 12 años.
ésta bissita ésta rékomènndada para nignoss dé ènntré sinnko y dossé agnoss
Cette visite est recommandée pour les enfants entre 5 et 12 ans.

> Est-il possible d'acheter les billets d'entrée sur internet ?
¿Es posible comprar los billetes de entrada por internet?
èss possiblé kommprar loss biyétèss dé ènntrada por inntèrnèt

> Avez-vous des audioguides pour enfants/en français ?
¿Tienen audioguías infantiles/en francés?
tiénènn aoudiogui-ass innfanntilèss/ènn frannsèss

> Y a-t-il des visites guidées en français ?
¿Hay visitas guiadas en francés?
aïe bissitass gui-adass ènn frannsèss

> Avez-vous des visioguides/audioguides pour malentendants ?
¿Tienen signoguías/audioguías para personas con discapacidad auditiva?
tiénènn sig-nogui-ass/aoudiogui-ass para pèrsonass konn diskapassida aouditiba

< Deben dejar sus bolsos en el guardarropa.
débènn déHar souss bolsoss ènn el gouardarropa
Vous devez laisser vos sacs au vestiaire.

> Le musée est-il adapté aux personnes handicapées ?
¿Está adaptado el museo para las personas con discapacidad física?
ésta adaptado el mousséo para lass pèrsonass konn diskapassida fissika

> Avez-vous un service de prêt de fauteuils roulants ?
¿Tienen un servicio de préstamo de sillas de ruedas?
tiénnènn ounn sèrbissio dé préstamo dé siyass dé rouédas

< Sí. Están disponibles en consigna.
si ésstann disponiblèss ènn konnsig-na
Oui, ils sont disponibles à la consigne.

L'ESPAGNOL dans tous ses ÉTATS

! Ne confondez pas

- **El guía** désigne l'homme qui vous renseigne. En revanche, **la guía** désigne soit la femme guide, soit le livre. Donc **comprar una guía turística**, c'est acheter **un** guide touristique.
- **Una ruta** signifie « un parcours », et **una carretera** « une route ».

★ Le dicton du jour

La ociosidad es madre de todos los vicios.
L'oisiveté est mère de tous les vices.

" Citation

"El que lee mucho y anda mucho, ve mucho y sabe mucho."

Qui lit beaucoup et marche beaucoup voit beaucoup de choses et sait beaucoup de choses.

Miguel de Cervantes

(1547-1616), écrivain espagnol, auteur du roman *Don Quichotte*

RÉSERVER 2 : hôtel et restaurant

reservar

Les mots pour le dire

une chambre	una habitación	*ouna abitassionn*
avec air conditionné	con aire acondicionado	*konn a-iré akonndissionado*
une nuit/deux nuits	una noche/dos noches	*ouna notché/doss notchèss*
une semaine	una semana	*ouna sémana*
une quinzaine de jours	una quincena	*ouna kinnséna*
une table	una mesa	*ouna méssa*
pour deux personnes	para dos personas	*para doss pèrsonass*
pour cette nuit	para esta noche	*para ésta notché*
pour demain	para mañana	*para magnana*
le prénom	el nombre	*el nommbré*
le nom de famille	el apellido	*el apéyido*
deux adultes	dos adultos	*doss adoultoss*
handicapé(e)	discapacitado(-a), minusválido(-a)	*diskapassitado(-a), minoussbalido(-a)*
trois enfants	tres niños	*trèss nignoss*
un chien/chat	un perro/gato	*ounn pérro/gato*
accepter	aceptar	*asséptar*
réserver	reservar	*réssèrbar*
à la réception	en la recepción	*ènn la résséspsionn*
par téléphone	por teléfono	*por téléfono*
par internet	por internet	*por inntèrnet*

attention aux faux amis

- Una habitación désigne une chambre et non une habitation, qui se dit una vivienda.
- El nombre ne signifie pas « le nom » mais « le prénom ». *Le nom de famille* se dit el apellido.

➤ S'exprimer ◄ Comprendre

➤ J'aimerais réserver une chambre/une table pour deux personnes.
Quisiera reservar una habitación/una mesa para dos personas.
*ki**ssié**ra réssèr**bar** **ou**na abita**ssionn**/**ou**na **mé**ssa **pa**ra doss pèr**so**nass*

◄ ¿Cuál es su nombre/apellido?
***koua**l èss sou **nomm**bré/apé**yi**do*
Quel est votre prénom/nom de famille ?

➤ Est-ce que je peux réserver par téléphone/directement par internet ?
¿Puedo reservar por teléfono/directamente por internet?
poué**do réssèr**bar** por té**lé**fono/dirèkta**mènn**té por inntèr**nett

◄ ¿Tiene una reserva?
***tié**né **ou**na ré**ssèr**ba*
Avez-vous une réservation ?

DANS UN HÔTEL

➤ Avez-vous une chambre libre pour deux personnes ?
¿Tienen una habitación libre para dos personas?
***tié**nnènn **ou**na abita**ssionn** **li**bré **pa**ra doss pèr**so**nass*

➤ Je voudrais réserver une chambre pour deux adultes et un enfant.
Quisiera reservar una habitación para dos adultos y un niño.
*ki**ssié**ra réssèr**bar** **ou**na abita**ssionn** **pa**ra doss a**doul**tos y ounn **ni**gno*

➤ Avez-vous des chambres adaptées aux handicapés ?
¿Tienen habitaciones adaptadas para discapacitados?
***tié**nènn abita**ssio**nèss adap**ta**dass **pa**ra diskapassi**ta**doss*

◄ ¿Para cuántas noches?
***pa**ra **kouann**tass **no**tchèss*
Pour combien de nuits ?

➤ Pour deux nuits.
Para dos noches.
para doss notchèss

≺ ¿Desde qué fecha?
désdé ké fétcha
À partir de quelle date ?

≺ ¿Cuánto tiempo piensa quedarse?
kouannto tièmmpo piènnsa kédarsé
Combien de temps pensez-vous rester ?

≺ ¿A qué hora llegará?
a ké ora yégara
À quelle heure arriverez-vous ?

➤ Acceptez-vous les animaux domestiques ?
¿Aceptan los animales domésticos?
asséptann loss animalèss doméstikoss

DANS UN RESTAURANT

➤ Avez-vous une table libre pour ce soir ?
¿Tienen una mesa libre para esta noche?
tiénènn ouna méssa libré para ésta notché

≺ ¿Para cuántas personas?
para kouanntass pèrsonass
Pour combien de personnes ?

➤ Pour 4.
Para 4 personas.
para kouatro pèrsonass

➤ Pour demain soir.
Para mañana por la noche.
para magnana por la notché

≺ ¿A qué hora?
a ké ora
À quelle heure ?

➤ À 21 heures.
A las 9.
a lass nouébé

L'ESPAGNOL dans tous ses ÉTATS

? Le saviez-vous ?

- Vous verrez que là où vous devez donner votre nom sur un formulaire en Espagne, il est marqué **apellidos**, au pluriel. En effet, les Espagnols portent deux noms de famille : celui du père et celui de la mère.
- En Espagne, on déjeune généralement entre 14 et 16 heures et on dîne à partir de 21 heures. En revanche, en Amérique latine, les horaires sont sensiblement les mêmes que ceux auxquels nous sommes habitués : on déjeune en général entre midi et 14 heures, et on dîne à partir de 19 ou 20 heures.

Manières de dire

Annuler une réservation se dit indifféremment **anular una reserva** ou **cancelar una reserva** mais la première expression est la plus utilisée en Espagne, tandis que la seconde est plus courante en Amérique latine, sous l'influence de l'anglais *to cancel*.

Expression

Olerse la tostada (« sentir le pain grillé »), c'est bien agréable à l'heure du petit-déjeuner, mais attention, cela signifie également « flairer quelque chose de louche » !

SORTIR
salir

Les mots pour le dire

le cinéma	el cine	*el **si**né*
le film	la película	*la pé**li**koula*
en V. O.	en versión original	*ènn bèr**sionn** oriHi**nal***
le film sous-titré	la película subtitulada	*la pé**li**koula soubtitou**la**da*
les sous-titres	los subtítulos	*los soub**ti**touloss*
l'acteur	el actor	*el ak**tor***
l'actrice	la actriz	*la ak**triss***
le théâtre	el teatro	*el té**a**tro*
la pièce de théâtre	la obra de teatro	*la **o**bra dé té**a**tro*
l'entracte	el entreacto	*el ènntré**ak**to*
le/la comédien(ne)	el/la comediante	*el/la komé**diann**té*
l'opéra	la ópera	*la **o**péra*
le/la chanteur(-euse)	el/la cantante	*el/la kann**tann**té*
le concert	el concierto	*el konn**sièr**to*
la musique	la música	*la **mous**sika*
le musicien	el músico	*el **mous**siko*
l'orchestre	la orquesta	*la or**kés**ta*
réserver	reservar	*réssèr**bar***
le guichet	la taquilla	*la ta**ki**ya*
l'entrée	la entrada	*la ènn**tra**da*
le billet	el billete	*el bi**yé**té*
le billet électronique	el billete electrónico	*el bi**yé**té élèk**tro**niko*
la séance	la sesión	*la sés**sionn***
la place numérotée	la localidad	*la lokali**da***
le siège	el asiento	*el as**sièn**to*
la discothèque	la discoteca	*la disko**té**ka*
danser	bailar	*baï**lar***
la fête	la fiesta	*la **fiés**ta*

⮞ S'exprimer ⮜ Comprendre

➤ Je voudrais deux places pour...
Quisiera dos entradas para...
kissiéra doss ènntradass para

➤ Il reste encore des places pour ce soir ?
¿Quedan entradas para esta noche?
kédann ènntradass para ésta notché

◄ Lo siento, ya no quedan entradas.
lo siènnto ya no kédann ènntradass
Je suis désolé(e), c'est complet.

➤ Est-ce qu'il reste des places pour un autre jour ?
¿Quedan entradas para otro día?
kédann ènntradass para otro di-a

◄ Hay que reservar con mucha antelación/con varios días de antelación.
aïe ké réssèrbar konn moutcha anntélassionn/konn barioss di-ass dé anntélassionn
Il faut réserver longtemps/plusieurs jours à l'avance.

◄ Los asientos están numerados.
loss assiènntoss éstann nouméradoss
Les sièges sont numérotés.

➤ Avez-vous le programme des spectacles de cette semaine ?
¿Tiene el programa de espectáculos para esta semana?
tiéné el programa dé espéktakouloss para ésta semana

➤ Est-ce que l'entrée est payante ?
¿Hay que pagar entrada?
aïe ké pagar ènntrada

➤ À quelle heure est-ce que ça commence/finit ?
¿A qué hora empieza/acaba?
a ké ora èmmpiéssa/akaba

➤ Quel genre de musique/film est-ce ?
¿Qué tipo de música/película es?
ké tipo de moussika/pélikoula èss

➤ J'aime le cinéma d'art et d'essai.
Me gusta el cine de arte y ensayo.
*mé **gous**ta el **si**né dé **ar**té i énn**sa**yo*

⮜ Se recomienda llegar con antelación.
*sé récom**iènn**da yé**gar** konn anntéla**ssionn***
Il est recommandé d'arriver en avance.

⮜ Se ruega apagar los móviles.
*sé **roué**ga apa**gar** loss **mo**bilèss*
Prière d'éteindre vos portables.

➤ Combien de temps dure l'entracte ?
¿Cuánto dura el entreacto?
***kouann**to **dou**ra el ènntré**a**kto*

➤ J'ai envie d'aller faire la fête !
¡Tengo ganas de ir de fiesta!
***tènn**go **ga**nass dé ir dé **fiés**ta*

➤ Qu'est-ce qu'il y a à faire le soir ?
¿Qué se puede hacer por las noches?
*ké sé **poué**dé a**ssèrr** por lass **no**tchèss*

⮜ ¿Quieres bailar? ¿Vamos a la discoteca?
***kié**rèss baï**lar** - **ba**moss a la disko**té**ka*
Tu veux danser ? On va à la discothèque ?

⮜ Hay mucha marcha en este barrio.
*aïe **mou**tcha **mar**tcha ènn **és**té **ba**rrio*
Il y a beaucoup d'ambiance dans ce quartier.

➤ Je ne sais pas danser./Je danse très mal.
No sé bailar./Bailo fatal.
*no sé baï**lar**/**baï**lo fa**tal***

⮜ En ese bar hay actuaciones en vivo cada noche.
*ènn **é**ssé bar aïe aktoua**ssio**nèss ènn **bi**bo **ka**da **no**tché*
Dans ce bar, il y a de la musique live tous les soirs.

⮜ ¿Te apetece tomar algo?
*té apé**té**ssé to**mar** **al**go*
Tu as envie de prendre un verre ?

L'ESPAGNOL dans tous ses ÉTATS

Manières de dire

- Le verbe familier **molar** signifie « brancher » au sens de « plaire à ». **¿Te mola?** *Ça te branche ?*

- **Un traje** désigne généralement un costume d'homme (**llevar traje y corbata** *porter un costume-cravate*). Ce mot peut néanmoins avoir d'autres sens :
  - **un traje de noche** c'est une robe du soir,
  - **un traje de ceremonia** une tenue de cérémonie,
  - et **un traje de etiqueta** ou **de gala** une tenue de soirée.

Expression

Vous sortez dans un bar avec des amis espagnols ?
Alors vous entendrez forcément :
Deja, deja, lo pago yo (Laisse, laisse, c'est moi qui paie).

Citation

"Los dioses se han marchado, nos queda la televisión."
Les dieux sont partis, il nous reste la télévision.

Manuel Vázquez Montalbán

(1939-2003), écrivain espagnol,
auteur des romans policiers dont le fameux
détective Pepe Carvalho est le protagoniste

FAIRE DU SPORT

hacer deporte

Les mots pour le dire

le sport	el deporte	*el dé**por**té*
faire du sport	hacer deporte	*assèrr dé**por**té*
nager	nadar	*na**dar***
la natation	la natación	*la nata**ssionn***
courir	correr	*ko**rrèrr***
marcher	andar, caminar	*ann**dar**, kami**nar***
la marche	la marcha	*la **mar**tcha*
la randonnée	el senderismo	*el sènndé**ris**mo*
le sentier	el sendero	*el sènn**dé**ro*
chaussures de randonnée	botas de senderismo	***bo**tass dé sènndé**ris**mo*
faire du vélo	andar en bici	*ann**dar** ènn bissi*
l'assurance	el seguro	*el sé**gou**ro*
le matériel de...	el equipo de...	*el e**ki**po dé…*
la piscine	la piscina	*la pi**ssi**na*
la piscine en plein air	la piscina descubierta	*la pi**ssi**na désko**bièr**ta*
la piscine couverte	la piscina cubierta	*la pi**ssi**na kou**bièr**ta*
la voile	la vela	*la **bé**la*
le voilier	el velero	*el bé**lé**ro*
naviguer	navegar	*nabé**gar***
la plongée sous-marine	el buceo, el submarinismo	*el bou**ssé**o, el soubmari**nis**mo*
plonger	bucear	*boussé**ar***
le golf	el golf	*el golf*
débutant(e)	principiante	*prinnsi**piann**té*
confirmé(e)	confirmado(-a)	*konnfir**ma**do(-a)*

ne confondez pas

Les verbes correr qui signifie « courir » et coger qui signifie « prendre, attraper » ; roulez bien les deux r, cela fera toute la différence !

⮞ S'exprimer ⮜ Comprendre

➤ Est-ce qu'on peut prendre des cours de salsa ?
¿Dan clases de salsa?
*dann **kla**ssèss dé **sal**sa*

➤ Je voudrais prendre des cours de kitesurf pour débutant.
Quisiera tomar clases de kitesurf para principiante.
*ki**ssié**ra to**mar** **kla**ssèss dé **kaït**seurf **pa**ra prinnsi**piann**té*

⮜ ¿Ya ha practicado este deporte?
*ya a prakti**ka**do **és**té dé**por**té*
Avez-vous déjà pratiqué ce sport ?

➤ Je n'ai jamais fait de parachutisme.
Nunca he practicado el paracaidismo.
***nounn**ka é prakti**ka**do el **pa**raka-i**dis**mo*

⮜ ¿A qué hora quiere tener clase?
*a ké **o**ra **kié**ré té**nèrr** **kla**ssé*
À quelle heure voulez-vous avoir cours ?

➤ J'aimerais avoir cours de 5 à 6.
Me gustaría tener clase de 5 a 6.
*mé gousta**ri**-a té**nèrr** **kla**ssé dé **sinn**ko a **séï**ss*

➤ Combien ça coûte de l'heure/par jour/par personne ?
¿Cuánto cuesta por hora/por día/por persona?
***kouann**to **kouès**ta por **o**ra/**por di**-a/por pèr**so**na*

⮜ Hay que pagar... por adelantado.
*aïe ké pa**gar**... por adélann**ta**do*
Il faut payer un acompte de...

➤ J'aimerais voler en parapente avec un moniteur.
Quisiera volar en parapente con un instructor.
*ki**ssié**ra bo**lar** ènn para**pènn**té konn ounn innstruk**tor***

➤ J'aimerais faire un baptême de deltaplane.
Quisiera hacer un bautizo de vuelo en ala delta.
*ki**ssié**ra a**ssèrr** ounn baou**ti**sso dé **boué**lo ènn **a**la **dél**ta*

➤ Combien de temps dure l'excursion ?
¿Cuánto tiempo dura la excursión?
kouann**to **tièmm**po **dou**ra la éskour**sionn

< Dura aproximadamente tres horas.
doura aproksimadamènnté trèss orass
Ça dure environ trois heures.

> Quelle est la longueur du parcours ?
¿Qué distancia tiene el recorrido?
ké distannsia tiéné el rékorrido

> Où commence/se termine le parcours ?
¿Dónde empieza/acaba el recorrido?
donndé èmmpiéssa/akaba el rékorrido

> Pourriez-vous me l'indiquer sur la carte, s'il vous plaît ?
¿Puede indicármelo en el mapa, por favor?
pouédé inndikarmélo ènn el mapa por fabor

> Est-ce que le sentier est bien balisé/indiqué ?
¿Está bien balizado/indicado el sendero?
ésta biénn balissado/inndikado el sènndéro

> Ça monte beaucoup ?
¿Hay muchas costas?
aïe moutchass kosstass

< Es mejor llevar botas de montaña.
èss méHor yébar botass dé monntagna
Il vaut mieux mettre des chaussures de marche.

> J'aimerais réserver un court de tennis pour cet après-midi.
Quisiera reservar una cancha de tenis para esta tarde.
kissiéra réssèrbarr ouna kanntcha dé téniss para ésta tardé

> Est-il possible de louer le matériel/les clubs de golf ?
¿Se puede alquilar el equipo/los palos de golf?
sé pouédé alkilar el ékipo/loss paloss dé golf

< Tiene que dejar una fianza de... euros.
tiéné ké déHar ouna fi-annsa dé… éouross
Vous devez laisser une caution de... euros.

> Où se trouve le terrain de golf ?
¿Dónde está el campo de golf?
donndé ésta el kammpo dé golf

L'ESPAGNOL dans tous ses ÉTATS

Manières de dire

Le mot *piscine* se traduit de différentes manières selon les pays :

- **una piscina** en Espagne, au Chili, au Venezuela, en Colombie et dans la plupart des pays latino-américains ;
- **una pileta** en Argentine, en Bolivie et en Uruguay. Attention, dans d'autres pays, le mot **pileta** désigne l'évier ;
- **una alberca** au Mexique. Attention, ce mot, d'origine arabe, désigne en Espagne une réserve d'eau artificielle destinée à l'irrigation.

Expression

L'expression ***ponerse las botas***, littéralement « se mettre les bottes » a deux sens : le premier, le plus répandu, est « se goinfrer ». Le second est « s'en mettre plein les poches ». L'expression est apparue en même temps que les bottes en cuir. Initialement, seules les personnes d'un certain rang social pouvaient se permettre d'en porter, et ces mêmes personnes étaient celles qui avaient non seulement les moyens de manger copieusement mais aussi de faire des affaires.

Citation

"El fútbol es la única religión que no tiene ateos."

Le football est l'unique religion qui n'a pas d'athées.

Eduardo Galeano

1940-2015, écrivain
et journaliste uruguayen

À LA PLAGE

en la playa

Les mots pour le dire

la mer	el mar	*el mar*
la plage	la playa	*la **plaï**a*
le sable	la arena	*la a**ré**na*
le galet	el canto rodado, el guijarro	*el **kann**to ro**da**do, el gui**Ha**rro*
le maillot de bain	el bañador	*el bagna**dor***
le chapeau	el sombrero	*el somm**bré**ro*
la casquette	la gorra	*la **go**rra*
le drap de bain	la toalla	*la **toa**ya*
les tongs	las chanclas	*lass **tchann**klass*
les lunettes de soleil	las gafas de sol	*lass **ga**fass dé sol*
la crème de protection solaire	la crema de protección solar	*la **kré**ma dé protéksionn so**lar***
le coup de soleil	la quemadura de sol	*la kéma**dou**ra dé sol*
le cerf-volant	la cometa	*la ko**mé**ta*
la balle, le ballon	la pelota	*la pé**lo**ta*
le parasol	la sombrilla	*la somm**bri**ya*
la chaise longue	la tumbona	*la toumm**bo**na*
le beach-volley	el voley playa	*el **bo**léï **pla**ïa*
baignade surveillée	baño vigilado	***ba**gno biHi**la**do*
le secouriste	el socorrista	*el soko**rris**ta*
la méduse	la medusa	*la mé**dou**ssa*
le coquillage	la concha	*la **konn**tcha*
l'oursin	el erizo de mar	*el é**ri**sso dé mar*
la faune	la fauna	*la **fa**ouna*
la flore	la flora	*la **flo**ra*

ne confondez pas

- La gorra (la casquette) et el gorro (le bonnet).
- El cometa (la comète) et la cometa (le cerf-volant).

➤ S'exprimer ◄ Comprendre

- ➤ La baignade est-elle autorisée ici ?
  ¿Está permitido bañarse aquí?
  *és**ta** pèrmi**ti**do ba**gnar**sé a**ki***

- ➤ J'aimerais une crème haute protection.
  Quisiera una crema solar de alta protección.
  *ki**ssié**ra **ou**na **kré**ma so**lar** dé **al**ta protèk**sionn***

- ➤ Est-ce une plage privée/naturiste ?
  ¿Es una playa privada/naturista?
  *èss **ou**na **pla**ïa pri**ba**da/natou**ris**ta*

- ➤ Pouvons-nous nous installer ici ?
  ¿Nos podemos instalar aquí?
  *noss po**dé**moss innsta**lar** aki*

- ◄ Disculpe, ésta es nuestra toalla/tumbona/sombrilla.
  *diss**koul**pé **és**ta èss **nouès**tra to**a**ya/toumm**bo**na/somm**bri**ya*
  Excusez-moi, c'est notre serviette/chaise longue/ parasol.

- ➤ Excusez-moi, où puis-je acheter une glace ?
  Disculpe, ¿dónde se puede comprar un helado?
  *dis**koul**pé, **donn**dé sé **poué**dé komm**prar** ounn é**la**do*

- ◄ En el chiringuito, allí.
  *ènn el tchirinn**gui**to a**yi***
  À la buvette, là-bas.

- ➤ Y a-t-il des cabines pour se changer/des douches ?
  ¿Hay cabinas para cambiarse/duchas?
  *aïe ka**bi**nass **pa**ra kamm**biar**sé/**dou**tchas*

- ➤ Savez-vous où on peut louer des chaises longues/des parasols ?
  ¿Sabe dónde se pueden alquilar tumbonas/sombrillas?
  ***sa**bé **donn**dé sé **poué**dènn alki**la**r toum**bo**nass/ somm**bri**yass*

- ➤ Est-il dangereux de se baigner/nager/plonger par ici ?
  ¿Es peligroso bañarse/nadar/bucear por aquí?
  *èss péli**gro**sso ba**gnar**sé/na**dar**/boussé**ar** por a**ki***

◂ Las corrientes son muy rápidas en esta zona.
*lass ko**riénn**tèss son moui **ra**pidass ènn **és**ta **so**na*
Les courants sont très forts dans cette zone.

◂ Cuidado con los niños/las olas.
*koui**da**do konn loss **ni**gnoss/lass **o**lass*
Attention aux enfants/vagues.

▸ À quelle heure la marée est-elle haute/basse ?
¿A qué hora sube/baja la marea?
*a ké **o**ra **sou**be/**ba**Ha la ma**réa***

▸ Où se trouve le poste de secours ?
¿Dónde está el puesto de socorro?
***donn**dé és**ta** el **poués**to dé so**ko**rro*

◂ Hay muchas medusas este año.
*aïe **mou**tchass mé**dou**ssas **és**té **a**gno*
Il y a beaucoup de méduses cette année.

▸ Je crois qu'il/elle s'est fait piquer par une méduse.
Creo que le picó una medusa.
***kré**o ké lé pi**ko** **ou**na mé**dou**ssa*

▸ J'ai marché sur un hérisson de mer.
Pisé un erizo de mar.
*pi**ssé** ounn é**ri**sso dé mar*

◂ Lo siento, es una playa no-fumadores.
*lo **sièn**nto èss **ou**na **pla**ïa no fouma**do**rèss*
Excusez-moi, c'est une plage non-fumeurs.

▸ Les chiens sont-ils autorisés sur la plage ?
¿Se puede llevar el perro en la playa?
*sé **poué**dé yé**bar** el **pé**rro ènn la **pla**ïa*

◂ Los animales están prohibidos incluso atados.
*loss ani**ma**lèss és**tann** pro-i**bi**doss inn**klou**sso a**ta**doss*
Les animaux sont interdits, même attachés.

▸ Peux-tu me prêter ton masque et ton tuba ?
¿Me puedes prestar tu esnórkel?
*mé **poué**dèss prés**tar** tu és**nor**kel*

L'ESPAGNOL dans tous ses ÉTATS

Manières de dire

Un cerf-volant se dit **una cometa** en Espagne et dans la plupart des pays latino-américains, mais **un volantín** au Chili, **un barrilete** en Argentine, et enfin **un papalote** à Cuba, au Honduras et au Mexique, dont ce mot est originaire. **Papalote** vient en effet du mot nahuatl (langue des Aztèques) *papalotl*, papillon (**mariposa**, en espagnol).

Expressions

• *Comer de gorra* (littéralement « manger à la casquette ») peut se traduire par *manger à l'œil*. Cette expression date du XVIe siècle. Les étudiants de Salamanca n'étant généralement guère fortunés, il leur arrivait plus souvent qu'à leur tour de ne pas manger à leur faim. Ils s'invitaient alors aux fêtes et cérémonies et saluaient les invités d'un coup de chapeau, ce qui laissait croire qu'ils les connaissaient et avaient été invités.

• Si l'on vous dit *Hay moros en la costa*, ne cherchez pas les Maures sur la côte. C'est un simple appel à la prudence, tant dans vos actions que dans vos paroles. L'origine de cette expression est claire lorsque l'on sait que les Espagnols ont craint, durant des siècles, des invasions maures venues des côtes méditerranéennes.

SPORTS D'HIVER

deportes de invierno

Les mots pour le dire

la montagne	la montaña	*la monn**ta**gna*
le refuge de montagne	el refugio de montaña	*el ré**fou**Hio dé monn**ta**gna*
skier	esquiar	*éski**ar***
le ski	el esquí	*el és**ki***
le ski alpin	el esquí alpino	*el és**ki** al**pi**no*
le ski de fond	el esquí de fondo	*el és**ki** dé **fonn**do*
le ski de randonnée	el esquí de travesía	*el és**ki** dé trabé**ssi**-a*
la station de ski	la estación de esquí	*la ésta**sionn** dé és**ki***
les pistes de ski	las pistas de esquí	*lass **pis**tass dé és**ki***
les bâtons de ski	los batones de esquí	*loss ba**to**nèss dé és**ki***
les skis	los esquís	*loss és**kiss***
la planche de snowboard	la tabla de snowboard	*la **ta**bla dé…*
glisser	deslizarse	*dèssli**ssar**sé*
le casque	el casco	*el **kas**ko*
les chaussures de ski	las botas de esquí	*lass **bo**tass dé és**ki***
les raquettes	las raquetas	*lass ra**ké**tass*
le tire-fesses	la percha	*la **pèr**tcha*
le télésiège	el telesillas	*el télé**si**yass*
les remontées mécaniques	los remontes	*los ré**monn**tès*
le forfait	el forfait	*el for**faï**tt*
le moniteur	el instructor	*el innstrouk**tor***
la haute montagne	la alta montaña	*la **al**ta monn**ta**gna*
la moyenne montagne	la media montaña	*la **mé**dia monn**ta**gna*
la basse montagne	la baja montaña	*la **ba**Ha monn**ta**gna*

⮞ S'exprimer ⮜ Comprendre

➤ Quel est le niveau de difficulté ?
¿Cuál es el nivel de dificultad?
*koual èss el ni**bèl** dé difikoul**ta***

⮜ Verde — Azul — Rojo — Negro.
***bèr**dé — as**soul** — **ro**Ho — **né**gro*
Vert — Bleu — Rouge — Noir.

➤ Que comprend le forfait ?
¿Qué incluye el forfait?
*ké inn**klou**yé el for**faï**tt*

⮜ Permite utilizar los remontes mecánicos de forma ilimitada.
*pèr**mi**té outili**ssar** loss ré**monn**tèss mé**ka**nikoss dé **for**ma ilimi**ta**da*
Il permet un accès illimité aux remontées mécaniques.

➤ Je voudrais un forfait pour la journée/la demi-journée/le week-end.
Quisiera un forfait de un día/de medio día/de fin de semana.
*ki**ssié**ra ounn for**faï**tt dé ounn **di**-a/dé **mé**dio **di**-a/dé finn dé sé**ma**na*

➤ Combien coûte un forfait enfant/adulte/senior ?
¿Cuánto cuesta un forfait juvenil/adulto/senior?
kouann**to **kouès**ta ounn for**faï**tt Houbé**nil**/a**doul**to/séni**or

➤ Que comprend la location du matériel de ski ?
¿Qué incluye el alquiler de material de esquí?
*ké inn**klou**yé el alki**lèrr** dé maté**rial** dé és**ki***

➤ J'ai réservé mon forfait en France/dans une agence/par internet.
Reservé el forfait en Francia/en una agencia/por internet.
*réssèr**bé** el for**faï**tt ènn **frann**sia/ènn **ou**na a**Hènn**sia/por inntèr**nett***

➤ Où dois-je retirer mon forfait ?
¿Dónde debo retirar el forfait?
***donn**dé **dé**bo réti**rar** el for**faï**tt*

< En la taquilla de la estación de esquí.
*ènn la ta**ki**ya dé la ésta**sionn** dé és**ki***
Au guichet de la station de ski.

< El forfait no incluye el seguro en caso de accidente.
*el for**faï**tt no inn**klou**yé el sé**gou**ro ènn **ka**sso dé aksi**dènn**té*
Le forfait n'inclut pas l'assurance en cas d'accident.

> Je voudrais louer des skis pour mon fils/ma fille.
Quisiera alquilar unos esquís para mi hijo/hija.
*ki**ssié**ra alki**lar** **ou**noss és**kiss** **pa**ra mi **i**Ho/**i**Ha*

< ¿Qué número calza?
*ké **nou**méro **kal**sa*
Vous chaussez/Il (Elle) chausse du combien ?

> Quand commence/termine la basse saison ?
¿Cuándo empieza/termina la temporada baja?
***kouann**do èmm**pié**ssa/tèr**mi**na la tèmmpo**ra**da **ba**Ha*

> Quels sont les prix en haute saison ?
¿Cuáles son los precios en temporada alta?
***koua**lèss son los **pré**ssios ènn tèmmpo**ra**da **al**ta*

> Quels sont les horaires d'ouverture des pistes ?
¿Cuáles son los horarios de pistas?
***koua**lèss son loss o**ra**rioss dé **pis**tass*

> Je voudrais des cours particuliers de ski.
¿Quisiera clases particulares de esquí.
*ki**ssié**ra **kla**ssèss partikou**la**rèss dé és**ki***

< Aquí tiene la información sobre el estado de la nieve y el mapa de las pistas.
*a**ki** **tié**né la innforma**ssion** **so**bré el es**ta**do dé la **nié**bé i el **ma**pa de las **pis**tas*
Voici les informations sur l'état de la neige et le plan des pistes.

L'ESPAGNOL dans tous ses ÉTATS

Manières de dire

Alpinisme se dit **alpinismo** ou **montañismo**, et *alpiniste* se dit **alpinista** (invariable en genre). Mais lorsque cette activité est pratiquée en Amérique du Sud, et plus exactement dans la Cordillère des Andes, on parle de **andismo** et **andista**.

Expressions

- ***Estar hasta el gorro***, littéralement « en avoir jusqu'au bonnet », est l'équivalent de notre *en avoir par-dessus la tête* ou *en avoir ras la casquette*.
- L'expression ***quedarse pajarito***, mot à mot « devenir petit oiseau », signifie avoir très froid et trembler comme un petit oiseau.

Le dicton du jour

La cabra siempre tira al monte

Littéralement "La chèvre tire toujours vers la montagne" peut se traduire par *Chassez le naturel, il revient au galop*.

Citation

"Si no escalas la montaña, jamás podrás disfrutar el paisaje."

Si tu n'escalades pas la montagne, jamais tu ne pourras profiter du paysage.

Pablo Neruda

(1904-1973), poète chilien,
Prix Nobel de Littérature 1971

SERVICES ET INFOS PRATIQUES

La tour de télécommunications de Montjuïc à Barcelone

TÉLÉPHONE ET INTERNET

teléfono e internet

Les mots pour le dire

le téléphone fixe	el teléfono fijo	*el téléfono fiHo*
- portable	- móvil	*~ mobil*
en mode silencieux	en modo silencioso	*ènn modo silènnsiosso*
en mode vibreur	en modo vibración	*ènn modo bibrassionn*
le numéro de téléphone	el número de teléfono	*el nouméro dé téléfono*
téléphoner (à)	llamar por teléfono (a)	*yamar por téléfono (a)*
composer le numéro	marcar el número	*markar el nouméro*
répondre (à)	contestar (a)	*konntéstar (a)*
la cabine téléphonique	la cabina telefónica	*la kabina téléfonika*
la carte de téléphone	la tarjeta telefónica	*la tarHéta téléfonika*
laisser un message	dejar un mensaje	*déHar ounn mènnsaHé*
le répondeur	el contestador	*el konntéstador*
recharger la batterie	recargar la batería	*rékargar la batéri-a*
la pile	la pila	*la pila*
l'ordinateur	el ordenador	*el ordénador*
le courriel, l'e-mail	el correo electrónico	*el korréo éléktroniko*
l'adresse	la dirección	*la dirèksionn*
l'identifiant	el nombre de usuario	*el nommbré dé oussouario*
la connexion	la conexión	*la conèksionn*
le mot de passe	la contraseña	*la konntraségna*
envoyer	enviar, mandar	*ennbiar, manndar*
la touche	la tecla	*la tékla*
le clavier	el teclado	*el téklado*

note

En espagnol comme en français, le mot ratón désigne la souris, rongeur et outil informatique.

➤ S'exprimer ⮜ Comprendre

➤ Allô ? (la personne qui décroche)
¿Diga?, ¿Dígame?
__di__ga, __di__gamé

➤ Bonjour. Je voudrais parler à...
Buenos días. Quisiera hablar con...
__boué__noss __di__-ass ki__ssié__ra a__blar__ konn

➤ Bonjour. Est-ce que Maria est là ?
Hola. ¿Está María?
__o__la és__ta__ ma__ri__-a

⮜ ¿De parte de quién?
dé __par__té dé kiénn
De la part de qui ?

⮜ No está. ¿Quiere dejar un mensaje?
no és__ta__ __kié__ré dé__Har__ ounn mènn__sa__Hé
Il/Elle n'est pas là. Voulez-vous laisser un message ?

➤ Oui, s'il vous plaît. Dites-lui que j'ai appelé.
Sí, por favor. Dígale que he llamado.
si, por fa__bor__ __di__galé ké é ya__ma__do

➤ Je rappellerai plus tard.
Llamaré más tarde.
yama__ré__ mass __tar__dé

⮜ Está comunicando.
és__ta__ komouni__kann__do
C'est occupé.

➤ Je ne comprends pas.
No entiendo.
no ènn__tiènn__do

➤ Pouvez-vous répéter plus lentement ?
¿Puede repetir más lentamente?
__poué__dé répé__tir__ mass lènnta__mènn__té

➤ La communication est mauvaise.
No se oye bien.
no sé __o__yé biénn

SERVICES & INFOS PRATIQUES

➤ Pouvez-vous répéter plus fort ?
¿Puede repetir más fuerte?
***poué**dé répé**tir** mass **fouèr**té*

➤ Apaguen sus teléfonos móviles.
*a**pa**guènn souss té**lé**fonoss **mo**bilèss*
Éteignez vos téléphones portables.

➤ Savez-vous où il y a un cybercafé près d'ici ?
¿Sabe dónde hay un cibercafé cerca de aquí?
sa**bé **donn**dé aïe ounn sibèrka**fé** **sèr**ka dé a**kí

➤ Comment est-ce qu'on se connecte ?
¿Cómo hago para conectarme?
***ko**mo **a**go para konék**tar**mé*

➤ Je ne comprends pas comment ça marche.
No entiendo cómo funciona.
*no ènn**tiènn**do **ko**mo foun**sio**na*

➤ Je ne trouve pas la touche...
No encuentro la tecla...
*no ènn**kouènn**tro la **té**kla*

➤ Dois-je entrer un mot de passe ?
¿Tengo que introducir una contraseña?
***tènn**go ké inntrodou**ssir** **ou**na konntra**ssé**gna*

➤ Todos los ordenadores están ocupados.
***to**dos loss ordéna**do**rèss és**tann** okou**pa**doss*
Tous les ordinateurs sont occupés.

➤ Tiene que esperar unos 10 minutos.
***tié**né ké éspé**rar** **ou**noss dièss mi**nou**toss*
Il y a environ dix minutes d'attente.

➤ Ma connexion internet est très lente.
Mi conexion internet es muy lenta.
*mi conè**ksionn** inntèr**net** ès moui **lènn**ta*

L'ESPAGNOL dans tous ses ÉTATS

Conseils pratiques

• En Espagne et en Amérique latine, on utilise le clavier QWERTY et non AZERTY, comme en France.

• Les cartes de recharge téléphoniques sont vendues dans les **estancos** (bureaux de tabac) et dans les **quioscos** (kiosques à journaux) en Espagne.

Manières de dire

• *Un téléphone portable* se dit **un (teléfono) móvil** en Espagne, mais **un celular** en Amérique latine, sous l'influence du mot américain *cellular*.

• Il existe différentes manières de répondre au téléphone : la manière la plus répandue de dire *Allô* est **¿Diga?** ou **¿Dígame?** (littéralement « dites ?, dites-moi ? »). Mais au Mexique, on dit **¿Bueno?**, et dans certains pays d'Amérique du Sud, comme en Argentine, **¿Aló?**

• *Laisser un message* se dit **dejar un mensaje** en Espagne, mais **dejar un recado** dans la plupart des pays latino-américains.

• Un ordinateur se dit **un ordenador** en Espagne, mais **un computador** ou **una computadora** selon les pays en Amérique latine.

Expressions

• ***Mandar un emilio*** (« envoyer un émile ») est une expression familière utilisée en Espagne comme équivalent de **mandar un mensaje electrónico** ou **mandar un email**. **Emilio** est une déformation plaisante du mot anglais *email*.

• L'expression familière ***ponerse las pilas*** (littéralement « se mettre les piles ») signifie « accélérer », « se dépêcher ». **Anda, ¡ponte las pilas!** peut se traduire par *Allez, accélère !* ou *Passe à la vitesse supérieure !*

À LA BANQUE, L'ARGENT

en el banco, el dinero

Les mots pour le dire

la banque	el banco	*el bannko*
le compte	la cuenta	*la kouènnta*
le compte bancaire	la cuenta bancaria	*la kouènnta bannkaria*
le compte courant	la cuenta corriente	*la kouènnta korriènnté*
le numéro de compte	el número de cuenta	*el nouméro dé kouènnta*
la carte bancaire	la tarjeta bancaria	*la tarHéta bannkaria*
la carte de crédit	la tarjeta de crédito	*la tarHéta de krédito*
le billet (de banque)	el billete	*el biyété*
la pièce de monnaie	la moneda	*la monéda*
payer	pagar	*pagar*
en espèces	en efectivo	*ènn éféktibo*
retirer	sacar	*sakar*
le distributeur automatique	el cajero automático	*el kaHéro aoutomatiko*
le relevé bancaire	el estado de cuenta	*el estado dé kouènnta*
remplir le formulaire	rellenar el formulario	*réyénar el formoulario*
le solde	el saldo	*el saldo*
le guichet	la ventanilla, la taquilla	*la bènntani-ya, la taki-ya*
le change	el cambio	*el kammbio*
le bureau de change	la oficina de cambio	*la ofissina dé kammbio*
les coûts de transaction	los costes de transacción	*loss kostèss de trannsaksionn*
signer	firmar	*firmar*

attention

Le mot banco signifie à la fois « banque » et « banc ». La phrase Estaba en el banco de la esquina peut donc être traduit de deux manières : « J'étais à la banque du coin de la rue. » *ou* « J'étais sur le banc du coin de la rue. »

⮞ S'exprimer ⮜ Comprendre

➤ À quelle heure les banques ferment-elles ?
¿A qué hora cierran los bancos?
*a ké **o**ra **sié**rrann loss **bann**koss*

➤ Les banques ouvrent-elles le samedi ?
¿Los bancos abren los sábados?
*los **bann**koss **a**brènn loss **sa**badoss*

➤ J'aimerais retirer/changer de l'argent.
Me gustaría sacar/cambiar dinero.
*mé goustar**i**-a sa**kar**/kamm**biar** di**né**ro*

⮜ ¿Cuánto desea sacar/cambiar?
kouann**to dé**ssé**a sa**kar**/kamm**biar
Combien désirez-vous retirer/changer ?

➤ Quel est le cours de l'euro ?
¿A cuánto está el euro?
*a **kouann**to és**ta** el **é**ouro*

⮜ ¿Cómo quiere el dinero?
***ko**mo **kié**ré el di**né**ro*
Comment voulez-vous l'argent ?

➤ En billets de 20, s'il vous plaît.
En billetes de 20 euros, por favor.
*ènn bi**yé**tèss dé **bé-inn**té **é**ouross, por fa**bor***

➤ Pourriez-vous me donner des billets de...
Podría darme billetes de...
*po**dri**-a **dar**mé bi**yé**téss dé*

⮜ ¿Tiene una identificación con foto?
***tié**né **ou**na idènntifika**ssionn** konn **fo**to*
Avez-vous une pièce d'identité avec photo ?

➤ Savez-vous où se trouve le distributeur le plus proche ?
¿Sabe dónde está el cajero automático más cercano?
***sa**bé **donn**dé és**ta** el ka**Hé**ro aouto**ma**tiko mass sèr**ka**no*

➤ Ma carte ne fonctionne pas.
Mi tarjeta no funciona.
*mi tar**Hé**ta no founn**sio**na*

➤ Le distributeur a avalé ma carte.
El cajero se ha tragado mi tarjeta.
*el ka**Hé**ro sé a tra**ga**do mi tar**Hé**ta*

➤ Comment puis-je la récupérer ?
¿Cómo puedo recuperarla?
***ko**mo **poué**do rékoupé**rar**la*

➤ On m'a volé ma carte bancaire. Je veux faire opposition.
Me han robado la tarjeta bancaria. Quiero bloquearla.
*mé ann ro**ba**do la tar**Hé**ta bann**ka**ria **kié**ro bloké**ar**la*

⮜ Introduzca su tarjeta.
*inntro**dous**ka sou tar**Hé**ta*
Introduisez votre carte.

⮜ Teclee su número personal.
*té**klé**-é sou **nou**méro pèrso**nal***
Tapez votre code confidentiel.

⮜ Elija el importe.
*é**li**Ha el imm**por**té*
Sélectionnez le montant souhaité.

⮜ ¿Desea un recibo?
*dé**ssé**a ounn ré**ssi**bo*
Désirez-vous un reçu ?

⮜ Cajero fuera de servicio.
*ka**Hé**ro **foué**ra dé sèr**bi**ssio*
Distributeur hors service.

➤ J'ai perdu ma carte de crédit.
He perdido mi tarjeta de crédito.
*é pèr**di**do mi tar**Hé**ta de **kré**dito*

⮜ Su cuenta está en números rojos.
*sou **kouènn**ta és**ta** ènn **nou**méross **ro**Hoss*
Votre compte est à découvert.

➤ J'aimerais transférer de l'argent sur ce compte bancaire.
Me gustaría transferir dinero a esta cuenta bancaria.
*mé goustar**i**-a trannsfé**rir** di**né**ro a **és**ta **kouènn**ta bann**ka**ria*

L'ESPAGNOL dans tous ses ÉTATS

Manières de dire

En français, il y a beaucoup de mots familiers pour désigner l'argent. Quand on est riche, c'est que *l'on a du blé, de la galette, de l'oseille,* etc.

Mais en Espagne, on a de la pâte (**pasta**), au Mexique, de la laine (**lana**), et en Argentine et au Pérou, on a de la mangue (**mango**) !

Se retrouver sans un sou se dit **quedarse sin un duro** en Espagne (**un duro** était une pièce de 5 centimes de pesetas), **quedarse sin lana** au Mexique et **quedarse sin un mango** en Argentine et au Pérou.

Le dicton du jour

> ***Las cuentas claras conservan la amistad.***
> « Les comptes clairs conservent l'amitié. »

Nous retrouvons là le célèbre dicton « les bons comptes font les bons amis ». Mais les Espagnols ont une autre expression plus intéressante pour signifier la même chose : ***Las cuentas claras y el chocolate espeso*** (« Les comptes clairs et le chocolat épais »).

Cette référence à la boisson chocolatée vient du fait qu'en Espagne, depuis toujours, un bon chocolat se doit d'être très épais (contrairement au chocolat en France, dilué dans du lait). À l'origine, le dicton était : ***las cosas claras y el chocolate espeso*** (« les choses claires et le chocolat épais »), et cela équivalait à *il faut appeler un chat un chat.* Mais au fil du temps, ***las cuentas*** a remplacé ***las cosas*** et le sens a évolué pour prendre une tournure résolument financière.

À LA POSTE

en Correos

Les mots pour le dire

la poste	Correos	korréoss
envoyer	mandar, enviar	manndarr, ènnbiar
la lettre	la carta	la karta
la lettre recommandée	la carta certificada	la karta sèrtifikada
la carte postale	la (tarjeta) postal	la (tarHéta) postal
le paquet, le colis	el paquete	el pakété
le timbre	el sello	el séyo
l'enveloppe	el sobre	el sobré
l'adresse	la dirección	la dirèksionn
l'expéditeur	el remitente	el rémitènnté
le destinataire	el destinatario	el dèsstinatario
urgent	urgente	ourHènnté
normal	normal	normal
la boîte aux lettres	el buzón	el boussonn
le facteur	el cartero	el kartéro
le code postal	el código postal	el kodigo posstal
signer	firmar	firmarr
l'affranchissement	el franqueo	el frannkéo
le poids	el peso	el pésso
peser	pesar	péssar
poster la lettre	echar la carta	étchar la karta
remettre	entregar	ènntrégar

attention aux faux amis

Le mot timbre signifie « sonnette », et non « timbre », qui se dit un sello en Espagne, mais un timbre (mot d'origine française), au Mexique et en Amérique centrale.

➤ S'exprimer ◀ Comprendre

➤ Savez-vous où il y a un bureau de poste, près d'ici ?
¿Sabe dónde hay una oficina de Correos, cerca de aquí?
*sa**bé** **donn**dé aïe **ou**na ofi**ssi**na de kor**réoss** **sèr**ka dé a**ki***

➤ À quelle heure ouvre/ferme la poste ?
¿A qué hora abre/cierra Correos?
*a ké **o**ra **a**bré/**sié**rra kor**réoss***

➤ Je voudrais envoyer cette lettre/carte postale en France.
Me gustaría mandar esta carta/postal a Francia.
*mé goustari-a mann**dar** **és**ta **kar**ta/pos**tal** a **Frann**cia*

➤ Combien coûte un timbre pour la Belgique/la Suisse ?
¿Cuánto cuesta un sello para Bélgica/Suiza?
***kouann**to **kouéss**ta ounn **sé**yo **pa**ra **Bél**Hika/**Soui**ssa*

◀ ¿Cuántos quiere?
***kouann**toss **kié**ré*
Combien en voulez-vous ?

➤ Je voudrais trois timbres pour le Canada, s'il vous plaît.
Quisiera tres sellos para Canadá, por favor.
*ki**ssié**ra trèss **sé**yoss **pa**ra Kana**da**, por fa**bor***

➤ Je voudrais envoyer une lettre recommandée.
Quisiera mandar una carta certificada.
*ki**ssié**ra mann**dar** **ou**na **kar**ta sèrtifi**ka**da*

◀ Rellene este formulario.
*ré**yé**né **és**té formou**la**rio*
Remplissez ce formulaire.

➤ Où dois-je mettre l'adresse du destinataire ?
¿Dónde pongo la dirección del destinatario?
***donn**dé **ponn**go la dirèk**sionn** del déstina**ta**rio*

◀ Ponga el apellido y el nombre del remitente aquí.
pon**ga el apé**yi**do y el **nomm**bré del remi**tènn**té a**ki
Mettez le nom et le prénom de l'expéditeur ici.

◀ Escriba claramente, con letra de molde.
*èss**cri**ba klara**mènn**té konn **lé**tra dé **mol**dé*
Écrivez clairement, en majuscules.

- Combien pèse cette lettre/ce paquet ?
  ¿Cuánto pesa esta carta/este paquete?
  __kouann__to __pé__ssa __és__ta __kar__ta/__és__té pa__ké__té

- Combien cela coûterait-il d'envoyer ce paquet en Belgique ?
  ¿Cuánto costaría enviar este paquete a Bélgica?
  __kouann__to kosta__ri__-a ènnbi__ar__ __ès__té pa__ké__té a __Bèl__Hika

- Où est-ce que je peux acheter des enveloppes ?
  ¿Dónde puedo comprar sobres?
  __donn__dé __poué__do komm__prar__ __so__brèss

- Combien de temps est-ce que ça met à arriver ?
  ¿Cuánto tarda en llegar?
  __kouann__to __tar__da ènn yé__gar__

- Je voudrais des timbres de collection.
  Quisieras unos sellos de colección.
  ki__ssié__ra __ou__noss __sé__yoss de kolèk__sionn__

- À quelle heure a lieu la prochaine levée ?
  ¿A qué hora es la próxima recogida?
  a ké __o__ra èss la __pro__ksima réko__Hi__da

- Pourriez-vous me donner un reçu, s'il vous plaît ?
  ¿Me podría dar un recibo, por favor?
  mé po__dri__-a dar ounn ré__ssi__bo por fa__bor__

- Je voudrais ouvrir une boîte postale.
  Quisiera abrir un apartado postal.
  ki__ssié__ra a__brir__ ounn apar__ta__do pos__tal__

- Je voudrais envoyer ce colis en exprès.
  Quisiera enviar este paquete en exprés.
  ki__ssié__ra ènnbi__ar__ __és__té pa__ké__té ènn éks__préss__

? Le saviez-vous ?

• En Espagne, les bureaux de poste ferment généralement à 14 heures et ferment le samedi. On peut également acheter des timbres dans les **estancos** (bureaux de tabac), ouverts toute la journée.

• Le mot **Correos** *(la poste)* prend toujours une majuscule. C'est la forme abrégée de **la oficina de correos**, littéralement « le bureau des courriers ».

! Ne confondez pas

el cartero et **la cartera** : **el cartero** désigne le facteur, tandis que **la cartera** désigne le portefeuille.

Mais attention : **la cartera** est également le féminin de **cartero** et désigne donc la factrice, ce qui peut être à l'origine d'un malentendu, surtout si la phrase cumule les faux amis :

- **La cartera llama al timbre.**
La factrice sonne à la porte.
- **El sello está en la cartera de la cartera.**
Le timbre est dans le portefeuille de la factrice.

SANTÉ ET SÉCURITÉ

La police montée de Madrid

VOYAGER AVEC DES ENFANTS

viajar con niños

Les mots pour le dire

un(e) enfant	un niño/una niña	*ounn **nigno**/**ou**na **nigna***
un bébé	un bebé	*ounn bé**bé***
une poussette	un cochecito de niño	*ounn kotché**ssi**to dé **nigno***
un jeu	un juego	*ounn **Houé**go*
un jouet	un juguete	*ounn Hou**gué**té*
un jeu de construction	un juego de construcción	*ounn **Houé**go dé konnstrouk**sionn***
un jeu vidéo	un juego video	*ounn **Hué**go **bi**déo*
une petite voiture	un cochecito	*ounn kotché**ssi**to*
une poupée	una muñeca	***ou**na mou**gné**ka*
une balle	una pelota	***ou**na pé**lo**ta*
un ballon	un balón	*ounn ba**lonn***
le tarif réduit	la tarifa reducida	*la ta**ri**fa rédou**ssi**da*
la réduction	el descuento	*el dés**kouènn**to*
la famille nombreuse	la familia numerosa	*la fa**mi**lia noumé**ro**ssa*
le parc d'attractions	el parque de atracciones	*el **par**ké dé atrak**sio**nnèss*
les films pour enfants	el cine infantil	*el **si**né innfann**til***
les ateliers pour enfants	los talleres infantiles	*loss ta**yé**rèss infann**ti**lèss*
la peinture	la pintura	*la pinn**tou**ra*
le dessin	el dibujo	*el di**bou**Ho*
la piscine	la piscina	*la pi**ssi**na*
baignade surveillée	baño vigilado	***ba**gno biHi**la**do*
jouer	jugar	*Hou**gar***
s'amuser	divertirse	*dibèr**tir**sé*

⮞ S'exprimer ⮜ Comprendre

➤ Nous cherchons un parc où les enfants peuvent jouer.
Estamos buscando un parque donde los niños puedan jugar.
*és**ta**moss bous**kann**do ounn **par**ké **donn**dé loss **ni**gnoss **poué**dann Hou**gar***

➤ Y a-t-il un tarif réduit pour les enfants ?
¿Hacen descuentos a los niños?
***a**ssènn dés**kouènn**toss a loss **ni**gnos*

➤ À partir de/jusqu'à quel âge ?
¿A partir de/hasta qué edad?
*a par**tir** dé/**as**ta ké é**da***

⮜ ¿Cuántos años tiene?
***kouann**toss **a**gnoss **tié**né*
Quel âge a-t-il/elle ?

⮜ Entrada gratuita para los menores de 3 años.
*ènn**tra**da gra**toui**ta **pa**ra loss mé**no**rèss dé trèss **a**gnoss*
Entrée gratuite pour les enfants de moins de 3 ans.

➤ Y a-t-il un parc d'attractions près d'ici ?
¿Hay un parque de atracciones cerca de aquí?
*aïe ounn **par**ké dé atrak**sio**nèss **sèr**ka dé a**ki***

➤ Ce n'est pas dangereux pour les enfants ?
¿No es peligroso para los niños?
*no èss péli**gro**sso **pa**ra loss **ni**gnoss*

➤ Est-ce que ça convient à un enfant de... ans ?
¿Conviene a un niño de... años?
*konn**bié**né a ounn **ni**gno dé... **a**gnoss*

➤ Quels ateliers proposez-vous pour les enfants de... ans ?
¿Qué talleres ofrecen para los niños de... años?
*ké ta**yé**rèss o**frés**sènn **pa**ra loss **ni**gnoss dé... **a**gnoss*

⮜ Tenemos varios talleres de manualidades para niños.
*té**né**moss **ba**rioss ta**yé**rèss dé manouali**da**des **pa**ra **ni**gnoss*
Nous avons différents ateliers d'activités manuelles pour enfants.

SANTÉ & SÉCURITÉ

< Podrán iniciarse a diferentes deportes terrestres/acuáticos.
*po**drann** in**issiar**sé a dif**érènn**tèss dé**por**tèss té**rrés**très/a**koua**tikoss*
Ils pourront s'initier à différents sports terrestres/aquatiques.

> Proposez-vous des cours de natation pour des enfants de moins/plus de... ans ?
¿Proponen clases de natación para niños menores/mayores de... años?
*pro**po**nènn **kla**ssèss dé nata**ssionn** **pa**ra **ni**gnoss mé**no**rèss/ma**yo**rèss dé... **a**gnoss*

> C'est pour un enfant de... ans.
Es para un niño de... años.
*èss **pa**ra ounn **ni**gno dé... **a**gnos*

> La piscine est-elle sécurisée ?
¿Es la piscina segura para los niños?
*èss la pi**ssi**na sé**gou**ra **pa**ra loss **ni**gnoss*

> Peuvent-ils faire du vélo/du patin à roulettes ?
¿Pueden montar en bici/en patines?
***poué**dènn monn**tar** ènn **bi**ssi/ènn pa**ti**nèss*

< ¿Queréis jugar a la gallina ciega?
*ké**réiss** Hou**gar** a la ga**yi**na **sié**ga*
Voulez-vous jouer à cache-cache ?

> Proposez-vous des circuits pour enfants ?
¿Tienen circuitos para niños?
***tié**nènn sir**koui**toss para **ni**gnoss*

> Avez-vous des activités à faire en famille ?
¿Tienen actividades para hacer en familia?
***tié**nènn aktibi**da**dèss **pa**ra a**ssèrr** ènn fa**mi**lia*

> Les enfants doivent obligatoirement être accompagnés d'un adulte.
Los niños deben ir obligatoriamente acompañados por un adulto.
*loss **ni**gnos **dé**bènn ir obligatoria**mènn**té akommpa**gna**doss por ounn a**doul**to*

> Les enfants ne doivent pas être laissés sans surveillance.
Los niños no deben quedar sin vigilancia.
*loss **ni**gnos no **dé**bènn ké**dar** sinn biHi**lann**sia*

L'ESPAGNOL dans tous ses ÉTATS

! Ne confondez pas

Attention, le mot **muñeca** a deux sens : « poupée » et « poignet ».

Manières de dire

Une paille (pour boire) se dit **una pajilla** en Espagne et dans la majorité des pays latino-américains, mais **un popote** au Mexique. Ce mot vient du nahuatl (la langue des Aztèques) *popotl*, qui désigne une variété de paille avec laquelle on fabrique des balais.

? Le saviez-vous ?

Tout le monde connaît les fameuses sucettes Chupa Chups et leur logo dessiné par Salvador Dalí. Mais connaissez-vous l'origine de son nom ? Il vient du verbe **chupar**, qui signifie « sucer », et de **chups**, qui est le bruit qu'on est censé entendre en ôtant le papier de la sucette.

Expressions

Ser un(a) pelota, littéralement « être une balle », signifie au figuré « être un(e) lèche-bottes ». Autrefois en effet, les prostituées étaient appelées **pelotas**. Elles faisaient leur possible pour s'attirer les bonnes grâces des hommes, et l'expression ***hacer la pelota*** (« faire la prostituée ») est apparue avec un sens littéral puis un sens figuré, toujours en usage. Quant à l'expression ***estar en pelotas***, également très utilisée, elle signifie « être nu(e) ».

RETROUVER UN ENFANT ÉGARÉ

encontrar a un niño perdido

Les mots pour le dire

un(e) enfant	un niño/una niña	ounn **ni**gno/**ou**na **ni**gna
un garçon	un chico	ounn **tchi**ko
une fille	una chica	**ou**na **tchi**ka
mon fils	mi hijo	mi **i**Ho
ma fille	mi hija	mi **i**Ha
petit(e)	pequeño(-a)	pé**ké**gno(-a)
grand(e)	grande	**grann**dé
de... ans	de... años	dé... **a**gnoss
blond(e)	rubio(-a)	**rou**bio(-a)
brun(e)	moreno(-a)	mo**ré**no(-a)
roux/rousse	pelirrojo(-a)	péli**rro**Ho(-a)
mince	delgado(-a)	dèl**ga**do(-a)
gros(se)	gordo(-a)	**gor**do(-a)
timide	tímido(-a)	**ti**mido(-a)
les yeux	los ojos	loss **o**Hoss
les cheveux courts	el pelo corto	el **pé**lo **kor**to
les cheveux longs	el pelo largo	el **pé**lo **lar**go
les cheveux bouclés	el pelo rizado	el **pé**lo ri**ssa**do
les cheveux lisses	el pelo liso	el **pé**lo **li**sso
il/elle porte...	lleva...	**yé**ba...
un maillot de bain	un bañador	ounn bagna**dor**
un t-shirt	una camiseta	**ou**na kami**ssé**ta
une casquette	una gorra	**ou**na **go**rra
un pantalon	unos pantalones	**ou**noss panntal**o**nèss
un short	unos pantalones cortos	~ **kor**toss
une jupe	una falda	**ou**na **fal**da
une robe	un vestido	ounn bès**ti**do

⮞ S'exprimer ⮜ Comprendre

➤ Je cherche un enfant de trois ans.
Estoy buscando a un niño de tres años.
*és**toï** bous**kann**do a ounn **ni**gno dé trèss **a**gnoss*

➤ Avez-vous vu un enfant de trois ans ?
¿No han visto a un niño de tres años?
*no ann **bis**to a ounn **ni**gno dé trèss **a**gnoss*

➤ ¿Cuántos años tiene?
***kouann**toss **a**gnoss **tié**né*
Quel âge a-t-il/elle ?

➤ Il a deux/trois/quatre/cinq ans.
Tiene dos/tres/cuatro/cinco años.
***tié**né doss/trèss/**koua**tro/**sinn**ko **a**gnoss*

➤ ¿Dónde estaba?
***donn**dé és**ta**ba*
Où était-il/elle ?

➤ Il était ici/là/là-bas.
Estaba aquí/ahí/allí.
*és**ta**ba a**ki**/a-**i**/ay-**i***

➤ Il/Elle jouait ici avec son frère/sa sœur il y a 5 minutes.
Jugaba aquí con su hermano/su hermana hace 5 minutos.
*Hou**ga**ba a**ki** konn sou èr**ma**no/sou èr**ma**na **a**ssé **sinn**ko mi**nou**toss*

➤ Il/Elle était en train de jouer avec d'autres enfants.
Estaba jugando con otros niños.
*és**ta**ba Hou**gann**do konn **o**tross ni**gnoss***

➤ Il/Elle faisait un château de sable là-bas.
Estaba haciendo un castillo de arena allí.
*és**ta**ba **assiènn**do ounn kas**ti**yo dé a**ré**na ay-**i***

➤ Est-ce que je peux utiliser le haut-parleur pour l'appeler ?
¿Puedo llamarlo por megafonía?
***poué**do ya**mar**lo por mégafo**ni**-a*

SANTÉ & SÉCURITÉ

< ¿Cómo es?
komo èss
Comment est-il/elle ?

> Il/Elle a des taches de rousseur et les cheveux bouclés.
Tiene pecas y el pelo rizado.
tiéné pékass y el pélo rissado

> Il est grand/blond/mince/roux.
Es alto/rubio/delgado/pelirrojo.
èss alto/roubio/dèlgado/pélirroHo

> Elle est petite/brune/un peu ronde.
Es baja/morena/algo gordita.
èss baHa/moréna/algo gordita

> Il/Elle a les yeux bleus/verts/marron/noirs.
Tiene los ojos azules/verdes/marrones/negros.
tiéné loss oHoss assoulèss/bèrdèss/marronèss/négross

> Il/Elle porte un maillot de bain bleu et une casquette rouge.
Lleva un bañador azul y una gorra roja.
yéba ounn bagnador assoul i ouna gorra roHa

> Elle porte une jupe/robe rouge et une veste rose.
Lleva una falda/un vestido rojo y una chaqueta rosa.
yéba ouna falda/ounn bèsstido roHo i ouna tchakéta rossa

> Il/Elle porte des lunettes et un pull vert.
Lleva gafas y un jersey verde.
yéba gafass i ounn Hèrseï bèrdé

> Il/Elle a une patinette/des patins/un vélo.
Tiene una patineta/unos patines/una bici.
tiéné ouna patinéta/ounos patinèss/ouna bissi

> Il/Elle porte des sandales/baskets/bottes de pluie.
Lleva unas sandalias/zapatillas/botas de lluvia.
yéba ounass sanndaliass/sapati-yass/botass dé youbia

> Il/Elle ne parle pas espagnol.
No habla español.
no abla éspagnol

L'ESPAGNOL dans tous ses ÉTATS

! Ne confondez pas

Les accents et les articles peuvent radicalement changer le sens d'un mot et donc d'une phrase :

- **el papá** /*papa*/, c'est le papa
- **el papa** /*papa*/, c'est le pape
- et **la papa** /*papa*/, le nom de la pomme de terre, aux Canaries et en Amérique latine.

Expression

Si l'on vous dit de quelqu'un ***No tiene pelos en la lengua*** (littéralement « il/elle n'a pas de poils sur la langue »), c'est qu'il s'agit d'une personne bavarde, qui n'a pas sa langue dans sa poche.

★ Le dicton du jour

Niño quieto y callado es que hace algo malo.

Si un enfant est tranquille et se tait, c'est qu'il est en train de faire une bêtise.

" Citation

"El futuro de los niños es siempre hoy. Mañana será tarde."

Le futur des enfants, c'est toujours aujourd'hui. Demain, il sera trop tard.

Gabriel Miró

(1879-1930), écrivain espagnol

SANTÉ & SÉCURITÉ

À LA PHARMACIE

en la farmacia

Les mots pour le dire

le médicament	la medicina	*la médi**ssi**na*
la crème solaire	la crema solar	*la **kré**ma so**lar***
le pansement	la tirita	*la ti**ri**ta*
la compresse	la venda	*la **bèn**nda*
la gaze stérile	la gasa estéril	*la **ga**ssa és**té**ril*
le sparadrap	el esparadrapo	*el ésparа**dra**po*
l'antiseptique	la solución antiséptica	*la solou**ssionn** annti**ssèp**tika*
le savon désinfectant	el jabón desinfectante	*el Ha**bonn** déssinnfèk**tann**té*
les pastilles	las pastillas	*lass pas**ti**-yass*
les comprimés	los comprimidos	*loss kommpri**mi**doss*
le paracétamol	el paracetamol	*el parasséta**mol***
l'aspirine	la aspirina	*la aspi**ri**na*
l'anti-moustiques	el repelente	*el répé**lènn**té*
la piqûre	la picadura	*la pika**dou**ra*
le thermomètre	el termómetro	*el tèr**mo**métro*
la peau	la piel	*la pi**èl***
le coup de soleil	la quemadura	*la kéma**dou**ra*
l'ampoule	la ampolla	*la amm**po**ya*
un bouton	un grano	*ounn **gra**no*
la pommade	la pomada	*la po**ma**da*
le sirop pour la toux	el jarabe para la tos	*el Ha**ra**bé **pa**ra la toss*
un spray	un spray	*ounn es**prey***
une blessure	una herida	***ou**na é**ri**da*
un collyre	un colirio	*ounn ko**li**rio*

attention aux faux amis

L'adjectif embarazada signifie « enceinte », et non « embarrassée », qui se dit confusa ou apurada en espagnol.

➤ S'exprimer ⮜ Comprendre

➤ J'ai besoin d'une boîte de paracétamol.
Necesito una caja de paracetamol.
*néssé**ssi**to **ou**na **ka**Ha de parassétamol*

➤ Je suis/Il/Elle est allergique à l'aspirine.
Soy/Es alérgico a la aspirina.
*soï/èss a**lèr**Hico a la aspi**ri**na*

➤ Je voudrais des pastilles pour la gorge.
Quisiera unas pastillas para la garganta.
*ki**ssié**ra **ou**nass pas**ti**yass **pa**ra la gar**gann**ta*

➤ Combien de fois par jour ?
¿Cuántas veces al día?
***kouann**tass **bé**ssèss al **di**-a*

⮜ Debe tomar tres pastillas al día.
***dé**bé to**mar** trèss pas**ti**yass al **di**-a*
Vous devez prendre trois pastilles par jour.

⮜ ¿Tose mucho?
***to**ssé **mou**tcho*
Toussez-vous/Tousse-t-il/elle beaucoup ?

⮜ ¿Desea un jarabe o prefiere unas pastillas?
*dé**ssé**a ounn Ha**ra**bé o pré**fié**ré **ou**nass pas**ti**yass*
Voulez-vous du sirop ou préférez-vous des pastilles ?

➤ Je voudrais une crème solaire écran total.
Quisiera una crema solar de protección 100.
*ki**ssié**ra **ou**na **kré**ma so**lar** dé protèk**sionn** siènn*

➤ J'ai besoin d'une crème pour les coups de soleil.
Necesito una crema para tratar las quemaduras del sol.
*néssé**ssi**to **ou**na **kré**ma **pa**ra tra**tar** lass kéma**dou**rass dèl sol*

➤ J'ai/Il/Elle a les yeux qui piquent.
Me/Le pican los ojos.
*mé/lé **pi**kann loss **o**Hos*

➤ Ça me/le/la démange.
Me/Le pica.
*mé/lé **pi**ka*

➤ J'ai des ampoules aux pieds.
Tengo ampollas en los pies.
__tènn__go amm__po__yass ènn loss pièss

➤ Auriez-vous un spray antiseptique ?
¿Tiene un spray antiséptico?
__tié__né ounn es__préy__ annti__ssèp__tiko

➤ J'ai mal/Il/Elle a mal.
Me duele/Le duele.
mé/lé __doué__lé

⮜ Esta medicina solo se vende con receta médica.
__èss__ta médi__ssi__na __so__lo sé __bènn__dé konn ré__ssé__ta __mé__dika
Ce médicament ne se vend que sur ordonnance.

➤ C'est pour un bébé de... semaines/mois.
Es para un bebé de... semanas/meses
èss __pa__ra ounn bé__bé__ dé... sé__ma__nass/__mé__ssess

➤ C'est pour un enfant de... ans/une femme enceinte.
Es para un niño de... años/una mujer embarazada.
èss __pa__ra ounn __ni__gno dé... __a__gnoss/__ou__na mou__Hèr__ èmmbara__ssa__da

➤ Est-ce que ça convient à une femme enceinte ?
¿Conviene a una mujer embarazada?
konn__bié__né a __ou__na mou__Hèrr__ èmmbara__ssa__da

➤ J'ai attrapé un rhume.
Me he acatarrado.
mé é akata__rra__do

➤ Il/Elle a un rhume.
Tiene un catarro.
__tié__né ounn ka__ta__rro

⮜ ¿Tiene fiebre?
__tié__né __fié__bré
A t-il/elle de la fièvre ?

➤ C'est pour désinfecter une blessure.
Es para desinfectar una herida.
èss __pa__ra déssinnfèk__tar__ __ou__na é__ri__da

L'ESPAGNOL dans tous ses ÉTATS

! Ne confondez pas

- **una ampolla** (une ampoule sur la peau) et **una bombilla** (une ampoule électrique).
- **el jabón** (le savon) et **el jamón** (le jambon).
- Attention, le mot **grano** a deux sens, « bouton » (sur la peau) et « grain (de céréales) ». *Un bouton de chemise* se dit **un botón**.

Manières de dire

- *Un pansement* se dit **una tirita** en Espagne, mais **una curita** en Amérique latine.
- L'adjectif **repelente** peut s'appliquer à une personne : ***¡Ese tío es repelente!*** *(Ce mec est odieux !).*

Expression

Au sens figuré *passer de la pommade à quelqu'un* se dit ***echarle flores a alguien*** en espagnol, littéralement « lancer des fleurs à quelqu'un », expression française qui a pratiquement le même sens.

CHEZ LE MÉDECIN 1 : rendez-vous

en el médico : la consulta

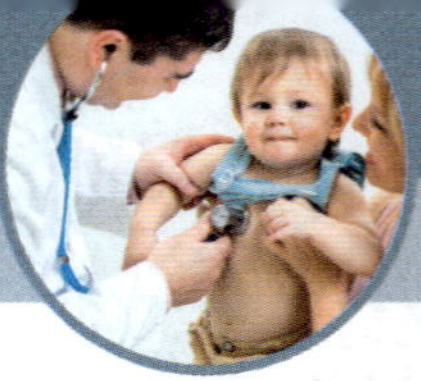

Les mots pour le dire

le médecin	el médico	*el **mé**diko*
le rendez-vous	la cita	*la **si**ta*
avoir rendez-vous	tener hora	*té**nèrr o**ra*
le généraliste	el generalista	*el Hénéra**lis**ta*
le médecin spécialisé	el médico especialista	*el **mé**diko éspéssia**lis**ta*
le gynécologue	el ginecólogo	*el Hiné**ko**logo*
le dermatologue	el dermatólogo	*el dèrma**to**logo*
le dentiste	el dentista	*el dènn**tis**ta*
le pédiatre	el pediatra	*el pé**dia**tra*
la consultation	la consulta	*la konn**soul**ta*
l'ordonnance	la receta médica	*la rés**sé**ta **mé**dika*
prescrire	recetar	*résé**tar***
le médicament	la medicina, el medicamento	*la médi**ssi**na, el médika**mènn**to*
le traitement	el tratamiento	*el trata**miènn**to*
la posologie	la posología	*la possolo**gi**-a*
opérer	operar	*opé**rar***
être vacciné	estar vacunado	*és**tar** bakou**na**do*
se faire vacciner	ponerse la vacuna	*po**nè**rsé la ba**kou**na*
désinfecter	desinfectar	*déssinfèk**tar***
l'intoxication alimentaire	la intoxicación alimentaria	*la inntoksika**ssionn** alimènn**ta**ria*
une échographie	una ecografía	***ou**na ékogra**fi**-a*
le scanner	el escáner	*el és**ka**nèrr*
l'analyse de sang	la prueba de sangre	*la **proué**ba dé **sann**gré*
le plâtre	la escayola	*la éska**yo**la*

attention aux faux amis

Le mot receta signifie « ordonnance (médicale) » mais aussi « recette de cuisine ».

➤ S'exprimer ⮜ Comprendre

➤ Je voudrais prendre rendez-vous avec le docteur.
Quisiera sacar una cita con el doctor.
*ki**ssié**ra sa**kar** **ou**na **si**ta konn el dok**tor***

➤ Quels sont les horaires de consultation ?
¿Cuáles son los horarios de consulta?
***koua**lèss sonn loss o**ra**rioss dé konn**soul**ta*

➤ Je veux un rendez-vous pour le plus tôt possible.
Quiero hora para lo antes posible.
***kié**ro **o**ra **pa**ra lo **ann**tèss po**ssi**blé*

➤ Le médecin pourrait-il venir chez moi/à mon hôtel ?
¿Podría el médico venir a casa/a mi hotel?
*po**dri**-a el **mé**diko bé**nir** a **ka**ssa/a mi o**tel***

⮜ ¿Tiene hora?
***tié**né **o**ra*
Avez-vous rendez-vous ?

➤ Non, je n'ai pas rendez-vous. Pourrait-il me recevoir ?
No, no tengo ora. ¿Podría atenderme?
*no, no **tènn**go **o**ra po**dri**-a atènn**dèr**mé*

➤ C'est urgent. C'est pour un enfant.
Es urgente. Es para un niño.
*èss our**Hènn**té èss **pa**ra ounn **ni**gno*

⮜ ¿Qué le pasa?
*ké lé **pa**ssa*
Qu'est-ce qui ne va pas ?

⮜ Quítese la camisa/la camiseta.
***ki**tésse la ka**mi**ssa/la kami**ssé**ta*
Ôtez votre chemise/votre t-shirt.

⮜ Inspire profundamente, espire, tosa.
*inns**pi**ré profounnda**mènn**té, és**pi**ré, **to**ssa*
Inspirez profondément, expirez, toussez.

⮜ Respire hondo.
*rès**pi**ré **onn**do*
Respirez profondément.

◄ Abra la boca.
*abra la **bo**ka*
Ouvrez la bouche.

◄ ¿Está tomando alguna medicina?
*és**ta** to**mann**do al**gou**na médi**ssi**na*
Prenez-vous des médicaments, en ce moment ?

◄ Tienen que ir ahora mismo a Urgencias.
***tié**nènn ké ir a**o**ra **mis**mo a our**Hénn**siass*
Vous devez vous rendre immédiatement aux urgences.

► Pouvez-vous me donner une facture pour la Sécurité sociale ?
¿Me puede dar una factura, para la seguridad social?
*mé **poué**dé dar **ou**na fak**tou**ra **pa**ra la ségouri**da** so**ssial***

◄ Le vamos a hacer un escáner.
*lé **ba**moss a a**ssèrr** ounn és**ka**nèrr*
Nous allons vous/lui faire un scanner.

◄ Le vamos a poner una escayola.
*lé **ba**moss a po**nèrr** **ou**na éska**yo**la*
Nous allons vous/lui mettre un plâtre.

◄ Es necesario inmovilizar el brazo.
*èss néssé**ssa**rio innmobili**ssar** el **bra**sso*
Il faut immobiliser le bras.

◄ Hay que esperar los resultados de los análisis.
*aïe ké éspé**rar** los réssoul**ta**doss dé loss a**na**lississ*
Il faut attendre le résultat des analyses.

► Quand aurez-vous les résultats des analyses ?
¿Cuándo tendrá los resultados de los análisis?
***kouann**do tènn**dra** loss réssoul**ta**doss dé loss a**na**lississ*

◄ Tendremos los resultados de la prueba de sangre dentro de dos días.
*tènn**dré**moss loss réssoul**ta**doss dé la **proué**ba dé **sann**gré **dènn**tro dé doss **di**-ass*
Nous aurons les résultats de l'analyse de sang dans deux jours.

L'ESPAGNOL dans tous ses ÉTATS

! Ne confondez pas

- **el cura**, le curé, et **la cura** la guérison, la cure (**curar** signifie « soigner », « guérir ») ;
- **el muslo**, la cuisse et **el músculo**, le muscle ;
- **consulta** désigne à la fois la consultation et le cabinet médical.

Expression

El médico de cabecera, littéralement « le médecin de tête de lit », désigne le médecin de famille.

? Le saviez-vous ?

Le mot **vacuna** (vaccin) vient du latin *vacca*, la vache (**vaca** en espagnol).

Citation

"Yo nací un día que Dios estuvo enfermo."

Je suis né un jour où Dieu était malade.

César Vallejo

(1892-1938), poète péruvien

CHEZ LE MÉDECIN 2 : symptômes

síntomas

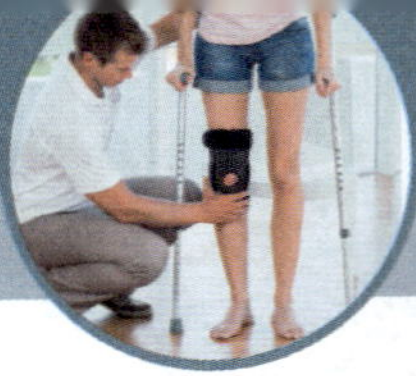

Les mots pour le dire

la tête	la cabeza	*la ka**bé**ssa*
le visage	la cara	*la **ka**ra*
la bouche	la boca	*la **bo**ka*
les yeux	los ojos	*loss **o**Hoss*
la gorge	la garganta	*la gar**gann**ta*
le bras	el brazo	*el **bra**sso*
le coude	el codo	*el **ko**do*
la main	la mano	*la **ma**no*
le poignet	la muñeca	*la mou**gné**ka*
l'estomac	el estómago	*el es**to**mago*
le ventre	la barriga	*la ba**rri**ga*
la jambe	la pierna	*la **pièrr**na*
le pied	el pie	*el pié*
l'irritation	la irritación	*la irrita**ssionn***
la démangeaison	la comezón	*la komé**ssonn***
l'allergie	la alergia	*la a**lèrr**Hia*
être allergique à	ser alérgico(-a) a	*sèrr a**lèrr**Hiko(-a) a*
faire/avoir mal	doler	*do**lèrr***
piquer	picar	*pi**kar***
vomir	vomitar	*bomi**tar***
avoir la diarrhée	tener diarrea	*té**nèrr** dia**ré**a*
avoir une entorse	tener un esguince	*té**nèrr** ounn és**guinn**sé*
avoir de la fièvre	tener fiebre	*té**nèrr** **fié**bré*
enrhumé(e)	constipado(-a)	*konnsti**pa**do(-a)*

ne confondez pas

Si vous ne vous sentez pas bien, dites No me siento bien et non pas No huelo bien, qui signifie « Je ne sens pas bon »...

⮞ S'exprimer ⮜ Comprendre

➤ J'ai/Il/Elle a très mal à la tête/au ventre.
Me/Le duele mucho la cabeza/la barriga.
*me/lé **douélé** **mout**cho la ka**bé**ssa/la ba**rri**ga*

➤ J'ai/Il/Elle a très mal ici.
Me/Le duele mucho aquí.
*mé/lé **douélé** **mou**tcho a**ki***

➤ Il/Elle est tombé(e) d'un arbre/dans les escaliers.
Se ha caído del árbol/por las escaleras.
*sé a ca-**i**do del **ar**bol/por lass éska**lé**rass*

➤ Il/Elle est tombé(e) de vélo/en faisant du patin.
Se ha caído en bici/en patines.
*sé a ka-**i**do ènn **bi**ssi/ènn pa**ti**nèss*

➤ Je crois qu'il/elle s'est cassé le bras/la jambe/le poignet.
Creo que se ha roto el brazo/la pierna/la muñeca.
*kréo ké sé a **ro**to el **bra**sso/la **piè**rna/la mou**gné**ka*

➤ Je ne me sens/Il/Elle ne se sent pas bien.
No me siento/se siente bien.
*no mé **siènn**to/sé **siènn**té biènn*

➤ J'ai/Il/Elle a été piqué(e) par une guêpe.
Me/Le ha picado una avispa.
*mé/lé a pi**ka**do **ou**na a**bis**pa*

➤ J'ai été/Il/Elle a été mordu(e) par un chien.
Me/Le ha mordido un perro.
*mé/lé a mor**di**do ounn **pé**rro*

➤ J'ai de la fièvre.
Tengo fiebre.
***tènn**go **fié**bré*

➤ Il/Elle a des nausées.
Tiene náuseas.
***tié**né **na**ousséass*

➤ J'ai/Il/Elle a fait une réaction allergique.
He/Ha hecho una reacción alérgica.
*é/a **é**tcho **ou**na réak**sionn** a**lèrr**Hika*

➤ Je suis/Il/Elle est asthmatique.
Soy/Es asmático(-a).
*soï/èss as**ma**tiko(-a)*

➤ Je suis cardiaque.
Estoy enfermo del corazón.
*és**toï** ènn**fèr**mo del kora**ssonn***

⮜ ¿Cuándo empezó?
kouann**do èmmpé**sso
Quand cela a-t-il commencé ?

➤ Ça a commencé hier/il y a trois jours.
Empezó ayer/hace tres días.
*èmmpé**sso** aï**èrr**/**a**ssé trèss **di**-ass*

⮜ ¿Dónde le duele? ¿Le duele aquí?
donn**dé lé **doué**lé lé **doué**lé a**ki
Où avez-vous/a-t-il mal ? Avez-vous/a-t-il mal ici ?

⮜ ¿Desde cuando le duele?
***dès**dé **kouann**do lé **doué**lé*
Depuis quand avez-vous/a-t-il mal ?

➤ Depuis hier/deux jours/une semaine.
Desde ayer/hace dos días/una semana.
***dès**dé aï**èrr**/**a**ssé doss **di**-ass/**ou**na sé**ma**na*

⮜ ¿Es la primera vez que le pasa?
*èss la pri**mé**ra bèss ké lé **pa**ssa*
Est-ce la première fois que cela vous/lui arrive ?

➤ Oui, c'est la première fois que ça m'arrive.
Sí, es la primera vez que me pasa.
*si èss la pri**mé**ra bèss ké mé **pa**ssa*

➤ Cela m'arrive fréquemment. Est-ce grave ?
Me pasa a menudo. ¿Es grave?
*mé **pa**ssa a mé**nou**do èss **gra**bé*

➤ Je suis enceinte de 6 mois.
Estoy embarazada de 6 meses.
*és**toï** émbarra**ssa**da dé seis **mé**ssèss*

L'ESPAGNOL dans tous ses ÉTATS

Expressions

- Si l'on vous dit de quelqu'un *Habla hasta por los codos* (littéralement « il/elle parle jusque par les coudes ») c'est qu'il s'agit d'une personne qui parle énormément, pour ne pas dire grand-chose ou sans savoir de quoi elle parle. Pourquoi les coudes ? Parce que ce genre de personne gesticule en parlant...

- *Empinar el codo* peut se traduire dans tous les cas par « lever le coude », car au sens figuré, en espagnol comme en français, cela signifie « boire beaucoup d'alcool ».

- *Ser codo* (mot à mot « être coude ») est une expression utilisée au Mexique, au Costa Rica, au Salvador et au Honduras pour signifier « être radin », ce qui se dit *ser tacaño* en Espagne. L'expression latino-américaine, à la base mexicaine, viendrait du geste instinctif de serrer les coudes contre soi afin d'éviter qu'on ne vous vole votre portefeuille.
- *A mal tiempo buena cara,* littéralement « à mauvais temps bonne figure » est l'équivalent de notre expression *faire contre mauvaise fortune bon cœur.*

Le saviez-vous ?

Au Mexique, la tourista, diarrhée qui, comme son nom l'indique, ne touche que les touristes, est appelée **la venganza de Moctezuma** (« la vengeance de Moctezuma »). Moctezuma était l'empereur qui régnait sur l'empire aztèque lorsque les conquistadors, menés par Hernán Cortés, arrivèrent au Mexique. Moctezuma n'a pas fini de se venger !

SITUATIONS D'URGENCE

situaciones de urgencia

Les mots pour le dire

aider	ayudar	*ayou**dar***
appeler	llamar	*ya**mar***
une ambulance	una ambulancia	***ou**na ammbou**lann**sia*
les pompiers	los bomberos	*loss bomm**bé**ross*
la police	la policía	*la poli**ssi**-a*
aller aux urgences	ir a Urgencias	*ir a our**Hènn**siass*
aller à l'hôpital	ir al hospital	*ir al ospi**tal***
Au secours !	¡Socorro!	*so**ko**rro*
Au voleur !	¡Al ladrón!	*al la**dronn***
Au feu !	¡Fuego!	***foué**go*
Attention !	¡Cuidado!	*koui**da**do*
s'évanouir	desmayarse	*désma**yar**sé*
perdre connaissance	perder el conocimiento	*pèr**dèr** el konossi**mièn**nto*
avoir un malaise	marearse	*maré**ar**sé*
un blessé	un herido	*ounn é**ri**do*
être blessé(e)	estar herido(-a)	*és**tar** é**ri**do(-a)*
en sang	ensangrentado(-a)	*ènnsanngrènn**ta**do(-a)*
hémophile	hemofílico(-a)	*émo**fi**liko(-a)*
diabétique	diabético(-a)	*dia**bé**tiko(-a)*
une allergie	una alergia	***ou**na a**lèr**Hia*
une crise d'épilepsie	una crisis de epilepsia	***ou**na **kri**ssiss dé épi**lèp**sia*
une crise cardiaque	un ataque al corazón	*ounn a**ta**ké al kora**ssonn***
le consulat	el consulado	*el konnsou**la**do*
l'ambassade	la embajada	*la èmmba**Ha**da*
rapatrier	repatriar	*répatri**ar***
le rapatriement	la repatriación	*la répatria**ssionn***

⮞ S'exprimer ⮜ Comprendre

- Pourriez-vous m'aider ?
  ¿Podría ayudarme?
  *po**dri**-a ayou**dar**mé*

- J'ai besoin d'aide.
  Necesito ayuda.
  *néssé**ssi**to a**you**da*

- Je dois appeler le consulat/l'ambassade.
  Tengo que llamar al consulado/a la embajada.
  ***tènn**go ké ya**mar** al konnsou**la**do/la èmmba**Ha**da*

- Mon fils/ma fille a disparu/s'est perdu(e).
  Mi hijo(-a) ha desaparecido/se ha perdido.
  *mi **i**Ho(-a) a déssaparé**ssi**do/sé a pèr**di**do*

- Il y a eu un accident dans la rue X/sur la route qui va à...
  Ha habido un accidente en la calle X/en la carretera que va a...
  *a a**bi**do ounn aksi**dènn**té ènn la **ka**yé X/ènn la karré**té**ra ké ba a*

- Il y a un blessé/des blessés.
  Hay un herido/heridos.
  *aïe ounn é**ri**do/é**ri**doss*

- Il/Elle est gravement blessé(e).
  Está gravemente herido(-a).
  *és**ta** grabé**mènn**té é**ri**do(-a)*

- Il/Elle a des blessures légères/superficielles.
  Tiene heridas leves/superficiales.
  ***tié**né é**ri**dass **lé**bèss/soupèrfi**ssia**lèss*

- Il/Elle ne peut pas/Je ne peux pas bouger.
  No puede moverse./No puedo moverme.
  *no **poué**dé mo**bèr**sé/no **pué**do mo**bèr**mé*

- Il y a un incendie au numéro 6 de la rue X.
  Hay un incendio calle X número 6.
  *aïe ounn inn**sènn**dio **ka**yé X **nou**méro 6*

- (Je ne sais pas si) il y a quelqu'un à l'intérieur.
  (No sé si) hay alguien adentro.
  *(no sé si) aïe **al**guiènn a**dènn**tro*

➤ Il est en train de se noyer ! Appelez un secouriste !
¡Se está ahogando! ¡Llamen a un socorrista!
*sé és**ta** a-o**gann**do **ya**mènn a ounn soko**rris**ta*

➤ Un homme/une femme a perdu connaissance dans la rue X...
Un hombre/una mujer ha perdido el conocimiento en la calle X...
*ounn **omm**bré/**ou**na mou**Hèrr** a pèr**di**do el konossi**miènn**to ènn la **ka**yé X*

➤ Appelez la police/une ambulance/les pompiers !
¡Llamen a la policía/una ambulancia/los bomberos!
***ya**mènn a la poli**ssi**-a/**ou**na ammbou**lann**sia/loss bomm**bé**ross*

➤ Où se trouve l'hôpital le plus proche ?
¿Dónde está el hospital más cercano?
***donn**dé és**ta** el ospi**tal** mass sèr**ka**no*

➤ Pouvez-vous nous emmener aux urgences ?
¿Puede llevarnos a Urgencias?
***poué**dé yé**bar**noss a our**Hènn**siass*

➤ Je suis allergique à la pénicilline.
Soy alérgico(-a) a la penicilina.
*soï a**lèr**Hiko(-a) a la pénissi**li**na*

➤ Il/Elle est allergique aux antibiotiques.
Es alérgico(-a) a los antibióticos.
*èss a**lèr**Hiko(-a) a loss anntí**bio**tikoss*

➤ Il/Elle fait une réaction allergique à...
Tiene una reacción alérgica a...
***tié**né **ou**na réa**ksionn** a**lèr**Hika a*

➤ Il/Elle a du mal à respirer.
Le cuesta respirar.
*lé **kouès**ta réspi**rar***

➤ Au voleur ! Il m'a volé mon sac !
¡Al ladrón! ¡Me ha robado el bolso!
*al la**dronn** mé a ro**ba**do el **bol**so*

➤ Cet homme/garçon me suit depuis l'hôtel.
Aquel hombre/chico me anda siguiendo desde el hotel.
*a**kèl** **omm**bré/**tchi**ko mé **ann**da si**guiènn**do **dès**dé el o**tel***

L'ESPAGNOL dans tous ses ÉTATS

? Le saviez-vous ?

- Le 112 est le numéro européen pour les urgences en général (police, médecin, ambulance, pompiers...)
- En Espagne et en Argentine, en cas d'urgence, si vous accompagnez un malade à l'hôpital en voiture particulière, klaxonnez et agitez un mouchoir blanc côté passager. Les autres voitures vous cèderont le passage, y compris au feu rouge.

Manières de dire

- Attention, au Venezuela, **un bombero** est un pompiste (dans une station-service).
- Le mot **bombero** (pompier) vient de **bomba** qui signifie « bombe » mais également « pompe ».

Expression

Salvarse por los pelos (littéralement « être sauvé par les cheveux ») signifie « s'en sortir de justesse » ; c'est passer à un cheveu de la catastrophe en quelque sorte.

Citation

"En circunstancias especiales, el hecho debe ser más rápido que el pensamiento."

Dans des circonstances spéciales, l'acte doit être plus rapide que la pensée.

Hernán de Cortés

(1485-1547), conquistador espagnol

AU COMMISSARIAT

en la comisaría

Les mots pour le dire

la police	la policía	la poli**ssi**-a
le policier	el policía	el poli**ssi**-a
le voleur	el ladrón	el la**dronn**
déclarer	denunciar	dénounn**siar**
une plainte	una denuncia	**ou**na dé**noun**nsia
un vol	un robo	ounn **ro**bo
une attaque, une agression	un asalto	ounn a**ssal**to
un viol	una violación	**ou**na biola**ssionn**
perdre	perder	pèr**dèrr**
la perte	la pérdida	la **pèr**dida
le portefeuille	la cartera	la kar**té**ra
le portemonnaie	el monedero	el moné**dé**ro
les papiers d'identité	los documentos	loss dokou**mènn**toss
la carte d'identité	el DNI (Documento Nacional de Identidad)	el dé-éné-i
la carte d'identité	la tarjeta de identidad	la tar**Hé**ta dé idènnti**da**
le passeport	el pasaporte	el passa**por**té
la carte bancaire	la tarjeta bancaria	la tar**Hé**ta bann**ka**ria
le sac	el bolso	el **bol**so
les bagages	el equipaje	el éki**pa**Hé
fracturer	fracturar	fraktou**rar**
la serrure	la cerradura	la sérra**dou**ra
signer	firmar	fir**mar**

attention aux faux amis

Denunciar ne signifie pas exactement « dénoncer » mais plutôt « signaler quelque chose à la police » ou « porter plainte ».

⮞ S'exprimer ⮜ Comprendre

➤ Où est le commissariat le plus proche ?
¿Dónde está la comisaría más cercana?
__donn__dé és__ta__ la comissa__ri__-a mass sèr__ka__na

➤ Je veux porter plainte pour vol.
Quiero poner una denuncia por robo.
__kié__ro po__nèrr__ __ou__na dé__nounn__sia por __ro__bo

➤ ¿Qué ocurrió?
ké okou__rrio__
Que s'est-il passé ?

➤ ¿Cuándo ocurrió?
kou__ann__do okou__rrio__
Quand est-ce arrivé ?

➤ Hier soir/Il y a une heure.
Anoche/Hace una hora.
a__no__tché/__a__ssé __ou__na __o__ra

➤ ¿Qué hora era?
ké __o__ra __e__ra
Quelle heure était-il ?

➤ ¿A qué hora ocurrió?
a ké __o__ra okou__rrio__
À quelle heure est-ce arrivé ?

➤ ¿Dónde ha ocurrido?
__donn__dé a okou__rri__do
Où est-ce arrivé ?

➤ Sur la place.../Dans la rue X.
En la plaza.../En la calle X.
ènn la __pla__ssa.../ènn la __ka__yé ékiss

➤ La serrure de ma voiture a été forcée.
Han forzado la cerradura del coche.
ann forss__sa__do la sérra__dou__ra del __ko__tché

➤ On m'a volé ma voiture/mon portefeuille/mes papiers.
Me han robado el coche/la cartera/la documentación.
mé ann ro__ba__do el __ko__tché/la kar__té__ra/la dokoumènnta__ssionn__

SANTÉ & SÉCURITÉ

➤ J'ai été agressé(e) par un homme grand/petit/brun/blond.
Me ha agredido un hombre alto/bajo/moreno/rubio.
*mé a agré**di**do ounn **omm**bré **al**to/**ba**Ho/mo**ré**no/**rou**bio*

➤ ¿Cuántos/Cómo eran?
***kouann**toss/**ko**mo **é**rann*
Combien/Comment étaient-ils ?

➤ Je ne sais pas./Ils étaient deux.
No lo sé./Eran dos.
*no lo sé/**é**rann doss*

➤ Je n'ai pas vu son/leur visage.
No le(s) vi la cara.
*no lé/lèss bi la **ka**ra*

➤ Ils avaient des armes/des couteaux/des pistolets.
Llevaban armas/cuchillos/pistolas.
*yé**ba**bann **ar**mas/kou**tchi**yoss/pis**to**lass*

➤ Il(s) étai(en)t armé(s).
Estaba(n) armado(s).
*és**ta**ba(nn) ar**ma**do(ss)*

➤ L'autre voiture allait très vite.
El otro coche iba muy rápido.
*el **o**tro **ko**tché **i**ba moui **ra**pido*

➤ Il/Elle a brûlé le feu rouge.
Se ha saltado el semáforo en rojo.
*se a sal**ta**do el se**má**foro ènn **ro**Ho*

➤ J'ai besoin d'une copie de la plainte pour l'assurance.
Necesito una copia de la denuncia para el seguro.
*nésséssito **ou**na **ko**pia dé la dé**nounn**sia **pa**ra el sé**gou**ro*

➤ J'ai/Elle a été violée.
Me/La han violado.
*mé/la ann bio**la**do*

➤ Je suis innocent(e). Je n'ai rien vu/fait.
Soy inocente. No he visto/hecho nada.
*soï ino**ssènn**té - no é **bis**to/**é**tcho **na**da*

L'ESPAGNOL dans tous ses ÉTATS

! Ne confondez pas

• **robar**, qui signifie « voler » dans le sens de « dérober » et **volar** qui signifie « voler » mais dans le sens de se déplacer dans les airs. **El robo**, c'est donc le vol larcin et **el vuelo** le vol de l'oiseau ou de l'avion.

• Attention à la traduction du mot *plainte* : s'il s'agit d'*un grief*, c'est **una queja** (**quejarse** se plaindre) ; s'il s'agit d'*un gémissement*, c'est **un quejido** ; enfin, en droit, c'est **una denuncia** :

∘ ***una denuncia contra personas desconocidas*** est l'équivalent de *une plainte contre X ;*

∘ ***retirar la denuncia*** signifie « retirer sa plainte » ; notez l'utilisation de l'article défini **la** en espagnol.

" Citation

"Hay cosas que no tienen solución, y son las que más."

Il y a des choses qui n'ont pas de solution. Ce sont les plus nombreuses.

Mariano José de Larra

(1809-1837), écrivain espagnol

SANTÉ & SÉCURITÉ

Le quartier d'affaires des quatre tours à Madrid

TROUVER UN EMPLOI

encontrar un empleo

Les mots pour le dire

travailler	trabajar	*trabaHar*
faire un stage	hacer prácticas	*assèrr praktikass*
chercher	buscar	*bouskar*
trouver	encontrar	*ènnkonntrar*
un travail	un trabajo	*ounn trabaHo*
la formation initiale	la formación inicial	*la formassionn inissial*
~ en alternance	~ en alternancia	*~ ènn altèrnannsia*
le diplôme	el diploma	*el diploma*
l'attestation de fin d'études	el certificado de estudios cursados	*el sèrtifikado dé éstoudioss koursadoss*
l'école	la escuela	*la éskouéla*
l'université	la universidad	*la ounibèrsida*
l'expérience	la experiencia	*la ékspériènnsia*
la motivation	la motivación	*la motibassionn*
parler	hablar	*ablar*
la langue	el idioma	*el idioma*
le CV	el currículo	*el kourrikoulo*
la photo d'identité	la foto carné	*la foto karné*
le candidat	el candidato	*el kanndidato*
la candidature	la candidatura	*la kanndidatoura*
le concours	las oposiciones	*lass opossissionèss*
remplir	llenar	*yénar*
le dossier de candidature	la solicitud	*la solissitou*
postuler	solicitar	*solissitar*

attention aux faux amis

Presentarse a las oposiciones signifie « se présenter à un concours, passer un concours » et non se présenter dans l'opposition.

➤ S'exprimer ◀ Comprendre

➤ Je m'appelle... et suis étudiant(e) en...
Me llamo... y soy estudiante en...
*mé **ya**mo... i soï éstou**diann**té ènn...*

➤ - en première/deuxième/troisième année de...
- primer/segundo/tercer año de...
*pri**mèrr**/sé**gounn**do/tér**sèrr** **a**gno dé...*

➤ - en Master 1/2 de...
- en Máster 1/2 de...
*ènn **Mas**tèrr uno/dos dé...*

➤ Je cherche un travail pour l'été.
Estoy buscando un trabajo para el verano.
*és**toï** bous**kann**do ounn tra**ba**Ho para el bé**ra**no*

➤ J'aimerais faire un stage dans votre entreprise.
Me gustaría hacer unas prácticas en su empresa.
*mé goustar**i**-a a**ssèrr** **ou**nass **prak**tikass ènn sou èmm**prés**sa*

◀ ¿Tiene experiencia?
*t**ié**né ékspé**riènn**sia*
Avez-vous de l'expérience ?

➤ Oui, j'ai de l'expérience en...
Sí, tengo experiencia en...
*si, **tènn**go ékspé**riènn**sia ènn*

➤ J'ai déjà travaillé six mois comme...
Ya he trabajado seis meses como...
*ya é traba**Ha**do séiss **méss**èss **ko**mo*

➤ Je n'ai jamais travaillé comme...
Nunca he trabajado como...
***nounn**ka é traba**Ha**do **ko**mo*

◀ ¿Qué idiomas habla?
*ké i**dio**mas **a**bla*
Quelles langues parlez-vous ?

➤ Je parle français et anglais/italien et allemand.
Hablo francés e inglés/italiano y alemán.
*ablo frann**sèss** é inn**glèss**/ita**lia**no i alé**mann***

➤ Je n'ai pas d'expérience mais j'apprends vite.
No tengo experiencia pero aprendo rápidamente.
*no **tènn**go ékspé**riènn**sia **pé**ro a**prènn**do **ra**pida**mènn**té*

➤ Je suis très motivé(e).
Estoy muy motivado(-a).
*és**toï** moui motivado(-a)*

⮜ Necesitamos las copias de los diplomas obtenidos.
*néssési**ta**moss lass **ko**piass dé loss di**plo**mass obté**ni**doss*
Nous avons besoin de la copie des diplômes obtenus.

⮜ ¿Cuándo puede empezar?
kouann**do **poué**dé èmmpé**ssar
Quand pouvez-vous commencer ?

➤ Je suis libre tout de suite.
Estoy libre enseguida.
*és**toï** libré ènnsé**gui**da*

➤ Je suis libre à partir du 5 juillet.
Estoy libre a partir del cinco de julio.
*és**toï** libré a par**tir** del **sinn**ko de **Hou**lio*

➤ Quels sont les horaires de travail ?
¿Cuáles son los horarios de trabajo?
***koua**lèss son loss o**ra**rioss dé tra**ba**Ho*

➤ Combien payez-vous de l'heure ?
¿Cuánto paga por hora?
***kouann**to **pa**ga por **o**ra*

➤ Est-il possible de faire des heures supplémentaires ?
¿Es posible hacer horas extras?
*èss po**ssi**blé a**ssèrr** **o**rass **ék**strass*

➤ Dois-je travailler le dimanche ?
¿Tengo que trabajar los domingos?
***tènn**go qué traba**Har** loss do**minn**goss*

⮜ Le llamaremos.
*lé yama**ré**moss*
Nous vous appellerons.

L'ESPAGNOL dans tous ses ÉTATS

Manières de dire

- *Avoir un piston* se dit de différentes manières en Espagne et en Amérique latine. En Espagne, on dit ***tener enchufe*** (littéralement « avoir une prise électrique »), tandis qu'en Amérique latine, on dit ***tener una palanca*** (littéralement « avoir un levier »), ce qui est une image plus proche du français.
- Dans le registre familier, *un boulot* se dit **un curro** en Espagne et **una chamba** au Mexique. Le verbe *bosser* se dit **currar** en Espagne et **chambear** au Mexique.

Citations

"La juventud es un defecto que se corrige con el tiempo."

La jeunesse est un défaut qui se corrige avec le temps.

Enrique Jardiel Poncela
(1901-1952), écrivain espagnol

"La experiencia no consiste en lo que se ha vivido, sino en lo que se ha reflexionado."

L'expérience ne vient pas de ce que l'on a vécu, mais de nos réflexions.

Jose María de Pereda
(1833-1906), écrivain espagnol

VOYAGE D'AFFAIRES

viaje de negocios

Les mots pour le dire

le voyage	el viaje	*el bi**a**Hé*
les affaires	los negocios	*loss né**go**ssioss*
l'entreprise	la empresa	*la èmm**pré**ssa*
le bureau (d'une entreprise)	la oficina	*la ofi**ssi**na*
le rendez-vous	la cita	*la **si**ta*
la réunion	la reunión	*la réou**nionn***
l'appel téléphonique	la llamada	*la ya**ma**da*
passer un appel	hacer una llamada	*a**ssèrr ou**na ya**ma**da*
le numéro de téléphone	el número de teléfono	*el **nou**méro dé té**lé**fono*
le courriel, l'e-mail	el correo electrónico	*el ko**rré**o élék**tro**niko*
le téléphone fixe	el teléfono fijo	*el té**lé**fono **fi**Ho*
~ portable	el móvil	*el **mo**bil*
l'ordinateur portable	el ordenador portátil	*el ordéna**dor** por**ta**til*
la messagerie	la mensajería	*la mènnsaHé**ri**-a*
la téléconférence	la teleconferencia	*la télékonnfé**rènn**sia*
la vidéoconférence	la videoconferencia	*la bidéokonnfé**rènn**sia*
le décalage horaire	la diferencia horaria	*la difé**rènn**sia ora**ri**a*
le/la client(e)	el/la cliente	*el/la **cliènn**té*
le contrat	el contrato	*el konn**tra**to*
un département	un departamento	*ounn départa**mènn**to*
négocier	negociar	*négo**ssiar***
signer	firmar	*fir**mar***
l'hôtesse d'accueil	la azafata	*la assa**fa**ta*
la réception	la recepción	*la réssép**sionn***
la photocopie	la (foto)copia	*la (foto)**ko**pia*
la fontaine à eau	la fuente de agua	*la **fouènn**té dé **a**goua*
appeler un taxi	llamar un taxi	*ya**mar** ounn **ta**xi*

⮞ S'exprimer ⮜ Comprendre

➤ Bonjour. J'ai rendez-vous avec monsieur/madame...
Buenos días. Tengo cita con el señor/la señora...
***boué**noss **di**-ass **tènn**go **si**ta konn el sé**gnor**/la sé**gno**ra*

➤ ¿En qué puedo servirle?
*ènn ké **poué**do sèr**bir**lé*
En quoi puis-je vous être utile ?

➤ ¿A quién debo anunciar?
*a kiènn **dé**bo anounn**siar***
Qui dois-je annoncer ?

➤ Je suis... Voici ma carte de visite.
Soy... Aquí tiene mi tarjeta.
*soï a**ki** **tié**né mi tar**Hé**ta*

➤ ¿A qué hora es su cita?
*a ké **o**ra èss sou **si**ta*
À quelle heure avez-vous rendez-vous ?

➤ À 9 h 15.
A las 9 : 15.
*a lass **noué**bé i **kouar**to*

➤ Je suis désolé(e) d'être en retard.
Lamento llegar tarde.
*la**mènn**to yé**gar** **tar**dé*

➤ L'avion/Le train a eu du retard.
El avión/El tren tuvo retraso.
*el a**bionn**/el trènn **tou**bo ré**tra**sso*

➤ Il y avait beaucoup de circulation/un accident sur la route.
Había mucho tráfico/un accidente en la carretera.
*a**bi**-a **mou**tcho **tra**fiko/ounn aksi**dènn**té ènn la karré**té**ra*

➤ Le presento al señor/a la señora...
*lé pré**ssènn**to al sé**gnor**/a la sé**gno**ra*
Je vous présente monsieur/madame...

➤ Enchanté(e).
Mucho gusto ou Encantado(-a).
***mou**tcho **gous**to ènnkann**ta**do(-a)*

- J'assiste au colloque/à la conférence/au séminaire sur...
Asisto al coloquio/a la conferencia/al seminario sobre...
*as**sis**to al ko**lo**kio/a la konnfé**rènn**sia/al semi**na**rio **so**bré*

- Où se trouve la salle de réunion ?
¿Dónde está la sala de reuniones?
***donn**dé és**ta** la **sa**la dé réou**nio**nèss*

- Je dois passer un appel.
Tengo que hacer una llamada telefónica.
***tènn**go ké as**sèrr** **ou**na ya**ma**da télé**fo**nika*

- Pourriez-vous appeler un taxi pour dans une demi-heure ?
¿Podría llamar un taxi para dentro de media hora?
*po**dri**-a ya**mar** ounn **ta**xi **pa**ra **dènn**tro de **mé**dia **ho**ra*

- Je dois envoyer un courriel.
Necesito enviar un correo electrónico.
*néssés**si**to ènnbi**ar** ounn kor**réo** élék**tro**niko*

- Je n'ai pas reçu le document.
No he recibido el documento.
*no é réssi**bi**do el dokou**mènn**to*

- Pourriez-vous me le renvoyer ?
¿Podría volver a mandármelo?
*po**dri**-a bol**bèrr** a mann**dar**mélo*

- Où puis-je faire une photocopie ?
¿Dónde puedo hacer una copia?
***donn**dé **poué**do as**sèrr** **ou**na **ko**pia*

- J'ai besoin de deux exemplaires.
Necesito dos ejemplares.
*néssés**si**to doss éHèmm**pla**rèss*

- Où y a-t-il une fontaine à eau ?
¿Dónde hay una fuente de agua?
***donn**dé aïe **ou**na **fouènn**té dé **a**goua*

L'ESPAGNOL dans tous ses ÉTATS

! Ne confondez pas

Le mot **fuente** a trois sens : il peut désigner une fontaine, une source ou encore un plat.
Una fuente de agua peut donc vouloir dire *une fontaine à eau* ou *une source*, ... voire, beaucoup plus rarement, un *plat rempli d'eau*.

" Citations

"Paréceme, Sancho, que no hay refrán que no sea verdadero, porque todos son sentencias sacadas de la misma experiencia, madre de las ciencias todas."

Il me semble, Sancho, qu'il n'y a de dicton qui ne soit vrai, car toutes les phrases sont tirées de l'expérience, mère de toutes les sciences.

Miguel de Cervantes
(1547-1616), écrivain espagnol, auteur du roman *Don Quichotte*

"Mira si será malo el trabajo, que deben pagarte para que lo hagas."

Rends-toi compte à quel point le travail doit être mauvais : ils doivent même te payer pour que tu le fasses.

Facundo Cabral
(1937-2011), auteur-compositeur argentin

Crédits photos

Transports : p. 25 : Shutterstock/rSnapshotPhotos, p. 26 : Shutterstock/lightpoet, p. 30 : Shutterstock/T.W. van Urk, p. 34 : Shutterstock/Anton_Ivanov, p. 38 : Shutterstock/Anton_Ivanov, p. 42 : Shutterstock/Isa Fernandez Fernandez

Boissons et nourriture : p. 47 : Shutterstock/Byelikova Oksana, p. 48 : Shutterstock/nito, p. 52 : Shutterstock/Tupungato, p. 56 : Shutterstock/Srdjan Fot, p. 60 : Shutterstock/bogdanhoda, p. 64 : Shutterstock/Kiev.Victor, p. 68 : Shutterstock/Zina Seletskaya, p. 72 : Shutterstock/Lipskiy, p. 76 : Shutterstock/Ramon L. Farinos, p. 80 : Shutterstock/nito, p. 84 : Shutterstock/Pepj, p. 89 : Shutterstock/pedrosala

Hébergement : p. 97 : Shutterstock/Bill Perry, p. 98 : Shutterstock/Peter Gudella, p. 102 : Shutterstock/VICTOR TORRES

Achats : p. 107 : Fotolia/unclepodger, p. 108 : Shutterstock/Alex James Bramwell, p. 112 : Shutterstock/Dutourdumonde Photography

Sorties et activités : p. 117 : Shutterstock/Karol Kozlowski, p. 118 : Shutterstock/george studio, p. 122 : Shutterstock/Alberto Loyo, p. 126 : Shutterstock/T.W. van Urk, p. 130 : Shutterstock/Boris Sosnovyy, p. 134 : Shutterstock/Philip Lange, p. 138 : Shutterstock/Marco Govel, p. 142 : Shutterstock/nito, p. 146 : Shutterstock/nikolpetr

Services et infos pratiques : p. 151 : Shutterstock/J2R, p. 152 : Shutterstock/MJTH, p. 156 : Shutterstock/Nick Hawkes, p. 160 : Shutterstock/Anton Chalakov

Santé et sécurité : p. 165 : Shutterstock/Anton_Ivanov, p. 166 : Shutterstock/ISchmidt, p. 170 : Shutterstock/Jozef Sowa, p. 174 : Shutterstock/Philip Lange, p. 178 : Shutterstock/Oksana Kuzmina, p. 182 : Shutterstock/wavebreakmedia, p. 186 : Shutterstock/Pabkov, p. 190 : Shutterstock/Mikhail Zahranichny

Travail : p. 195 : Shutterstock/Iakov Filimonov, p. 196 : Shutterstock/zimmytws, p. 200 : Shutterstock/fotohunter.

à *prép* en *ènn*
abandonné(e) *adj* abandonado(-a) *abanndo**nado**(-a)*
abandonner *vb* abandonar *abanndo**nar***
abbaye *nf* abadía *f* *aba**di**-a*
abdomen *nm* abdomen *m* *ab**do**mènn*
abdominal(e) *adj* abdominal *abdomi**nal***
abeille *nf* abeja *f* *a**bé**Ha*
abîmé(e) *adj* estropeado(-a) *éstropé**ado**(-a)*
abîmer *vb* estropear *éstropé**ar***
abonné(e) *adj, nm/f* abonado(-a) *m/f* *abo**nado**(-a)*
abonner (s') à *vb* suscribirse *souskri**bir**sé*
abord (d') *loc* primero *pri**mé**ro*
abordable *adj* asequible *assé**ki**blé*
aboyer *vb* ladrar *la**drar***
abréviation *nf* abreviatura *f* *abrébia**tou**ra*
abribus *nm* parada *f* del autobús *parada del aouto**bouss***
abricot *nm* albaricoque *m* *albari**ko**ké*
absent(e) *adj* ausente *aous**sènn**té*
absolument *adv* absolutamente *absolouta**mènn**té*
absurde *adj* absurdo(-a) *ab**sour**do(-a)*
accélérateur *nm* acelerador *m* *asséléra**dor***
accélérer *vb* acelerar *asséé**rar***
accent *nm* acento *m* *as**sènn**to*
accepter *vb* aceptar *assép**tar***
accessoire *nm* accesorio *m* *aksé**sso**rio*
accident *nm* accidente *m* *aksi**dènn**té*
accompagner *vb* acompañar *akommpa**gnar***
accord *nm* acuerdo *m* *a**kouèr**do* ◊ **d'accord** de acuerdo *dé a**kouèr**do*
accordéon *nm* acordeón *m* *akordé**onn***
accoucher *vb* dar a luz *dar a louss*
accrocher *vb* colgar *kol**gar***
accueil *nm* acogida *f* *ako**Hi**da* • (lieu) recepción *f* *réssèp**sionn***
accueillir *vb* acoger *ako**Hèrr***
accuser *vb* acusar *akous**sar***
achat *nm* compra *f* ***komm**pra*
acheter *vb* comprar *komm**prar***
acheteur(-euse) *nm/f* comprador(a) *m/f* *kommpra**dor**(a)*
acide *adj* ácido(-a) ***as**sido(-a)*
acidité *nf* acidez *f* *assi**dèss***
acier *nm* acero *m* *as**sé**ro*
acné *nf* acné *m* *ak**né***
acompte *nm* anticipo *m* *anntis**si**po*
acteur(-trice) *nm/f* actor(-triz) *m/f* *ak**tor**(-**triss**)*
actif(-ve) *adj* activo(-a) *ak**ti**bo(-a)*
action *nf* acción *f* *ak**sionn***
activité *nf* actividad *f* *aktibi**da***
actuel(le) *adj* actual *ak**toual***
actuellement *adv* actualmente *aktoual**mènn**té*
acupuncture *nf* acupuntura *f* *akoupounn**tou**ra*
adaptateur *nm* adaptador *m* *adapta**dor***
adapté(e) *adj* adaptado(-a) *adap**ta**do(-a)*
addition *nf* (restaurant) cuenta *f* ***kouènn**ta*
admettre *vb* admitir *admi**tir***
admirer *vb* admirar *admi**rar***

adolescent(e) *adj, nm/f* adolescente *mf* *adoléssènnté*
adopter *vb* adoptar *adoptar*
adorable *adj* encantador(a) *ènnkanntador(a)*
adorer *vb* adorar *adorar*
adresse *nf* dirección *f* *dirèksionn*
adulte *nmf, adj* adulto(-a) *m/f* *adoulto(-a)*
aérobic *nm* aeróbic *m* *aérobik*
aéroport *nm* aeropuerto *m* *aéropouèrto*
affaire *nf* • (problème) asunto *m* *assounnto* • (entreprise, transaction) negocio *m* *négossio*
affectueux (-euse) *adj* cariñoso(-a) *karignosso(-a)*
affiche *nf* cartel *m* *kartél*
affranchissement *nm* franqueo *m* *frannkéo*
affreux(-euse) *adj* horrible *orriblé*
africain(e) *adj* africano(-a) *afrikano(-a)*
Afrique *npr* África *afrika*
agacer *vb* iritar *iritar*
âge *nm* edad *f* *éda*
âgé(e) *adj* ◇ **personne âgée** persona *f* mayor *pèrsona maïor*
agence *nf* agencia *f* *aHènnsia*
agenda *nm* agenda *f* *aHènnda*
agent *nm* agente *m* *aHènnté*
aggraver (s') *vb* agravarse *agrabarsé*
agile *adj* ágil *aHil*
agir *vb* actuar *aktouar*
agité(e) *adj* agitado(-a) *aHitado(-a)*
agneau *nm* cordero *m* *kordéro*
agrafe *nf* grapa *f* *grapa*
agréable *adj* agradable *agradablé*
agresser *vb* agredir *agrédir*
agressif(-ve) *adj* agresivo(-a) *agressibo(-a)*
agression *nf* asalto *m* *assalto*
agriculteur(-trice) *nm/f* agricultor(a) *m/f* *agrikoultor(a)*
agriculture *nf* agricultura *f* *agrikoultoura*
aide *nf* ayuda *f* *ayouda*
aider *vb* ayudar *ayoudar*
aigle *nm* águila *f* *aguila*
aigu, aigüe *adj* agudo(-a) *agoudo(-a)*
aiguille *nf* aguja *f* *agouHa*
ail *nm* ajo *m* *aHo*
aile *nf* ala *f* *ala*
aimable *adj* amable *amablé*
aimer *vb* (d'amour) querer *kérèrr* ◇ **j'aime le chocolat** me gusta el chocolate
aîné(e) *adj, nm/f* mayor *mf* *maïor*
ainsi *adv* así *assi*
aïoli *nm* alioli *m* *alioli*
air *nm* aire *m* *a-iré* ◇ **air conditionné** aire acondicionado *a-iré akonndissionado*
aire *nf* (d'autoroute) área *f* de descanso *aréa dé dèskannso* ◇ **aire de jeux** *nf* área *f* de juegos *aréa dé Huégoss*
aise (à l') *loc* a gusto *a gousto*
ajouter *vb* añadir *agnadir*
ajuster *vb* ajustar *aHoustar*
alarme *nf* alarma *f* *alarma*
alcool *nm* alcohol *m* *alkol*
alcoolique *adj, nmf* alcohólico(-a) *m/f* *alkoliko(-a)*
alcoolisé(e) *adj* alcohólico(-a) *alkoliko(-a)*
Algérie *npr* Argelia *arHélia*
algérien(ne) *adj* argelino(-a) *arHélino(-a)*
algue *nf* alga *f* *alga*
aliment *nm* alimento *m* *alimènnto*
alimentation *nf* alimentación *f* *alimèntassionn*
allée *nf* • (de parc) paseo *m* *passéo* • (de cinéma) pasillo *m* *passiyo*
Allemagne *npr* Alemania *alémania*
allemand(e) *adj* alemán(-ana) *alémann(-ana)*
aller *vb* ir *ir* ▪ *nm* ida *f* *ida*

allergie *nf* alergia *f alèrrHia*
allergique *adj* alérgico(-a) *alèrHiko(-a)*
allo *interj* díga *diga*, dígame *digamé*
allumer *vb* encender *ènnsénndèrr*
allumette *nf* cerilla *f sériya*, cerillo *m* (Am) *sériyo*
allure *nf* aspecto *m aspèkto*
alors *adv* entonces *ènntonnsèss*
alphabet *nm* alfabeto *m alfabéto*
alpin(e) *adj* alpino(-a) *alpino(-a)*
alpinisme *nm* alpinismo *m alpinismo*
alternance *nf* alternancia *f altèrnannsia*
altitude *nf* altitud *f altitoud*
aluminium *nm* aluminio *m alouminio*
amande *nf* almendra *f almènndra*
ambassade *nf* embajada *f èmmbaHada*
ambiance *nf* ambiente *m ammbiènnté*
ambulance *nf* ambulancia *f ammboulannsia*
améliorer *vb* mejorar *méHorar* ◊ **s'améliorer** mejorarse
amende *nf* multa *f moulta*
amener *vb* traer *traèrr*
amer(-ère) *adj* amargo(-a) *amargo(-a)*
Amérique *npr* ◊ **Amérique centrale** América central *amérika sènntral*, Centroamérica *sènntro amérika* ◊ **Amérique du Nord** América del Norte *amérika del norté*, Norteamérica *nortéamérika* ◊ **Amérique du Sud** América del Sur *amérika del sour* Sudamérica *soudamérika* ◊ **Amérique latine** América latina *amérika latina*, Latinoamérica *latinoamérika*
ami(e) *nm/f* amigo(-a) *m/f amigo(-a)*
amitié *nf* amistad *f amista*
amour *nm* amor *m amor*
amoureux(-euse) *adj* enamorado(-a) *énamorado(-a)* ◊ **tomber amoureux** enamorarse *énamorarsé*
ampoule *nf* • (peau) ampolla *f ammpoya* • (électrique) bombilla *f bommbiya*
amusant(e) *adj* divertido(-a) *dibèrtido(-a)*
amuser (s') *vb* divertirse *dibèrtirsé*
an *nm* año *m agno*
analgésique *nm, adj* analgésico(-a) *m/f analHéssiko(-a)*
analyse *nf* análisis *m analississ* ◊ **analyse de sang** prueba *f* de sangre *prouéba dé sanngré*
ananas *nm* piña *f pigna*
anchois *nm* • (frais) boquerón *m bokéronn* • (mariné) anchoa *f anntchoa*
ancien(ne) *adj* antiguo(-a) *anntigouo(-a)*
andalou(se) *adj* andaluz(a) *anndalouss(a)*
âne *nm* burro *m bourro*
anémie *nf* anemia *f anémia*
anesthésie *nf* anestésia *f anéstéssia*
angine *nf* anginas *fpl annHinass*
anglais(e) *adj* inglés(-esa) *inglèss(a)*
Angleterre *npr* Inglaterra *f innglatérra*
anguille *nf* anguila *f annguila*
animal *nm* animal *m animal* ◊ **animal domestique** animal doméstico *animal doméstiko*
animé(e) *adj* animado(-a) *animado(-a)*
anneau *nm* anillo *m aniyo*
année *nf* año *m agno*

anniversaire *nm* • (d'une personne) cumpleaños *m koummpléagnoss* • (d'un événement) aniversario *m anibèrsario*
annonce *nf* anuncio *m anounnsio*
annoncer *vb* anunciar *anounnsiar*
annuaire *nm* anuario *m anouario*
annuel(le) *adj* anual *anoual*
annulé(e) *adj* cancelado(-a) *kannsélado(-a)*
annuler *vb* anular *anoular*, cancelar *kannsélar*
antalgique *nm* analgésico *m analHéssiko*
antibiotique *nm* antibiótico *m anntibiotiko*
antihistaminique *nm* antihistamínico *m annti-istaminiko*
antipathique *adj* antipático(-a) *anntipatiko(-a)*
antiquité *nf* antigüedad *f anntigouéda*
antiseptique *adj* antiséptico(-a) *anntisèptiko(-a)*
antivol *nm* antirrobo *m anntirrobo*
anxiété *nf* ansiedad *f annsiéda*
août *nm* agosto *m agosto*
apéritif *nm* aperitivo *m apéritibo*
apparaître *vb* aparecer *aparéssèrr*
appareil *nm* aparato *m aparato* ◇ **appareil auditif** aparato auditivo *aparato aouditibo* ◇ **appareil dentaire** aparato dental *aparato dènntal* ◇ **appareil photo** cámara *f kamara*
apparemment *adv* al parecer *al paréssèrr*
appartement *nm* piso *m piso*, apartamento *m apartamènnto*
appartenir *vb* pertenecer *pèrténéssèrr*
appel *nm* llamada *f yamada*
appeler *vb* llamar *yamar* ◇ **s'appeler** llamarse
appendicite *nf* apendicitis *m apènndissitiss*
appétit *nm* apetito *m apétito*
apporter *vb* traer *traèrr*
apprendre *vb* aprender *aprènndèrr*
apprentissage *nm* aprendisaje *m aprènndissaHé*
approximativement *adv* aproximadamente *aproksimadamènnté*
appuyer *vb* apretar *aprétar*
après *adv* después *déspouèss*
après-demain *adv* pasado mañana *passado magnana*
après-midi *nm ou f* tarde *f tardé*
après-rasage *nm* loción *f* para después del afeitado *lossionn para déspouèss del afé-itado*
aquatique *adj* acuático(-a) *akouatiko(-a)*
arabe *adj, nm* árabe *m arabé*
araignée *nf* araña *f aragna*
arbre *nm* árbol *m arbol*
arbuste *nm* arbusto *m arbousto*
arc-en-ciel *nm* arco *m* iris *arko iriss*
archéologie *nf* arqueología *f arkéoloHi-a*
archéologique *adj* arqueológico(-a) *arkéoloHiko(-a)*
architecte *nmf* arquitecto(-a) *m/f arkitékto(-a)*
architecture *nf* arquitectura *f arkitéktoura*
ardoise *nf* pizarra *f pissara*
arène *nf* plaza *f* de toros *plassa dé toross*
arête *nf* espina *f éspina*
argent *nm* • (monnaie) dinero *m dinéro* • (matériau) plata *f plata*
argentin(e) *adj* argentino(-a) *arHènntino(-a)*
Argentine *npr* Argentina *f arHènntina*
arme *nf* arma *f arma*
armé(e) *adj* armado(-a) *armado(-a)*
armée *nf* ejército *m éHèrsito*
armoire *nf* armario *m armario*
arnaque *nf* estafa *f éstafa*
arracher *vb* arrancar *arrannkar*

arranger *vb* arreglar *arréglar*
arrêt *nm* (d'autobus) parada *f parada*
arrêter *vb* parar *parar* ◇ **s'arrêter** pararse
arrière *adj* trasero(-a) *trasséro(-a)*
arrivée *nf* llegada *f yégada*
arriver *vb* • (quelque part) llegar *yégar* • (événement) ocurrir *okourir*
arroser *vb* regar *régar*
art *nm* arte *m arté*
artichaut *nm* alcachofa *f alkatchofa*
article *nm* artículo *m artikoulo*
artisan *nm* artesano *m artéssano*
artisanat *nm* artesanía *f artéssani-a*
artiste *nmf* artista *mf artista*
artistique *adj* artístico(-a) *artistiko(-a)*
arythmie *nf* arritmia *f arritmia*
ascenseur *nm* ascensor *m assènnsor*
asiatique *adj* asiático(-a) *assiatiko(-a)*
Asie *npr* Asia *f assia*
aspect *nm* aspecto *m aspèkto*
asperge *nf* espárrago *m ésparrago*
aspirateur *nm* aspiradora *f aspiradora*
aspirine *nf* aspirina *f aspirina*
assaisonnement *nm* aliño *aligno*
assaisonner *vb* aliñar *alignar*
assassiner *vb* asesinar *asséssinar*
asseoir (s') *vb* sentarse *sènntarsé*
assez *adv* bastante *bastannté*
assiette *nf* plato *m plato*
assis(e) *adj* sentado(-a) *sènntado(-a)*
assistance *nf* asistencia *f assistènnsia*
assistant(e) *nm/f* asistente *mf assistènté*
assister *vb* asistir *assistir*
associé(e) *nm/f* socio(-a) *m/f sossio(-a)*
assurance *nf* seguro *m ségouro*
assurer *vb* asegurar *asségourar*
asthmatique *nmf, adj* asmático(-a) *m/f asmatiko(-a)*
asthme *nm* asma *m asma*
asturien(ne) *adj* asturiano(-a) *astouriano(-a)*
atelier *nm* taller *m tayèrr*
athée *adj, nmf* ateo(-a) *m/f atéo(-a)*
athlète *nmf* atleto(-a) *m/f atléto(-a)*
athlétique *adj* atlético(-a) *atlétiko(-a)*
Atlantique *npr* Atlántico *m atlanntiko*
atlas *nm* atlas *m atlass*
athlétisme *nm* atletismo *m atlétismo*
atmosphère *nf* atmósfera *f atmosféra*
attacher *vb* abrochar *abrotchar*
attaque *nf* asalto *m assalto*
attaquer *vb* atacar *atakar*
attendre *vb* esperar *éspérar*
attentat *nm* atentado *m atènntado*
attente *nf* espera *f éspéra*
attention *nf* cuidado *m kouidado*
atterrir *vb* aterrizar *atérissar*
atterrissage *nm* aterrizaje *m atérissaHé*
attirer *vb* atraer *atraèrr*
attitude *nf* actitud *f aktitoud*
attraction *nf* atracción *f atraksionn*
attraper *vb* coger *koHèrr*
attrister *vb* entristecer *ènntristéssèrr*
aube *nf* alba *f alba*
auberge *nf* albergue *m albèrgué* ◇ **auberge de jeunesse** albergue de juventud *albèrgué dé Houbènntou*

aubergine *nf* berenjena *f* *bérènn**Hé**na*
aucun(e) *adj, pron* ninguno(-a) *ninn**gou**no(-a)*
audioguide *nm* audioguía *m* *aoudio**gui**-a*
augmentation *nf* aumento *m* *aou**mèn**nto*
augmenter *vb* aumentar *aoumènn**tar***
aujourd'hui *adv* hoy *oï*
au revoir *interj* adiós *adi**oss***
autant *adv* tanto ***tann**to*
auteur(e) *nm/f* autor(a) *m/f* *aou**tor**(a)*
authentique *adj* auténtico(-a) *aou**ténn**tiko(-a)*
autobus *nm* autobús *m* *aouto**bouss***
autocollant *nm* pegatina *f* *péga**ti**na*
automatique *adj* automático(-a) *aouto**ma**tiko(-a)*
automne *nm* otoño *m* *o**to**gno*
automobiliste *nmf* automovilista *mf* *aoutomobi**lis**ta*
autorisation *nf* autorización *f* *aoutorissa**ssionn***
autorisé(e) *adj* autorizado(-a) *aoutori**ssa**do(-a)*
autoriser *vb* autorizar *aoutori**ssar***
autoroute *nf* autopista *f* *aouto**pis**ta*
auto-stop *nm* auto-stop *m* *aouto és**top***
autour de *prép* alrededor de *alrédé**dor** dé*
autre *adj, pron* otro(-a) ***o**tro(-a)*
autrefois *adv* antaño *ann**ta**gno*
autrement *adv* de otro modo *dé otro **mo**do*
Autriche *npr* Austria ***aous**tria*
autrichien(ne) *adj* autriaco(-a) *aoustri**a**ko(-a)*
autruche *nf* avestruz *m* *abés**trouss***
avalanche *nf* alud *m* *a**loud***
avaler *vb* tragar *tra**gar***
avance *nf* antelación *f* *anntéla**ssionn*** • (d'argent) anticipo *m* *annti**ssi**po*
avant *adv* antes ***ann**tèss* ▪ *adj* delantero(-a) *délann**té**ro(-a)*
avantage *nm* ventaja *f* *bènn**ta**Ha*
avant-hier *adv* antes de ayer ***ann**tès dé a**yèrr***
avec *prép* con *konn*
avenir *nm* futuro *m* *fou**tou**ro*
avenue *nf* avenida *f* *abé**ni**da*
avion *nm* avión *m* *a**bionn***
aviron *nm* remo *m* ***ré**mo*
avis *nm* opinión *f* *opi**gnionn***
avocat *nm* (fruit) aguacate *m* *agoua**ka**té*
avoir *vb* tener *té**nèrr***
avortement *nm* aborto *m* *a**bor**to*
avril *nm* abril *m* *a**bril***
aztèque *adj* azteca *as**té**ka*
baby-sitter *nf* canguro *m* *kann**gou**ro*
bac *nm* • (bateau) transbordador *m* *trannsborda**dor*** • (récipient) recipiente *réssi**pièn**nté*
bagage *nm* equipaje *m* *éki**pa**Hé*
◇ **bagage à main** equipaje de mano *éki**pa**Hé dé **ma**no*
bagarre *nf* pelea *f* *pé**lé**a*
bague *nf* anillo *m* *a**ni**yo*
baigner (se) *vb* bañarse *ba**gnar**sé*
baignoire *nf* bañera *f* *ba**gné**ra*
bain *nm* baño *m* ***ba**gno*
baisser *vb* bajar *ba**Har***
balai *nm* escoba *f* *és**ko**ba*
balcon *nm* balcón *m* *bal**konn***
balisé(e) *adj* balizado(-a) *bali**ssa**do(-a)*
balle *nf* pelota *f* *pé**lo**ta*
ballet *nm* ballet *m* *ba**llé***
ballon *nm* balón *m* *ba**lonn***
banane *nf* plátano *m* ***pla**tano*
bancaire *adj* bancario(-a) *bann**ka**rio(-a)*
bandage *nm* vendaje *m* *bènn**da**Hé*
bande *nf* • (bandage) venda *f* ***bèn**nda* • (de personnes) pandilla *f* *pann**di**ya* ◇ **bande dessinée** cómic *m* ***ko**mik*
banlieue *nf* afueras *fpl* *a**foué**rass*

banque *nf* banco *m* ***bann**ko*
baptême *nm* bautizo *m* *baou**ti**sso*
bar *nm* • (établissement) bar *m* *bar*
• (poisson) lubina *f* *lou**bi**na*
barbe *nf* barba *f* ***bar**ba*
barbecue *nm* barbacoa *f* *barba**ko**-a*
Barcelone *npr* Barcelona *barsé**lo**na*
barman *nm* camarero *m* *kama**ré**ro*
baroque *adj* barroco(-a) *ba**rro**ko(-a)*
barque *nf* barca *f* ***bar**ka*
barrage *nm* (d'eau) embalse *m* *èmm**bal**sé*
barre *nf* (de bateau) timón *m* *ti**monn***
bas(se) *adj* bajo(-a) *ba**Ho(-a)*** ▪ *nm* (collant) média *f* ***mé**dia* ◇ **en bas** abajo *a**ba**Ho*
base *nf* base *f* ***ba**ssé*
basilic *nm* albahaca *f* *alba-**a**ka*
basilique *nf* basílica *f* *ba**ssi**lika*
basket-ball *nm* baloncesto *m* *balonn**sès**to*
basque *adj* vasco(-a) ***bas**ko(-a)*
bassin *nm* estanque *m* *ès**tann**ké*
bateau *nm* barco *m* ***bar**ko*
bâtiment *nm* edificio *m* *édi**fi**ssio*
batterie *nf* batería *f* *bat**é**ri-a*
baume *nm* (à lèvres) bálsamo *m* labial ***bal**samo la**bial***
bavette *nf* (de bœuf) lomo *m* ***lo**mo*
beau, belle *adj* bonito(-a) *bo**ni**to(-a)*
beaucoup *adv* mucho ***mou**tcho*
◇ **beaucoup de** muchos(-as) ***mou**tchoss(-ass)*
beau-frère *nm* cuñado *m* *kou**gna**do*
beau-père *nm* suegro *m* ***soué**gro*
belle-mère *nf* suegra *f* ***soué**gra*
belle-sœur *nf* cuñada *f* *kou**gna**da*
bébé *nm* bebé *m* *bé**bé***
béchamel *nf* besamel *f* *béssa**mel***
bégonia *nm* begonia *f* *bé**go**nia*
beignet *nm* buñuelo *m* *bou**gnoué**lo*
• (allongé) churro *m* ***tchou**rro*
belge *adj* belga ***bèl**ga*
Belgique *npr* Bélgica ***bél**Hika*
Belize *npr* Belice *bé**li**ssé*
besoin *nm* necesidad *f* *néssési**da***
◇ **avoir besoin de** necesitar *néssési**tar***
béton *nm* hormigón *m* *ormi**gonn***
betterave *nf* remolacha *f* *rémo**la**tcha*
beurre *nm* mantequilla *f* *manntéki**ya***
biberon *nm* biberón *m* *bibé**ronn***
bibliothèque *nf* biblioteca *f* *bibliot**é**ka*
bicyclette *nf* bici *f* ***bi**ssi*, bicicleta *f* *bissi**klé**ta*
bien *adv* bien *bi**ènn***
bientôt *adv* pronto ***pronn**to*
bienvenu(e) *nm/f* bienvenido(-a) *m/f* *biènnbé**ni**do(-a)*
bière *nf* cerveza *f* *sèr**bé**ssa*
bijou *nm* joya *f* ***Ho**ya*
bijouterie *nf* joyería *f* *Hoy**é**ri-a*
billard *nm* billar *m* *bi**yar***
billet *nm* billete *m* *bi**yé**té*
billetterie *nf* taquilla *f* *ta**ki**ya*
biodiversité *nf* biodiversidad *f* *biodibèrsi**da***
biologique *adj* biológico(-a) *bio**lo**Hiko(-a)*
biscuit *nm* galleta *f* *ga**yé**ta*
bise *nf* beso *m* ***bé**sso*
bizarre *adj* raro(-a) ***ra**ro(-a)*
blanc(he) *adj* blanco(-a) ***blann**ko(-a)*
blé *nm* trigo *m* ***tri**go*
blessé(e) *nm/f, adj* herido(-a) *m/f* *é**ri**do(-a)*
blesser *vb* herir *é**rir***
blessure *nf* herida *f* *é**ri**da*
bleu(e) *adj* (couleur) azul *a**ssoul*** ▪ *nm* (hématome) moretón *m* *moré**tonn***

blond(e) *adj* rubio(-a) *roubio(-a)*
bloquer *vb* bloquear *blokéar*
blouse *nf* blusa *f* *bloussa*
bœuf *nm* **(viande de) bœuf** carne *f* de vaca *karné dé baka*
boire *vb* beber *bébèrr*
bois *nm* • (matériau) madera *f* *madéra* • (de chauffage) leña *f* *légna*
boisson *nf* bebida *f* *bébida*
boîte *nf* caja *f* *kaHa* ◇ **boîte à gants** guantera *f* *guanntéra* ◇ **boîte à lettres** buzón *m* *boussonn* ◇ **boîte de vitesses** caja de cambios *kaHa dé kammbioss*
Bolivie *npr* Bolivia *bolibia*
bolivien(ne) *adj* boliviano(-a) *bolibiano(-a)*
bon(ne) *adj* • (au goût) rico(-a) *riko(-a)* • (en général) bueno(-a) *bouéno(-a)* ◇ **bon marché** barato(-a) *barato(-a)* ◇ **bonne nuit, bonne soirée** buenas noches *buénass notchèss*
bonbon *nm* dulce *m* *doulsé*, caramelo *m* *karamélo*
bonjour *nm* • (le matin) buenos días *bouénoss di-ass* • (l'après-midi) buenas tardes *bouénass tardèss*
bonnet *nm* gorro *m* *gorro*
bord *nm* borde *m* *bordé*
bordeaux *nm* burdeos *mpl* *bourdéoss*
bosse *nf* (à la tête) chichón *m* *tchitchonn*
botte *nf* bota *f* *bota*
bouche *nf* boca *f* *boka*
bouché(e) *adj* atascado(-a) *ataskado(-a)*
boucherie *nf* carnicería *f* *karniséri-a*
bouchon *nm* tapón *m* *taponn*
boucle d'oreille *nf* pendiente *m* *pènndiènnté*, arete *m* (Am) *arété*
bouclé(e) *adj* rizado(-a) *rissado(-a)*
bouée *nf* • (pour nager) flotador *m* *flotador* • (balise) boya *f* *boïa* ◇ **bouée de sauvetage** salvavidas *f* *salbabidass*
bouger *vb* mover(se) *mobèr(sé)*
bougie *nf* • (chandelle) vela *f* *béla* • (de voiture) bujía *f* *bouHi-a*
bouillir *vb* hervir *èrbir*
bouillon *nm* caldo *m* *kaldo*
boulangerie *nf* panadería *f* *panadéri-a*
boule *nf* bola *f* *bola*
boulette de viande *nf* albóndiga *f* *albonndiga*
bouquet *nm* ramo *m* *ramo*
boussole *nf* brújula *f* *brouHoula*
bouteille *nf* botella *f* *botéya*
boutique *nf* tienda *f* *tiènnda*
bouton *nm* • (de vêtement) botón *m* *botonn* • (de fleur) capullo *m* *kapouyo* ◇ **bouton de fièvre** calentura *f* *kalènntoura*
bracelet *nm* pulsera *f* *poulséra*
braguette *nf* bragueta *f* *braguéta*
braise *nf* brasa *f* *brassa*
branche *nf* rama *f* *rama*
branché(e) *adj* (à la mode) de moda *dé moda*
brancher *vb* (aimer) molar *molar*
bras *nm* brazo *m* *brasso*
bravo *interj* bravo *brabo*
brebis *nf* oveja *f* *obéHa*
brésilien(ne) *adj* brasileño(-a) *brassilégno(-a)*
brioche *nf* bollo *m* *boïo*
briquet *nm* mechero *m* *métchéro*
brisé(e) *adj* roto(-a) *roto(-a)*
brochette *nf* brocheta *f* *brotchéta*, pincho *m* *pinntcho*
brochure *nf* folleto *m* *foyéto*
brocoli *nm* brócoli *m* *brokoli*
bronchite *nf* bronquitis *f* *bronnkitiss*
bronze *nm* bronce *m* *bronnsé*
bronzé(e) *adj* moreno(-a) *moréno(-a)*
brosse *nf* cepillo *m* *sépiyo* ◇ **brosse à dents** cepillo de dientes *sépiyo dé diénntèss*
brosser *vb* cepillar *sépiyar*
brouillard *nm* niebla *f* *niébla*

bruit *nm* ruido *m* *rouido*
brûlé(e) *adj* quemado(-a) *kémado(-a)*
brûler *vb* quemar *kémar*
brûlure *nf* quemadura *f* *kémadoura*
brume *nf* bruma *f* *brouma*
brumeux(-euse) *adj* brumoso(-a) *broumosso(-a)*
brun(e) *adj* moreno(-a) *moréno(-a)*
Bruxelles *npr* Bruselas *broussélass*
bruyant(e) *adj* ruidoso(-a) *rouidosso(-a)*
buffet *nm* bufé *m* *boufé*
bureau *nm* • (local) despacho *m* *déspatcho*, oficina *f* *ofissina* • (meuble) escritorio *m* *éskritorio* ◇ **bureau de tabac** estanco *m* *éstannko* ◇ **bureau de change** oficina de cambio *ofissina dé kammbio*
bus *nm* autobús *m* *autobouss*
ça *pron dém* esto *ésto* ◇ **ça y est !** ¡ya está! *ya ésta*
cabine *nf* cabina *f* *kabina* ◇ **cabine d'essayage** probador *m* *probador*
câble *nm* cable *m* *kablé*
cacahuète *nf* cacahuete *m* *kakaouété*
cachet *nm* pastilla *f* *pastiya*
caddie *nm* carrito *m* de la compra *karrito dé la kommpra*
cadeau *nm* regalo *m* *régalo*
cadenas *nm* candado *m* *kanndado*
cadre *nm* marco *m* *marko*
cafard *nm* (insecte) cucaracha *f* *koukaratcha*
café *nm* café *m* *kafé* ◇ **café au lait** café con leche *kafé konn létché* ◇ **café noir** café solo *kafé solo* ◇ **café noisette** cortado *m* *kortado*
cahier *nm* cuaderno *m* *kouadèrno*
caille *nf* codorniz *f* *kodorniss*
calamar *nm* calamar *m* *kalamar*
calculatrice *nf* calculadora *f* *kalkouladora*
caleçon *nm* calzoncillos *mpl* *kalsonnsiyoss*
calendrier *nm* calendario *m* *kalènndario*
caler *vb* (voiture) calarse *kalarsé*
calme *adj* tranquilo(-a) *trannkilo(-a)*
cambrioler *vb* robar *robar*
caméra *nf* cámara *f* *kamara*
camion *nm* camión *m* *kamionn*
camionnette *nf* camioneta *f* *kamionéta*
campagne *nf* campo *m* *kammpo*
camping *nm* camping *m* *kammpinng*
camping-car *nm* caravana *f* *karabana*
Canada *npr* Canadá *kanada*
canadien(ne) *adj* canadiense *kanadiènnsé*
canapé *nm* sofá *m* *sofa*
canard *nm* pato *m* *pato*
cancer *nm* cáncer *m* *kannsèrr*
candidat(e) *nm/f* candidato(-a) *m/f* *kanndidato(-a)*
candidature *nf* candidatura *f* *kanndidatoura*
canette *nf* lata *f* *lata*
canif *nm* navaja *f* *nabaHa*
canne *nf* bastón *m* *bastonn*
cannelle *nf* canela *f* *kanéla*
canoë-kayak *nm* kayak *m* *kayak*
canyoning *nm* barranquismo *m* *barrannkismo*
cape *nf* capa *f* *kapa*
capitale *nf* capital *f* *kapital*
capot *nm* capó *m* *kapo*
caractère *nm* (de personne) carácter *m* *karaktèrr* ◇ **caractère d'imprimerie** letra *f* de imprenta *létra dé imprènnta*

carafe *nf* jarra *f* *Harra* ◇ **carafe d'eau** jarra de agua *Harra dé agoua*
caramel *nm* caramelo *m* *karamélo*
carburant *nm* carburante *m* *karbourannté*
cardiaque *adj* cardiaco(-a) *kardiako(-a)*
carie *nf* caries *fpl* *karièss*
carnaval *nm* carnaval *m* *karnabal*
carnet *nm* libreta *f* *libréta*
carotte *nf* zanahoria *f* *sanaoria*
carpe *nf* carpa *f* *karpa*
carré(e) *adj* cuadrado(-a) *kouadrado(-a)*
carrefour *nm* cruce *m* *kroussé*
carte *nf* tarjeta *f* *tarHéta* • (géographique) mapa *mapa* ◇ **carte de crédit** tarjeta de crédito *tarHéta dé krédito* ◇ **carte d'embarquement** tarjeta de embarqué *tarHéta dé èmmbarqué* ◇ **carte d'identité** DNI *dé-éné-i* ◇ **carte postale** tarjeta postal *tarHéta postal*
cartouche *nf* (de cigarettes) cartón *m* *kartonn*
cascade *nf* cascada *f* *kaskada*
casier *nm* casillero *m* *kasiyéro*
casino *nm* casino *m* *kassino*
casque *nm* casco *m* *kasko*
casquette *nf* gorra *f* *gorra*
cassé(e) *adj* roto(-a) *roto(-a)*
casser *vb* romper *rommpèrr*
casserole *nf* cacerola *f* *kassérola* • (en terre cuite) cazuela *f* *kassouéla*
cassis *nm* grosella *f* negra *groséya négra*
castagnettes *nfpl* castañuelas *fpl* *kastagnouélass*
castillan(e) *adj* castellano(-a) *kastéyano(-a)*
catalan(e) *adj* catalán(-ana) *katalann (-ana)*
catalogue *nm* catálogo *m* *katalogo*
cathédrale *nf* catedral *m* *catédral*
catholique *adj, nmf* católico(-a) *m/f* *katoliko(-a)*
caution *nf* fianza *f* *fiannsa*
CD *nm* CD *m* *cédé* ◇ **CD-ROM** cédérron *m* *sédéronn*
ce, cet, cette *adj dém* este(-a) *ésté(-a)*, ese(-a) *éssé(-a)*
ceinture *nf* cinturón *m* *sinntouronn* ◇ **ceinture de sécurité** cinturón dé seguridad *sinntouronn dé ségourida*
célèbre *adj* famoso(-a) *famosso(-a)*
célibataire *adj* soltero(-a) *soltéro(-a)*
céleri *nm* apio *m* *apio*
celui-ci, celle-ci *pron dém* este(-a) *ésté(-a)*
celui-là, celle-là *adj dém* aquel(la) *akèl(-éya)*
cendrier *nm* cenicero *m* *sénisséro*
cent *adj num* cien *siènn*, ciento *siènnto*
centième *adj num* centésimo(-a) *sènntéssimo(-a)*
centimètre *nm* centímetro *m* *sènntimétro*
centre *nm* centro *m* *sènntro*
céramique *nf* cerámica *f* *séramika*
cercle *nm* círculo *m* *sirkoulo*
céréales *nfpl* cereales *mpl* *séréalèss*
cerf-volant *nm* cometa *f* *kométa*
cerise *nf* cereza *f* *séréssa*
certain(e) *adj, pron* (sûr) seguro(-a) *ségouro(-a)*
certificat *nm* certificado *m* *sèrtifikado*
certifié(e) *adj* certificado(-a) *sèrtifikado(-a)*
c'est *loc* es *èss*
chacun(e) *pron* cada uno(-a) *kada ouno(-a)*
chaîne *nf* cadena *f* *kadéna*
chaise *nf* silla *f* *siya* ◇ **chaise haute** silla alta *siya alta* ◇ **chaise longue** tumbona *f* *toummbona*
chaleur *nf* calor *m* *kalor*
chambre *nf* habitación *f* *abitassionn* ◇ **chambre à air** cámara *f* de aire *kamara dé a-iré*

champ *nm* campo *m* ***kamm**po*
champagne *nm* champán *m* *tchamm**pann***
champignon *nm* seta *f* *sé**ta***
• (mycose) hongo *m* ***on**go*
◇ **champignon de Paris** champiñón *m* *tchammpi**gnonn***
chance *nf* suerte *f* ***souèr**té*
change *nm* cambio *m* ***kamm**bio*
changement *nm* cambio *m* ***kamm**bio*
changer *vb* cambiar *kamm**biar*** ◇ **se changer** cambiarse *kamm**biar**sé*
chanson *nf* canción *f* *kann**sionn***
chanter *vb* cantar *kann**tar***
chanteur(-euse) *nm/f* cantante *mf* *kann**tann**té*
chapeau *nm* sombrero *m* *somm**bré**ro*
chapelle *nf* capilla *f* *ka**pi**ya*
chaque *adj* cada ***ka**da*
charcuterie *nf* embutido *m* *èmmbou**ti**do*
charge *nf* carga *f* ***kar**ga*
chargeur *nm* cargador *m* *karga**dor***
chariot *nm* carrito *m* *ka**rri**to*
charme *nm* encanto *m* *ènn**kann**to*
chasse *nf* (activité) caza *f* ***ca**ssa*
◇ **chasse d'eau** cisterna *f* *sis**tèr**na*
chasser *vb* cazar *ka**ssar***
chat *nm* • (animal) gato *m* ***ga**to* • (par internet) chat *m* *tchatt*
châtaigne *nf* castaña *f* *kas**ta**gna*
châtaignier *nm* castaño *m* *kas**ta**gno*
château *nm* castillo *m* *kas**ti**yo*
chatter *vb* chatear *tchaté**ar***
chaud(e) *adj* • (température) caliente *ka**lièn**nté* • (climat) caluroso(-a) *kalou**ro**sso(-a)*
chaudière *nf* caldera *f* *kal**dé**ra*
chauffage *nm* calefacción *f* *kaléfa**ksionn***
chauffe-eau *nm* calentador *m* de agua *kalènnta**dor** dé **a**goua*
chauffer *vb* calentar *kalènn**tar***
chauffeur *nm* chófer *m* ***tcho**fèrr*
chaussée *nf* calzada *f* *kal**sa**da*
chausser *vb* calzar *kal**sar***
chaussette *nf* calcetín *m* *kalsé**tinn***
chaussure *nf* zapato *m* *sa**pa**to*
• (de sport) zapatilla *f* *sapa**ti**ya*
◇ **chaussure de marche** bota *f* ***bo**ta*
chauve *adj* calvo(-a) ***kal**bo(-a)*
chef *nm* jefe(-a) *m/f* ***Hé**fé(-a)*
◇ **chef-d'œuvre** obra *f* maestra *obra ma**és**tra*
chemin *nm* camino *m* *ka**mi**no*
cheminée *nf* chimenea *f* *tchiméné**a***
chemise *nf* camisa *f* *ka**mi**ssa*
chêne *nm* roble *m* ***ro**blé*
cher(-ère) *adj* (prix) caro(-a) ***ka**ro(-a)*
chercher *vb* buscar *bous**kar***
chercheur(-euse) *nm/f* (personne) investigador(a) *m/f* *innbéstiga**dor**(a)*
cheval *nm* caballo *m* *ka**ba**yo*
cheveu *nm* pelo *m* ***pé**lo*
cheville *nf* tobillo *m* *to**bi**yo*
chèvre *nf* cabra *f* ***ka**bra*
chewing-gum *nm* chicle *m* ***tchi**klé*
chic *adj* elegante *élé**gann**té*
chien(ne) *nm/f* perro(-a) *m/f* ***pé**rro(-a)*
chiffre *nm* cifra *f* ***si**fra*
Chili *npr* Chile ***tchi**lé*
chilien(ne) *adj* chileno(-a) *tchi**lé**no(-a)*
Chine *npr* China ***tchi**na*
chinois(e) *adj* chino(-a) ***tchi**no(-a)*
chips *nfpl* patatas *fpl* fritas *pa**ta**tass **fri**tass*
choc *nm* choque *m* ***tcho**qué*
chocolat *nm* chocolate *m* *tchoko**la**té*

FRANÇAIS-ESPAGNOL

choisir *vb* elegir *éléHir*
choix *nm* elección *f* *élèksionn*
chômage *nm* paro *m* *paro*
chorégraphie *nf* coreografía *f* *koréografi-a*
chorizo *nm* chorizo *m* *tchorisso*
chose *nf* cosa *f* *kossa*
chou *nm* col *f* *kol*
chouette *adj* guay *gouaï*
chou-fleur *nm* coliflor *f* *koliflor*
chrétien(ne) *adj* cristiano(-a) *kristiano(-a)*
chute *nf* caída *f* *ka-ida*
cicatrice *nf* cicatriz *f* *sikatriss*
cicatriser *vb* cicatrizar *sikatrissar*
cidre *nm* cidra *f* *sidra*
ciel *nm* cielo *m* *siélo*
cigare *nm* puro *m* *pouro*
cigarette *nf* cigarillo *m* *sigariyo* ◇ **cigarette électronique** cigarillo electrónico *sigariyo éléktroniko*
cils *nmpl* pestañas *fpl* *péstagnass*
cimetière *nm* cementerio *m* *séménntério*
cinéma *nm* cine *m* *siné*
cinq *adj num* cinco *sinnko* ◇ **cinq cents** quinientos(-as) *kiniènntoss(-ass)*
cinquante *adj num* cincuenta *sinnkouènnta* ◇ **cinquante et un/deux...** cincuenta y uno/dos *sinnkouènnta i ouno/doss*
cinquantième *adj num* quincuagésimo(-a) *kinnkouaHéssimo(-a)*
cinquième *adj num* quinto(-a) *kinnto(-a)*
cintre *nm* percha *f* *pèrtcha*
circuit *nm* (parcours) ruta *f* *routa* ◇ **circuit automobile** circuito *m* *sirkouito*
circulation *nf* tráfico *m* *trafiko*
cirque *nm* circo *m* *sirko*
ciseaux *nmpl* tijeras *fpl* *tiHérass*

citron *nm* limón *m* *limonn*
citrouille *nf* calabaza *f* *kalabassa*
clair(e) *adj* claro(-a) *klaro(-a)*
classe *nf* clase *f* *klassé*
classique *adj* clásico(-a) *klassiko(-a)*
clavier *nm* teclado *m* *téklado*
clé *nf* llave *f* *yabé* ◇ **clé de contact** llave de contacto *yabé dé konntakto* ◇ **clé USB** memoria *f* USB *mémoria ou éssé bé*
clémentine *nf* clementina *f* *kléménntina*
client(e) *nm/f* cliente(-a) *m/f* *kliènnté(-a)*
climat *nm* clima *m* *klima*
climatisation *nf* climatización *f* *klimatissassionn*
climatisé(e) *adj* climatizado(-a) *klimatissado(-a)*
clou *nm* clavo *m* *klabo*
club *nm* club *m* *kloub* ◇ **club (de golf)** palo *m* de golf *palo dé golf*
cochon *nm* cerdo *m* *sèrdo*
code *nm* código *m* *kodigo* ◇ **code postal** código postal *kodigo postal*
cœur *nm* corazón *m* *korassonn*
coffre *nm* • (de voiture) maletero *m* *malétéro* • (de banque) caja *f* fuerte *kaHa fouèrté*
coiffeur(-euse) *nm/f* peluquero(-a) *m/f* *péloukéro(-a)*
coiffure (salon de) *nm* peluquería *f* *péloukéri-a*
coin *nm* • (d'une pièce) rincón *m* *rinnkonn* • (d'une rue, d'une table) esquina *f* *éskina*
coing *nm* membrillo *m* *mèmmbriyo*
cocktail *nm* cóctel *m* *koktel*
col *nm* • (de vêtement) cuello *m* *kouéyo* • (de montagne) puerto *m* *pouèrto*
colère *nf* rabia *f* *rabia*
colin *nm* merluza *f* *mèrloussa*
colis *nm* paquete *m* *pakété*
collants *nmpl* pantis *mpl* *panntiss*

colle *nf* pegamento *m* *pégamènnto*
collège *nm* colegio *m* *koléHio*
collègue *nmf* colega *mf* *koléga*
coller *vb* pegar *pégar*
collier *nm* collar *m* *koyar*
colline *nf* colina *f* *kolina*
collision *nf* colisión *f* *kolissionn*
colloque *nm* coloquio *m* *kolokio*
collyre *nm* colirio *m* *kolirio*
colocataire *nmf* compañero(-a) *m/f* de piso *kommpagnéro(-a) dé pisso*
Colombie *npr* Colombia *kolommbia*
colombien(ne) *adj* colombiano(-a) *kolommbiano(-a)*
colonne *nf* columna *f* *koloumna*
combien *adv* cuánto(-a) *kouannto(-a)* ▪ *pron* cuántos(-as)
combinaison *nf* (de plongée) traje *m* *traHé*
comédie *nf* comedia *f* *komédia*
comédien(ne) *nm/f* comediante *mf* *komédiannté*
commander *vb* ordenar *ordénar*
comme *adv, conj* como *komo*
commencer *vb* comenzar *komènnsar*, empezar *èmmpéssar*
comment *adv* cómo *komo*
commerce *nm* comercio *m* *komèrsio*
commissariat de police *nm* comisaría *f* *komissari-a*
commission *nf* comisión *m* *komissionn*
commode *nf* cómoda *f* *komoda* ▪ *adj* cómodo(-a)
commotion cérébrale *nf* conmoción *f* cerebral *konnmossionn sérébral*
communication *nf* comunicación *f* *komounikassionn*
compagnie *nf* compañía *f* *kommpagni-a*
compartiment *nm* compartimento *m* *kommpartimènnto*
compétition *nf* competición *f* *kommpétissionn*
complet(-ète) *adj* completo(-a) *kommpléto(-a)*
compote *nf* compota *f* *kommpota*
comprendre *vb* comprender *kommprènndèrr*, entender *ènntènndèrr*
compresse *nf* compresa *f* *kompréssa*
comprimé(e) *adj* comprimido(-a) *kommprimido(-a)* ▪ *nm* comprimido *m* *kommprimido*
compris(e) *adj* (inclus) incluido(-a) *innklouido(-a)*
comptabilité *nf* contabilidad *f* *konntabilida*
comptable *nmf* contable *mf* *konntablé*
compte *nm* cuenta *f* *kouènnta*
compter *vb* contar *konntar*
compteur *nm* (de vitesse) indicador *m* de velocidad *inndikador dé bélossida*
comptoir *nm* mostrador *m* *mostrador*
concert *nm* concierto *m* *konnsièrto*
concombre *nm* pepino *m* *pépino*
concours *nm* oposición *f* *oposissionn*
conducteur(-trice) *nm/f* conductor(a) *m/f* *konndouktor(a)*
conduire *vb* conducir *konndoussir*
conduite *nf* actuación *f* *aktouassionn*
conférence *nf* conferencia *f* *konnférènnsia*
confiance *nf* confianza *f* *konnfiannsa*
confirmer *vb* confirmar *konnfirmar*

confiture *nf* mermelada *f mèrmélada*
confortable *adj* cómodo(-a) *komodo(-a)*
congé *nm* vacaciones *fpl bakassionèss*
congélateur *nm* congelador *m konnHélador*
conifère *nm* conífera *f koniféra*
conjonctivite *nf* conjuntivitis *f konnHounntibitiss*
connaissance *nf* conocimiento *m konossimiènnto*
connaître *vb* conocer *konossèr*
connecter *vb* conectar *konèktar* ◇ **se connecter** conectarse
connexion *nf* conexión *f conèksionn*
conseil *nm* consejo *m konnséHo*
conseiller *vb* aconsejar *akonnséHar*
consigne *nf* consigna *f konnsig-na*
consommation *nf* consumo *m konnsoumo* • (boisson) consumición *f konnsoumissionn*
consommé *nm* consomé *m konnsomé*
consommer *vb* consumir *konnsoumir*
constat à l'amiable *nm* declaración *f* amistosa de accidente *déklarassionn amistossa dé aksidènnté*
constipation *nf* estreñimiento *m éstrégnimiènnto*
constipé(e) *adj* estreñido(-a) *éstrégnido(-a)*
construction *nf* construcción *f konnstrouksionn*
construire *vb* construir *konnstrouir*
consulat *nm* consulado *m konnsoulado*
consultation *nf* consulta *f konnsoulta*
consulter *vb* consultar *konnsoultar*
contact *nm* contacto *m konntakto*
contacter *vb* contactar *konntaktar*
contagieux(-euse) *adj* contagioso(-a) *konntaHiosso(-a)*
contamination *nf* contagio *m konntaHio*
contaminer *vb* contagiar *konntaHiar*
contemporain(e) *adj* contemporáneo(-a) *konntèmmporanéo(-a)*
content(e) *adj* contento(-a) *konntènnto(-a)*
continental(e) *adj* continental *konntinènntal*
continuation *nf* continuación *f konntinouassionn*
contraception *nf* contracepción *f konntrassèpsionn*
contraire *nm* contrario *m konntrario*
contrat *nm* contrato *m konntrato*
contravention *nf* multa *f moulta* ◇ **mettre une contravention** multar *moultar*
contretemps *nm* contratiempo *m konntratièmmpo*
contrôleur *nm* controlador *m konntrolador*
convenir *vb* convenir *konnbénir*
coordonnées *nfpl* señas *fpl ségnass*
copain, copine *nm/f* amigo(-a) *m/f amigo(-a)*
copie *nf* copia *f kopia*
copier *vb* copiar *kopiar*
coq *nm* gallo *m gayo*
coquillage *nm* concha *f konntcha*
coquille Saint-Jacques *nf* vieira *f bié-ira*
cor *nm* callo *m kayo*
cordonnerie *nf* zapatería *f sapatéri-a*
coriandre *nf* cilandro *m silanndro*
cornichon *nm* pepinillo *m pépiniyo*
corps *nm* cuerpo *m kouèrpo*
correct(e) *adj* correcto(-a) *korrèkto(-a)*
correspondance *nf* correspondencia *f korrésponndènnsia* • (transports) trasbordo *m trasbordo*
Costa Rica *npr* Costa Rica *kosta rika*
costaricain(e) *adj* costarriqueño(-a) *kostarrikégno(-a)*, costarriquense *kostarrikènnsé*

côte *nf* (rivage) costa *f* ***kos**ta* ◇ **côte de bœuf** chuletón *m* *tchoulé**tonn***
côté *nm* lado *m* ***la**do*
côtelette *nf* chuleta *f* *tchou**lé**ta*
coton *nm* algodón *m* *algo**donn***
cou *nm* cuello *m* *kou**é**yo*
couche *nf* (de bébé) pañal *m* *pa**gnal***
coucher (se) *vb* acostarse *akos**tar**sé* ▪ *nm* ◇ **coucher de soleil** puesta *f* del sol ***pouès**ta del sol*
couchette *nf* (de train) litera *f* *li**té**ra*
coude *nm* codo *m* ***ko**do*
couleur *nf* color *m* *ko**lor***
couloir *nm* pasillo *m* *pa**ssi**yo*
coup *nm* golpe *m* ***gol**pé* ◇ **coup de soleil** quemadura *f* de sol *éma**dou**ra dé sol*
coupable *adj, nmf* culpable *m/f* *koul**pa**blé*
coupe *nf* • (de champagne) copa *f* ***ko**pa* • (de cheveux, d'habits) corte *m* ***kor**té*
coupé(e) *adj* (raccourci) cortado(-a) *kor**ta**do(-a)* ◇ **coupé d'eau** aguado(-a) *agou**a**do(-a)*
couper *vb* cortar *kor**tar***
couple *nm* pareja *f* *pa**ré**Ha*
cour *nf* • (intérieure) patio *m* ***pa**tio* • (royale) corte *f* ***kor**té*
courage *nm* • (bravoure) valor *m* *ba**lor*** • (énergie) ánimo *m* ***a**nimo*
courant(e) *adj, nm* corriente *f* *ko**rriènn**te* ◇ **courant d'air** corriente de aire *ko**rriènn**té dé **a**-iré* ◇ **au courant** al corriente *al ko**rriènn**té*
courbatures *nfpl* agujetas *fpl* *agou**Hé**tass*
courgette *nf* calabacín *m* *kalaba**ssinn***
courir *vb* correr *ko**rrèrr***
courriel *nm* correo *m* electrónico *ko**rré**o é**lék**troniko*
courrier *nm* correo *m* *ko**rre**o* ◇ **courrier électronique** correo electrónico *ko**rré**o é**lék**troniko*
cours *nm* clase *f* ***klas**sé*
courses *nfpl* compra *f* ***komm**pra*
court(e) *adj* corto(-a) ***kor**to(-a)*
cousin(e) *nm/f* primo(-a) *m/f* ***pri**mo(-a)*
coussin *nm* cojín *m* *ko**Hinn***
coût *nm* coste *m* ***kos**té*
couteau *nm* cuchillo *m* *kou**tchi**yo*
coûter *vb* costar *kos**tar***
coutume *nf* costumbre *f* *kos**toumm**bré*
couvent *nm* convento *m* *konn**bènn**to*
couvert(e) *adj* cubierto(-a) *kou**bièr**to(-a)*
couverts *nmpl* cubiertos *mpl* *kou**bièr**toss*
couverture *nf* manta *f* ***mann**ta*
couvrir *vb* cubrir *kou**brir***
crabe *nm* cangrejo *m* *kann**gré**Ho*
craie *nf* tiza *f* ***tis**sa*
crampe *nf* calambre *m* *ka**lamm**bré* ◇ **crampes d'estomac** retortijones *mpl* *rétorti**Ho**nèss*
crapaud *nm* sapo *m* ***sa**po*
crayon *nm* lápiz *m* ***la**piss*
crédit *nm* crédito *m* ***kré**dito* ◇ **carte de crédit** tarjeta *f* de crédito *tar**Hé**ta dé **kré**dito*
crème *nf* crema *f* ***kré**ma* ◇ **crème chantilly** crema *f* chantilly ***kre**ma tchann**tiyi***, nata *f* montada ***na**ta monn**ta**da*
crémeux(-euse) *adj* cremoso(-a) *kré**mo**sso(-a)*
creux(-euse) *adj* hondo(-a) ***onn**do(-a)*
crevaison *nf* pinchazo *m* *pinn**tcha**sso*
crever *vb* (pneu) pinchar *pinn**tchar***
crevette *nf* gamba *f* ***gamm**ba*

cri *nm* grito *m* *grito*
cric *nm* gato *m* *gato*
crise *nf* crisis *f* *krississ* ◇ **crise cardiaque** ataque *m* al corazon *ataké al korassonn*
cristal *nm* cristal *m* *kristal*
critique *nf* crítica *f* *kritika*
crocodile *nm* cocodrilo *m* *kokodrilo*
croire *vb* creer *kré-èrr*
croisement *nm* cruce *m* *kroussé*
croisière *nf* crucero *m* *kroussèro*
croix *nf* cruz *f* *krouss*
croquette *nf* croqueta *f* *krokéta*
croûte *nf* costra *f* *kostra*
croyant(e) *nm/f* creyente *mf* *kréyènnté*
cru(e) *adj* crudo(-a) *kroudo(-a)*
crudités *nfpl* verdura y hortaliza *fpl* crudas *bèrdoura i ortalissa kroudass*
crustacé *nm* crustáceo *m* *kroustasséo*
Cuba *npr* Cuba *kouba*
cubain(e) *adj* cubano(-a) *koubano(-a)*
cuillère *nf* cuchara *f* *koutchara*
cuir *nm* cuero *m* *kouéro*
cuire *vb* (aliments) cocer *kossèrr*
cuisine *nf* cocina *f* *kossina*
cuisiné(e) *adj* cocinado(-a) *kossinado(-a)*
cuisiner *vb* cocinar *kossinar*
cuisse *nf* muslo *m* *mouslo*
cuit(e) *adj* cocido(-a) *kossido(-a)* • (viande) hecha *étcha*
cuivre *nm* cobre *m* *kobré*
culotte *nf* braga *f* *braga*
culte *adj* culto(-a) *koulto(-a)*
cultivé(e) *adj* • (personne) culto(-a) *koulto(-a)* • (champ) cultivado(-a) *koultibado(-a)*
curé *nm* cura *m* *koura*
cure-dent *nm* palillo *m* *paliyo*
curieux(-euse) *adj* curioso(-a) *kouriosso(-a)*
curriculum vitae *nm* currículo *m* *kourrikoulo*
curry *nm* curry *m* *kouri*
curseur *nm* cursor *m* *koursor*
cybercafé *nm* cibercafé *m* *sibèrcafé*
cyclisme *nm* ciclismo *m* *siklismo*
cycliste *nmf* ciclista *mf* *siklista*
cyberespace *nm* ciberespacio *m* *sibèrréspassio*
dame *nf* señora *f* *ségnora*
danger *nm* peligro *m* *péligro*
dangereux(-euse) *adj* peligroso(-a) *péligrosso(-a)*
danois(e) *adj* danés(-esa) *danèss(-essa)*
dans *prép* en *ènn* ▪ *adv* dentro *dènntro*
danse *nf* baile *m* *baïlé*
danser *vb* bailar *baïlar*
danseur(-euse) *nm/f* bailarín(-ina) *m/f* *baïlarinn(-ina)*
date *nf* fecha *f* *fétcha*
datte *nf* dátil *m* *datil*
dauphin *nm* delfín *m* *dèlfinn*
daurade *nf* besugo *m* *béssougo*
début *nm* principio *m* *prinnsipio*
débutant(e) *nm/f* principiante *mf* *prinnsipiannté*
décaféiné(e) *adj* descafeinado(-a) *déskafé-inado(-a)*
décalage horaire *nm* diferencia *f* horaria *diférènnsia oraria*
décapotable *adj* descapotable *déskapotablé*
décapsuleur *nm* abridor *m* *abridor*
décembre *nm* diciembre *m* *dissièmmbré*
décharger *vb* descargar *déskargar*
déchirer *vb* rasgar *rasgar*
déchirure *nf* desgarradura *mf* *désgarradoura* ◇ **déchirure musculaire** desgarro *m* muscular *désgarro mouskoular*
décider *vb* decidir *déssidir*
déclaration *nf* declaración *f* *déklarassionn*
déclarer *vb* declarar *déklarar*

décollage *nm* despegue *m* *déspégué*
décoller *vb* despegar *déspégar*
découvert(e) *adj* descubierto(-a) *déskoubièrto(-a)*
décrire *vb* describir *déskribir*
défaut *nm* defecto *m* *défékto*
dégonfler *vb* deshinchar *déssinntchar*
dehors *adv* fuera *fouéra*
déjà *adv* ya *ya*
déjeuner *nm* desayuno *m* *déssayouno*
délicieux(-euse) *adj* delicioso(-a) *délissiosso(-a)*
deltaplane *nm* ala *f* delta *ala dèlta*
demain *nm* mañana *f* *magnana*
demande *nf* solicitud *f* *solissitou*
demander *vb* • (autorisation) pedir *pédir* • (poser une question) preguntar *prégounntar*
démangeaison *nf* picazón *m* *pikassonn*
démaquillant *nm* desmaquillador *m* *désmakiyador*
démarrage *nm* arranque *m* *arrannké*
démarrer *vb* arrancar *arrankar*
demi(e) *adj* (moitié) medio(-a) *médio(-a)* ◇ **demi-heure** media hora *f* *média ora* ◇ **demi-litre** medio litro *m* *médio litro* ◇ **demi-tour** media vuelta *f* *média bouèlta* ▪ *nm* ◇ **demi de bière** caña *f* *kagna*
dénoncer *vb* denunciar *dénounnsiar*
dénonciation *nf* denuncia *f* *dénounnsia*
dent *nf* diente *m* *diènnté*
dentifrice *nm* pasta *f* de dientes *pasta dé diènntès*
dentiste *nmf* dentista *mf* *dènntista*
déodorant *nm* desodorante *m* *déssodorannté*
dépanneuse *nf* grúa *f* *grou-a*
départ *nm* salida *f* *salida*
dépassement *nm* adelantamiento *m* *adélanntamiènnto*
dépasser *vb* adelantar *adélanntar*
dépêcher (se) *vb* darse prisa *darsé prissa*
dépendre *vb* depender *dépènndèrr*
dépenser *vb* gastar *gastar*
dépliant *nm* folleto *m* *foyéto*
depuis *prép* desde *désdé*
déranger *vb* molestar *moléstar*
dérailleur *nm* cambio *m* de marchas *kammbio dé martchass*
dermatologue *nmf* dermatólogo(-a) *m/f* *dèrmatologo(-a)*
dernier(-ère) *adj* último(-a) *oultimo(-a)*
derrière *adv* detrás *détrass*
des *art* unos(-as) *ounoss(-ass)*
désagréable *adj* desagradable *déssagradablé*
descendre *vb* bajar *baHar*
désert *nm* desierto *m* *déssièrto*
désinfectant(e) *adj* desinfectante *déssinnféktannté*
désinfecter *vb* desinfectar *déssinfèktar*
désirer *vb* desear *désséar*
dessert *nm* postre *m* *postré*
dessin *nm* dibujo *m* *dibouHo*
dessiner *vb* dibujar *dibouHar*
dessous *prép, adv* debajo *débaHo* ◇ **au-dessous** debajo *débaHo*
dessus *prép, adv* encima *ènnsima* ◇ **au-dessus** encima *ènnsima*
destinataire *nmf* destinatario(-a) *m/f* *déstinatario(-a)*
détendre (se) *vb* relajarse *rélaHarsé*
détester *vb* odiar *odiar*

deux *adj num* dos *doss* ◇ **deux cents** doscientos(-as) *dossiènntos(-ass)*
devant *adv* delante *délannté*
développer *vb* desarrollar *déssarroyar*
développement *nm* desarrollo *m* *déssarroyo*
déviation *nf* desvío *m* *désbi-o*
devoir *nm, vb* deber *m* *débèrr*
diabète *nm* diabetes *m* *diabétèss*
diabétique *adj* diabético(-a) *diabétiko(-a)*
dialecte *nm* dialecto *m* *dialèkto*
diarrhée *nf* diarrea *f* *diarréa*
dictionnaire *nm* diccionario *m* *diksionario*
diesel *nm* diésel *m* *diéssel*
diète *nf* dieta *f* *diéta*
dieu *nm* diós *m* *dioss*
différent(e) *adj* diferente *diférènnté*
difficile *adj* difícil *dificil*
digestif *nm* digestivo *m* *diHèstibo*
dimanche *nm* domingo *m* *dominngo*
dinde *nf* pavo *m* *pabo*
dîner *vb* cenar *sénar* ▪ *nm* cena *f* *séna*
diplôme *nm* diploma *m* *diploma*
dire *vb* decir *déssir*
direct(e) *adj* directo(-a) *dirèkto(-a)*
directeur(-trice) *nm/f* director(a) *m/f* *dirèktor(a)*
direction *nf* dirección *f* *dirèksionn*
diriger *vb* dirigir *diriHir*
discothèque *nf* discoteca *f* *diskotéka*
disjoncteur *nm* disyuntor *m* *disyounntor*
disparaître *vb* desaparecer *déssaparéssèr*
disponible *adj* disponible *disponiblé*
disque *nm* disco *m* *disko* ◇ **disque dur** disco duro *disko douro*
distance *nf* distancia *f* *distannsia*
distributeur *nm* (de billets) cajero *m* *kaHéro*
diviser *vb* dividir *dibidir*
division *nf* división *f* *dibission*
divorcé(e) *adj* divorciado(-a) *diborsiado(-a)*
dix *adj num* diez *dièss*
dix-huit *adj num* dieciocho *dièssiotcho*
dixième *adj num* décimo(-a) *déssimo(-a)*
dix-neuf *adj num* diecinueve *diéssinouébé*
dix-sept *adj num* diecisiete *diéssissiété*
docteur *nmf* doctor(a) *m/f* *doktor(a)*
document *nm* documento *m* *dokoumènnto*
documentaire *nm* documental *m* *dokoumènntal*
documentation *nf* documentación *f* *dokoumènntassionn*
doigt *nm* dedo *m* *dédo*
dollar *nm* dólar *m* *dolar*
domestique *adj* doméstico(-a) *doméstiko(-a)*
dominicain, aine *adj* dominicano(-a) *dominikano(-a)* ◇ **République dominicaine** República *f* Dominicana *répoublika dominikana*
dommage *loc* lástima *lastima*
donner *vb* dar *dar*
doré(e) *adj* dorado(-a) *dorado(-a)*
dormir *vb* dormir *dormir*
dos *nm* espalda *f* *éspalda*
dossier *nm* • (d'inscription) solicitud *f* *solissitou* • (de documents) expediente *m* *ékspédiènnté*
douane *nf* adouana *f* *adouana*
double *adj* doble *doblé*
doucement *adv* despacio *déspassio*
douche *nf* ducha *f* *doutcha*
douleur *nf* dolor *m* *dolor*
doux(-ouce) *adj* dulce *doulsé*, suave *souabé*
douze *adj num* doce *dossé*
drap *nm* sábana *f* *sabana*
drapeau *nm* bandera *f* *banndéra*

drogue *nf* droga *f* *droga*
droit *nm* derecho *m* *dérétcho*
droite *nf* derecha *f* *dérétcha*
drôle *adj* gracioso(-a) *grassiosso(-a)*
dune *nf* duna *f* *douna*
dur(e) *adj* duro(-a) *douro(-a)*
durer *vb* durar *dourar*
durillon *nm* callo *m* *kayo*
duvet *nm* (sac de couchage) saco *m* de dormir *sako dé dormir*
DVD *nm* DVD *m* *débédé*
eau *nf* agua *f* *agoua*
échalote *nf* chalote *m* *tchaloté*
échanger *vb* cambiar *kammbiar*
écharpe *nf* bufanda *f* *boufannda*
échec *nm* fracaso *m* *frakasso*
échecs *nmpl* (jeu) ajedrez *m* *aHédrèss*
échelle *nf* escalera *f* *éskaléra*
échographie *nf* ecografía *f* *ékografi-a*
éclairage *nm* iluminación *f* *ilouminassionn*
éclipse *nf* eclipse *m* *éklipsé*
école *nf* escuela *f* *éskouèla*
écologique *adj* ecológico(-a) *ékoloHiko(-a)*
écouter *vb* escuchar *éskoutchar*
écran *nm* pantalla *f* *panntaya*
écrire *vb* escribir *éskribir*
écriture *nf* escritura *f* *éskritoura*
écrivain(e) *nm/f* escritor(a) *m/f* *éskritor(a)*
écureuil *nm* ardilla *f* *ardiya*
éducation *nf* educación *f* *édoukassionn*
effet *nm* efecto *m* *éfèkto*
égal(e) *adj* igual *igoual*
église *nf* iglesia *f* *igléssia*
égratignure *nf* rasguño *m* *rasgougno*

El Salvador *npr* El Salvador *el salbador*
élection *nf* elección *f* *élèksionn*
électricité *nf* electricidad *f* *éléktrissida*
électrique *adj* eléctrico(-a) *éléktriko(-a)*
électronique *adj* electrónico(-a) *éléktroniko(-a)*
élève *nmf* alumno(-a) *m/f* *aloumno(-a)*
élire *vb* elegir *éléHir*
elle *pron* ella *éya*
e-mail *nm* correo *m* electrónico *korréo éléktroniko*
emballer *vb* envolver *ènnbolbèr*
embarquement *nm* embarque *m* *èmmbarqué* ◇ **porte d'embarquement** puerta *f* de embarque
embêter *vb* molestar *moléstar*
embouteillage *nm* atasco *m* *atasko*
embrasser *vb* besar *béssar*
embrayage *nm* embrague *m* *èmmbragué*
émission *nf* (de télévision) programa *m* *programa*
emmener *vb* llevar *yébar*
empirer *vb* empeorar *empéorar*
emplacement *nm* emplazamiento *m* *emplassamiènnto*
employé(e) *nm/f* empleado(-a) *m/f* *èmmpléado(-a)*
emprunter *vb* pedir prestado *pédir préstado*
enceinte *adj f* embarazada *èmmbarassada*
enchanté(e) *adj* encantado(-a) *ènnkanntado(-a)* • (présentation) mucho gusto *moutcho gousto*
encore *adv* todavía *todabi-a*
encre *nf* tinta *f* *tinnta*
endive *nf* endivia *f* *èndibia*

FRANÇAIS-ESPAGNOL

endormir (s') *vb* dormirse *dormirsé*
endroit *nm* sitio *m* *sitio*
enfant *nmf* niño(-a) *m/f* *nigno(-a)*
enfer *nm* infierno *m* *infièrno*
enfin ! *loc* ¡por fin! *por finn*
enflé(e) *adj* hinchado(-a) *inntchado(-a)*
enflure *nf* hinchazón *m* *inntchassonn*
enlever *vb* quitar *kitar*
ennuyer (s') *vb* aburrirse *abourrirsé*
ennuyeux(-euse) *adj* aburrido(-a) *abourrido(-a)*
enquêter *vb* investigar *innbèstigar*
enregistrement *nm* (de fichier, musique) grabación *f* *grabassionn* ◇ **enregistrement des bagages** facturación *f* *faktourassionn*
enregistrer *vb* • (les bagages) facturar *faktourar* • (fichier informatique, musique) grabar *grabar*
enrhumé(e) *adj* acatarrado(-a) *akatarrado(-a)*, resfriado(-a) *résfriado(-a)*, constipado(-a) *konnstipado(-a)*
enseignement *nm* enseñanza *f* *ènnségnannsa*
ensemble *adv* juntos(-as) *Hounntoss (-ass)*
ensuite *adv* luego *louégo*
entendre *vb* oír *o-ir*
enterrement *nm* entierro *m* *ènntiérro*
entier(-ère) *adj* entero(-a) *ènntéro(-a)*
entorse *nf* esguince *m* *ésguinnsé*, torcedura *f* *torsédoura*
entracte *nm* entreacto *m* *ènntréakto*
entre *prép* entre *ènntré*
entrecôte *nf* entrecot *m* *ènntrékott*
entrée *nf* entrada *f* *ènntrada*
entreprise *nf* empresa *f* *èmmpréssa*
entrer *vb* entrar *ènntrar*
entresol *nm* entresuelo *m* *ènntrésouélo*
enveloppe *nf* sobre *m* *sobré*
envie *nf* gana *f* *gana* ◇ **faire envie** apetecer *apétéssèr*

environ *prép, adv* aproximadamente *aproksimadamènnté*
environnement *nm* medioambiente *m* *médioammbiènnté*
environs *nmpl* alrededores *mpl* *alrédédorèss*
envoyer *vb* enviar *ènnbiar*, mandar *manndar*
épaule *nf* hombro *m* *ommbro*
épeler *vb* deletrear *délétréar*
épicé(e) *adj* picante *pikannté*
épicerie *nf* tienda *f* de ultramarinos *tiènnda dé oultramarinoss*
épices *nfpl* especias *fpl* *éspéssiass*
épidémie *nf* epidemia *f* *épidémia*
épilepsie *nf* epilepsia *f* *épilèpsia*
épileptique *adj* epiléptico(-a) *épilèptiko(-a)*
épiler *vb* depilar *dépilar*
épinard *nm* espinaca *f* *éspinaka*
épine *nf* espina *f* *éspina*
éplucher *vb* pelar *pélar*
éponge *nf* esponja *f* *ésponnHa*
époux(-se) *nm/f* esposo(-a) *m/f* *éspsosso(-a)*
Équateur *npr* Ecuador *ékouador*
équatorien(ne) *adj* ecuatoriano(-a) *ékouatoriano(-a)*
équipage *nm* tripulación *f* *tripoulassionn*
équipe *nf* equipo *m* *ékipo*
équipement *nm* equipo *m* *ékipo*
équitation *nf* equitación *f* *ékitassionn*
éruption cutanée *nf* sarpullido *m* *sarpouyido*
escalade *nf* escalada *f* *éskalada*
escalator *nm* escaleras *fpl* mecánicas *éskalérass mékanikass*
escale *nf* escala *f* *éskalada*
escalier *nm* escalera *f* *éskaléra*
escalope *nf* filete *m* *filété*
escargot *nm* caracol *m* *karakol*
escrime *nf* esgrima *f* *èsgrima*

Espagne *npr* España *éspagna*
espagnol(e) *adj* español(a) *éspagnol(a)* ▪ *nm/f* **Espagnol(e)** español(a) *m/f*
espèces (en) *loc* en efectivo *ènn éfèktibo*
espérer *vb* esperar *éspérar*
essai *nm* ensayo *m ènnsayo*
essayer *vb* probar *probar*
essence *nf* gasolina *f gassolina*
essuie-glace *nm* limpiaparabrisas *m limmpiaparabrissass*
essuyer *vb* secar *sékar*
est *nm* este *m ésté*
estomac *nm* estómago *m éstomago*
estouffade *nf* estofado *m éstofado*
estragon *nm* estragón *m éstragonn*
et *conj* y *i*
étage *nm* piso *m pisso*, planta *f plannta*
étagère *nf* estantería *f éstanntéri-a*
étang *nm* estanque *m éstannké*
état *nm* estado *m éstado*
États-Unis *npr* Estados *mpl* Unidos *éstadoss ounidoss*
été *nm* verano *m bérano*
éteindre *vb* apagar *apagar*
éternuer *vb* estornudar *éstornoudar*
étoile *nf* estrella *f éstréya*
étonner *vb* sorprender *sorprènndèrr*
étrange *adj* extraño(-a) *éstragno(-a)*
étranger(-ère) *adj, nm/f* extranjero(-a) *m/f éstrannHéro(-a)*
être *vb* estar *éstar*, ser *sèrr*
étroit(e) *adj* estrecho(-a) *éstrétcho(-a)*
études *nfpl* estudios *mpl éstoudioss*
étudiant(e) *nm/f* estudiante *mf éstoudiannté*
étudier *vb* estudiar *éstoudiar*
euro *nm* euro *m éouro*
Europe *npr* Europa *éouropa*
européen(ne) *adj* europeo(-a) *éouropéo(-a)*
eux *pron pers* ellos *éyoss*
évanouir (s') *vb* desmayarse *désmayarsé*
éventail *nm* abanico *m abaniko*
évier *nm* fregadero *m frégadéro*
examen *nm* examen *m éksamènn*
excédent *nm* exceso *m éksésso*
excellent(e) *adj* excelente *éksélènnté*
excursion *nf* excursión *f éskoursionn*
excuser *vb* disculpar *diskoulpar*
exemple *nm* ejemplo *m éHèmmplo*
expéditeur(-trice) *nm/f* remitente *mf rémitènnté*
expérience *nf* experiencia *f èspériènnsia*
expirer *vb* espirar *èspirar*
expliquer *vb* explicar *èsplikar*
exposition *nf* exposición *f èspossissionn*
expresso *nm* exprés *m éspréss*
exprimer *vb* expresar *èspréssar*
extérieur(e) *adj, nm* (dehors) exterior *m èkstérior*
extincteur *nm* extintor *m ékstinntor*
extraordinaire *adj* extraordinario(-a) *ékstraordinario(-a)*
fabriqué(e) *pp* fabricado(-a) *fabrikado(-a)*, hecho(-a) *étcho(-a)*
face *loc* ◇ **en face de** enfrente (de) *ènnfrènnté*
fâché(e) *adj* enojado(-a) *énoHado(-a)*
fâcher (se) *vb* enojarse *énoHarsé*
facile *adj* fácil *fassil*
facteur(-trice) *nm/f* cartero(-a) *m/f kartéro(-a)*

facture *nf* factura *f faktoura*
facturer *vb* facturar *faktourar*
fade *adj* soso(-a) *sosso(-a)*
faible *adj* débil *débil*
faim *nf* hambre *f ammbré* ◇ **avoir faim** tener hambre *ténèrr ammbré*
faire *vb* hacer *assèrr*
fait(e) *adj* hecho(-a) *étcho(-a)*
falaise *nf* acantilado *m akanntilado*
famille *nf* familia *f familia*
fantastique *adj* fantástico(-a) *fanntastiko(-a)*
farce *nf* • (plaisanterie) broma *f broma* • (culinaire) relleno *m réyéno*
farine *nf* harina *f arina*
fatal(e) *adj* fatal *fatal*
fatigué(e) *adj* cansado(-a) *kannsado(-a)*
faune *nf* fauna *f faouna*
faute *nf* • (erreur) falta *f falta* • (responsabilité) culpa *f koulpa*
fauteuil *nm* sillón *m siyonn* ◇ **fauteuil roulant** silla *f* de ruedas *siya dé rouédass*
faux, fausse *adj* falso(-a) *falso(-a)* ◇ **fausse couche** aborto *m* espontáneo *aborto ésponntanéo* aborto natural *aborto natoural*
favori(te) *nm/f, adj* favorito(-a) *m/f faborito(-a)*
félicitations *nfpl* enhorabuena *f ènnorabouéna*
féminin(e) *adj* femenino(-a) *féménino(-a)*
femme *nf* mujer *f mouHèrr* ◇ **femme de ménage** criada *f kriada*
fenêtre *nf* ventana *f bènntana*
fenouil *nm* hinojo *m inoHo*
fer *nm* hierro *m iéro* ◇ **fer à repasser** plancha *f planntcha*
férié(e) *adj* festivo *féstibo*
ferme *nf* granja *f grannHa*
fermé(e) *adj* cerrado(-a) *sérrado(-a)*
fermer *vb* cerrar *sérrar*
fermeture *nf* cierre *m siérré* ◇ **fermeture éclair** cierre relámpago *siérré rélammpago*
ferry *nm* transbordador *m trannsbordador*
fesses *nfpl* culo *m koulo*
festival *nm* festival *m fèstibal*
fête *nf* fiesta *f fiésta*
feu *nm* (flamme) fuego *m fouégo* ◇ **feu tricolore** semáforo *m sémaforo* ◇ **feu antibrouillard** faro *m* antiniebla *faro anntiniébla* ◇ **feux de croisement** luces *fpl* cortas *loussèss kortass*, luces de cruce *loussèss dé kroussé* ◇ **feux de position** luces de posición *loussèss dé possissionn* ◇ **feux de route** luces de carretera *loussèss dé karrétéra*, luces largas *loussèss largass*
feuille *nf* hoja *f oHa*
feutre *nm* rotulador *m rotoulador*
fève *nf* haba *f aba*
février *nm* febrero *m fébréro*
fiancé(e) *nm/f* novio(-a) *m/f nobio(-a)*
fièvre *nf* fiebre *f fiébré* ◇ **avoir de la fièvre** tener fiebre *ténèrr fiébré*
figure *nf* cara *f kara*
fil *nm* hilo *m ilo*
file *nf* fila *f fila*
filet *nm* (viande) filete *m filété* ◇ **filet de pêche** red *f rèd*
fille *nf* • (de quelqu'un) hija *f iHa* • (opposé de garçon) chica *f tchika*
film *nf* película *f pélikoula*
filmer *vb* filmar *filmar*
fils *nm* hijo *m iHo* • (opposé de fille) chico *m tchiko*
fin *nf* final *m final*
final(e) *adj* final
finance *nf* finanza *f finannsa*
financier(-ère) *adj, nm/f* financiero(-a) *m/f finannsiéro(-a)*
finir *vb* acabar *akabar*, terminar *tèrminar*

fitness *nm* fitness *m* ***fit**nèss*
fixe *adj* fijo(-a) ***fi**Ho(-a)*
flamme *nf* llama *f* ***ya**ma*
flan *nm* flan *m* *flann*
flash *nm* flash *m* *flass*
fleur *nf* flor *f* *flor*
fleuriste *nmf* florista *mf* *flo**ris**ta*
fleuve *nm* río *m* ***ri**-o*
flore *nf* flora *f* ***flo**ra*
flûte *nf* flauta *f* ***fla**outa*
foie *nm* hígado *m* ***i**gado*
fois *nf* vez *f* *béss*
fonctionner *vb* funcionar *founsio**nar***
fond *nm* fondo *m* ***fonn**do*
football *nm* fútbol *m* ***fou**tbol*
footing *nm* footing *m* ***fou**tinng*
forcer *vb* forzar *for**sar***
forêt *nf* bosque *m* ***bos**ké*
forfait *nm* forfait *m* *for**faï**tt*
formation *nf* formación *f* *forma**ssionn***
forme *nf* forma *f* ***for**ma*
former *vb* formar *for**mar***
formidable *adj* estupendo(-a) *éstou**pènn**do(-a)*
formulaire *nm* formulario *m* *formou**la**rio*
fort(e) *adj* fuerte ***fouèr**té*
fou, folle *adj, nm/f* loco(-a) *m/f* ***lo**ko(-a)*
foudre *nf* rayo *m* ***ra**yo*
foulard *nm* pañuelo *m* *pagnou**é**lo*
fouler (se) *vb* torcerse *tor**ssèr**sé*
four *nm* horno *m* ***or**no*
fourchette *nf* tenedor *m* *téné**dor***
fourmi *nf* hormiga *f* *or**mi**ga*
fourrière *nf* • (pour voitures) depósito *m* *dé**po**ssito* • (pour chiens) perrera *f* *pé**rré**ra*
fracture *nf* fractura *f* *frak**tou**ra*
fracturer *vb* fracturar *fraktou**rar***
frais, fraîche *adj* fresco(-a) ***frès**ko(-a)*
fraise *nf* fresa *f* ***fré**ssa*
framboise *nf* frambuesa *f* *framm**bouè**ssa*
français(e) *adj* francés(-esa) *fran**cèss**(-essa)* ◇ *nm/f* **Français(e)** francés(-esa) *m/f*
France *npr* Francia ***frann**sia*
frapper *vb* golpear *golpé**ar***
frein *nm* freno *m* ***fré**no* ◇ **frein à main** freno de mano ***fré**no dé **ma**no*
freiner *vb* frenar *fré**nar***
fréquence *nf* frecuencia *f* *fré**kouènn**sia*
frère *nm* hermano *m* *èr**ma**no*
friandise *nf* dulce *m* ***doul**sè*
frigo *nm* nevera *f* *né**bé**ra*
frire *vb* freír *fré-**ir***
frisson *nm* escalofrío *m* *éskalo**fri**-o*
frit(e) *adj* frito(-a) ***fri**to(-a)*
frites *nfpl* patatas *fpl* fritas *pa**ta**tass **fri**tass*
friture *nf* fritura *f* *fri**tou**ra*
froid(e) *adj* frío(-a) ***fri**-o(-a)* ▪ *nm* frío *m* ***fri**-o*
fromage *nm* queso *m* ***ké**sso*
front *nm* frente *m* ***frènn**té*
frontière *nf* frontera *f* *fronn**té**ra*
fruit *nf* fruta *f* ***frou**ta* ◇ **fruits de saison** fruta del tiempo ***frou**ta del **tièmm**po* ◇ **fruits de mer** marisco *m* *ma**ris**ko* ◇ **fruit de la passion** fruta de la pasión ***frou**ta dé la pa**ssionn***
fuite *nf* escape *m* *és**ka**pé*
fumé(e) *adj* ahumado(-a) *a-ou**ma**do(-a)*
fumée *nf* humo ***ou**mo*
fumer *vb* fumar *fou**mar***
fumeur(-euse) *adj* fumador(a) *fouma**dor**(a)* ◇ **non fumeur** no fumador *no fouma**dor***

furieux(-euse) *adj* furioso(-a) *fouriosso(-a)*
futur *nm* futuro *m* *foutouro*
gagner *vb* ganar *ganar*
galerie *nf* galería *f* *galéri-a*
galet *nm* guijarro *m* *guiHarro*
galicien(ne) *adj* gallego(-a) *gayégo(-a)*
gant *nm* guante *m* *gouannté*
garage *nm* • (de particulier) garaje *m* *garaHé* • (de réparation) taller *m* mecánico *tayèrr mékaniko*
garagiste *nm* mecánico *m* *mékaniko*
garantie *nf* garantía *f* *garannti-a*
garçon *nm* chico *m* *tchiko*
garde *nf* ◇ **de garde** de guardia *f* *dé gouardia*
garde-boue *nm* guardabarros *m* *gouardabarross*
garde-robe *nf* guardaropa *f* *gouardaropa*
gardien(ne) *nm/f* • (d'immeuble, au foot) portero(-a) *m/f* *portéro(-a)* • (de parking) vigilante *m* *biHilannté*
gare *nf* estación *f* *éstassionn* ◇ **gare routière** estación de autobuses *éstassionn dé aoutoboussèss*
garer *vb* aparcar *aparkar*
gastro-entérite *nf* gastroenteritis *f* *gastroènntéritiss*
gâteau *nm* pastel *m* *pastel*
gauche *nf* izquierda *f* *iskièrda*
gaucher(-ère) *adj, nm/f* zurdo(-a) *m/f* *sourdo(-a)*
gaufre *nf* gofre *m* *gofré*
gaz *nm* gas *m* *gass*
gaze *nf* gasa *f* *gassa*
gazeux(-euse) *adj* con gas *konn gass*
gazole *nm* gasoil *m* *gassoil*
gel douche *nm* gel *m* de ducha *Hèl dé doutcha*
gelée *nf* • (gel) helada *f* *élada* • (à manger) gelatina *f* *Hélatina*
gendre *nm* yerno *m* *ièrno*
gêner *vb* molestar *moléstar*
généraliste *nmf* generalista *mf* *Hénéralista*
génial(e) *adj* genial *Hénial*
genou *nm* rodilla *f* *rodiya*
gens *nmpl* gente *f* *Hènnté*
gentil(le) *adj* amable *amablé*
géographie *nf* geografía *f* *Héografi-a*
géographique *adj* geográfico(-a) *Héografiko(-a)*
géranium *nm* geranio *m* *Héranio*
gilet de sauvetage *nm* chaleco *m* salvavidas *tchaléko salbabidass*
gingembre *nm* jengibre *m* *HènnHibré*
girafe *nf* jirafa *f* *Hirafa*
gîte rural *nm* casa *f* rural *kassa roural*
glace *nf* • (à manger) helado *m* *élado* • (gel) hielo *m* *yélo*
glaçon *nm* cubito *m* de hielo *koubito dé iélo*
glissant(e) *adj* resbaladizo(-a) *résbaladisso(-a)*
gluten *nm* gluten *m* *glouténn*
golf *nm* golf *m* *golf*
golfe *nm* golfo *m* *golfo*
gommage *nm* peeling *m* *pilinng*
gomme *nf* goma *f* *goma*
gorge *nf* garganta *f* *gargannta*
gothique *adj* gótico(-a) *gotiko(-a)*
gourde *nf* cantimplora *f* *kanntimmplora*
goût *nm* gusto *m* *gousto* • (d'aliments) sabor *m* *sabor*
goûter *nm* merienda *f* *mérièннda* ▪ *vb* probar *probar*
goutte *nf* gota *f* *gota*
gouvernail *nm* timón *m* *timonn*
goyave *nf* guayaba *f* *gouayaba*
grain *nm* grano *m* *grano*
graisse *nf* grasa *f* *grassa*
gramme *nm* gramo *m* *gramo*
grand(e) *adj* grande *granndé*, alto(-a) *alto(-a)* ◇ **grands magasins** almacenes *mpl* *almassénèss*
grand-mère *nf* abuela *f* *abouéla*

grand-père *nm* abuelo *m* *abouélo*
grands-parents *nmpl* abuelos *mpl* *abouéloss*
gratiné(e) *adj* gratinado(-a) *gratinado(-a)*
gratte-ciel *nm* rascacielo *m* *raskassiélo*
gratuit(e) *adj* gratuito(-a) *gratouito(-a)*
grave *adj* grave *grabé*
gravement *adv* gravemente *grabémènnté*
graver *vb* grabar *grabar*
grec(-que) *adj* griego(-a) *griégo(-a)*
Grèce *npr* Grecia *gréssia*
grêle *nf* granizo *m* *granisso*
grenouille *nf* rana *f* *rana*
grève *nf* huelga *f* *ouèlga*
griffure *nf* arañazo *m* *aragnasso*
grillé(e) *adj* asado(-a) *assado(-a)*
grille-pain *nm* tostador *m* *tostador*
grippe *nf* gripe *f* *gripé*
gris(e) *adj* gris *griss*
gros(se) *adj* gordo(-a) *gordo(-a)*
groseille *nf* grosella *f* *grosséya*
grotte *nf* gruta *f* *grouta*, cueva *f* *kouéba*
groupe *nm* grupo *m* *groupo*
grue *nf* grúa *f* *grou-a*
Guatemala *npr* Guatemala *gouatémala*
guatémaltèque *adj* gualtemalteco(-a) *gouatémaltéko(-a)*
guêpe *nf* avispa *f* *abispa*
guérir *vb* curar *kourar*
guichet *nm* taquilla *f* *takiya*, ventanilla *f* *bènntaniya*
guide *nmf* (personne) guía *mf* *gui-a* ▪ *nm* (livre) guía *f* *guia*
guidé(e) *adj* guiado(-a) *gui-ado(-a)*
guidon *nm* manillar *m* *maniyar*
guitare *nf* guitarra *f* *guitarra*
guitariste *nmf* guitarrista *mf* *guitarista*
Guyane *npr* Guayana *gouayana*
gymnase *nm* gimnasio *m* *Himmnassio*
gymnastique *nf* gimnástica *f* *Himmnastika*
gynécologue *nmf* ginecólogo(-a) *m/f* *Hinékologo(-a)*
habiller (s') *vb* vestirse *bèstirsé*
habiter *vb* vivir *bibir*
habitude *nf* costumbre *f* *kostoummbré*
haie *nf* seto *m* *séto*
halal *adj* halal *alal*
hamburger *nm* hamburguesa *f* *ammbourguéssa*
hammam *nm* baño *m* turco *bagno tourko*
hand-ball *nm* balonmano *m* *balonnmano*
handicapé(e) *nm, adj* discapacitado(-a) *m/f* *diskapassitado(-a)*, minusválido(-a) *m/f* *minousbalido(-a)*
◇ **handicapé(e) physique** persona con discapacidad física *pèrsona konn diskapassida fissika*
hareng *nm* arenque *m* *arrènnké*
haricot *nm* alubia *f* *aloubia*
◇ **haricot vert** judía *f* verde *Houdi-a bèrrdé* ◇ **haricots noirs** frijoles *mpl* *friHolèss*
hasard (par) *loc* por casualidad *por kassoualida*
haut(e) *adj* alto(-a) *alto(-a)* ◇ **en haut** arriba *arriba*
hauteur *nf* altura *f* *altoura*
héberger *vb* albergar *albèrgar*
hélicoptère *nm* helicóptero *m* *elikoptéro*
hémorragie *nf* hemorragia *f* *émorraHia*

hémorroïdes *nfpl* hemorroides *mpl* *émorro-idèss*
hépatite *nf* hepatitis *f* *épatitiss*
hêtre *nm* haya *f* *aya*
heure *nf* hora *f* *ora*
heureusement *adv* afortunadamente *afortounadamènnté*
heureux(-euse) *adj* feliz *féliss*
hibou *nm* buho *m* *bou-o*
hier *adv* ayer *ayèrr* ◇ **hier soir** anoche *anotché*
hirondelle *nf* golondrina *f* *golonndrina*
histoire *nf* historia *f* *istoria*
hiver *nm* invierno *m* *innbièrno*
hold-up *nm* asalto *m* *assalto*
homard *nm* bagavante *m* *bagabannté*
homme *nm* hombre *m* *ommbré*
homosexuel(le) *adj, nm/f* homosexual *m/f* *omoséksoual*
Honduras *npr* Honduras *onndourass*
hondurien(ne) *adj* hondureño(-a) *onndourégno(-a)*
hôpital *nm* hospital *m* *ospital*
horaire *nm* horario *m* *orario*
horrible *adj* horrible *orriblé*
hors *prép* ◇ **hors de** fuera de *fouéra dé* ◇ **hors service** fuera de servicio *fouéra dé sèrbissio*
hors-d'œuvre *nm* entremés *m* *ènntrémèss*
hostie *nf* hostia *f* *ostia*
hôtel *nm* hotel *m* *otel*
hôtesse *nf* (de l'air, d'accueil) azafata *f* *assafata*
huile *nf* aceite *m* *assé-ité* ◇ **huile d'olive** aceite de oliva *assé-ité dé oliba*
huit *adj num* ocho *otcho* ◇ **huit cents** ochocientos(-as) *otchossiènntoss(-ass)*
huitième *adj* octavo(-a) *oktabo(-a)*
huître *nf* ostra *f* *ostra*
humide *adj* húmedo(-a) *oumédo(-a)*
humidité *nf* humedad *f* *ouméda*
humour *nm* humor *m* *oumor*
ici *adv* aquí *aki*
icône *nf* ícono *m* *ikono*
idée *nf* idea *f* *idéa*
identité *nf* identidad *f* *idènntida*
il *pron* él *él* ◇ **ils** ellos *éyoss*
il y a *loc* hay *aïe*
île *nf* isla *f* *isla*
illimité(e) *adj* ilimitado(-a) *ilimitado(-a)*
immatriculation *nf* (de véhicule) matrícula *f* *matrikoula*
immédiatement *adv* inmediatamente *innmédiatamènnté*
immeuble *nm* edificio *m* *édifisio*
immobilier(-ère) *adj* inmobiliario(-a) *innmobiliario(-a)*
immunité *nf* inmunidad *f* *inmounida*
impatienter (s') *vb* impacientarse *immpassiènntarsé*
imperméable *adj, nm* impermeable *m* *immpèrméablé*
important(e) *adj* importante *immportannté*
impossible *adj* imposible *immpossiblé*
impressionnant(e) *adj* impresionante *immpréssionannté*
imprimante *nf* impresora *f* *immpréssora*
imprimer *vb* imprimir *imprimir*
inca *adj* inca *innka*
incendie *nm* incendio *m* *innsènndio*
inclure *vb* incluir *innklouir*
inclus(e) *adj* incluido(-a) *innklou-ido(-a)*
inconfortable *adj* incómodo(-a) *innkomodo(-a)*
inconvénient *nm* inconveniente *m* *innkonnbéniènnté*
incroyable *adj* increíble *innkré-iblé*
indicatif *nm* prefijo *m* *préfiHo*
indigestion *nf* indigestión *f* *inndiHéstionn*
indiqué(e) *adj* indicado(-a) *inndikado(-a)*

indiquer *vb* indicar *inndi**kar***
indisponible *adj* indisponible *inndisponi**b**lé*
individuel(le) *adj* individual *inndibidou**al***
infarctus *nm* infarto *m* *inn**far**to*
infecter *vb* infectar *innfèk**tar***
infection *nf* infección *f* *innfèk**sionn***
infirmier(-ère) *nm/f* enfermero(-a) *m/f* *ènnfèr**mé**ro(-a)*
inflammation *nf* inflamación *f* *innflama**ssionn***
informaticien(ne) *nm/f* informático(-a) *m/f* *innfor**ma**tiko (-a)*
information *nf* (renseignement) información *f* *innforma**ssionn*** ◇ **les informations** (journalistiques) noticias *fpl* *no**tis**siass*
informatique *adj* informático(-a) *innfor**ma**tiko(-a)* ▪ *nf* informática *f* *innfor**ma**tika*
infusion *nf* infusión *f* *innfou**ssionn***
ingénieur *nmf* ingeniero(-a) *m/f* *innHé**niè**ro(-a)*
ingrédient *nm* ingrediente *m* *ingré**diènn**té*
initial(e) *adj* inicial *in**issial***
initier (s') *vb* iniciarse *in**issiar**sé*
innocent(e) *adj* inocente *ino**ssènn**té*
inquiéter *vb* preocupar *préokou**par***
inscription *nf* matrícula *f* *ma**tri**koula*
inscrire (s') *vb* • (dans un club, sur une liste) inscribirse *innskri**bir**sé* • (à l'université) matricularse *matrikou**lar**sé*
insecte *nm* insecto *m* *inn**sèk**to*
insecticide *nm* insecticida *f* *innsèkti**ssi**da*
insolation *nf* insolación *f* *innsola**ssionn***
insomnie *nf* insomnio *m* *inn**som**nio*
inspirer *vb* inspirar *innspi**rar***
installer *vb* instalar *innsta**lar***
instructeur *nm* instructor *m* *innstruk**tor***
instrument *nm* instrumento *m* *innstrou**mènn**to*
insuline *nf* insulina *f* *innsou**li**na*
intelligent(e) *adj* inteligente *inntéli**Hènn**té*, listo(-a) ***lis**to(-a)*
intention *nf* intención *f* *intènn**sionn***
interdit(e) *adj* prohibido(-a) *pro-**i**bido(-a)*
intéressant(e) *adj* interesante *inntéré**ssann**té*
intérieur(e) *adj* interior *inntér**ior*** ▪ *nm* ◇ **à l'intérieur** (a)dentro *(a)**dènn**tro*
intermittent(e) *adj* intermitente *inntèrmi**tènn**té*
international(e) *adj* internacional *inntèrnassio**nal***
internet *nm* internet *m* *intèr**net***
interrupteur *nm* interruptor *m* *inntérroup**tor***
intestin *nm* intestino *m* *inntés**ti**no*
intimité *nf* intimidad *f* *inntimi**da***
intoxication alimentaire *nf* intoxicación *f* alimenticia *intoksika**ssionn** alimènn**tis**sia*
inutile *adj* inútil *i**nou**til*
inviter *vb* invitar *innbi**tar***
irritation *nf* iritación *f* *irrita**ssionn***
islam *nm* islam *m* *is**lamm***
Italie *npr* Italia *i**ta**lia*
italien(ne) *adj* italiano(-a) *ita**lia**no(-a)*
itinéraire *nm* itinerario *m* *itiné**ra**rio*
jaloux(-ouse) *adj* celoso(-a) *sé**lo**sso(-a)*
jamais *adv* nunca ***noun**nka*
jambe *nf* pierna *f* ***piè**rrna*

FRANÇAIS-ESPAGNOL

jambon *nm* jamón *m* *Hamonn* ◇ **jambon blanc** jamón de York *Hamonn dé iork*
jante *nf* llanta *f* *yannta*
janvier *nm* enero *m* *énéro*
jardin *nm* jardín *m* *Hardinn*
jardinier(-ère) *nm/f* jardinero(-a) *m/f* *Hardinéro(-a)*
jaune *adj* amarillo(-a) *amariyo(-a)*
jazz *nm* jazz *m* *djass*
je *pron* yo *yo*
jean *nm* vaqueros *mpl* *bakéross*
jetable *adj* desechable *désséétchablé*
jeter *vb* echar *étchar*, tirar *tirar*
jeu *nm* juego *m* *Houégo* • (rôle) actuación *f* *aktouassionn*
jeudi *nm* jueves *m* *Houébèss*
jeun (à) *loc* en ayunas *ènn ayounass*
jeune *adj* joven *Hobènn*
jeunesse *nf* juventud *f* *Houbènntou*
jogging *nm* • (course) footing *m* *fouting* • (vêtement) chándal *m* *tchanndal*
joie *nf* alegría *f* *alégri-a*
joindre *vb* (contacter qn) localizar *lokalissar*
joli(e) *adj* bonito(-a) *bonito(-a)*
joue *nf* mejilla *f* *méHiya*
jouer *vb* • (à un jeu) jugar *Hougar* • (de la musique) tocar *tokar*
jouet *nm* juguete *m* *Houguété*
joueur(-euse) *adj, nm/f* jugador(a) *m/f* *Hougador(a)*
jour *nm* día *m* *di-a*
journal *nm* periódico *m* *périodiko(-a)* ◇ **journal télévisé** telediario *m* *télédiario*
journaliste *nmf* periodista *mf* *périodista*
journée *nf* día *m* *di-a*
joyeux(-euse) *adj* alegre *alégré*
judo *nm* judo *m* *ioudo*
juge *nm* juez *m* *Houèss*
juif(-ve) *adj* judío(-a) *Houdi-o(-a)*
juillet *nm* julio *m* *Houlio*
juin *nm* junio *m* *Hounio*
jumeau(-elle) *nm/f* (frère, sœur) gemelo(-a) *m/f* *Hémélo(-a)*
jumelles *nfpl* (lunettes) prismáticos *mpl* *prismatikoss*
jupe *nf* falda *f* *falda*
juridique *adj* jurídico(-a) *Houridiko(-a)*
juriste *nmf* jurista *mf* *Hourista*
jus *nm* zumo *m* *soumo*, jugo *m* (Am) *Hougo*
jusque *prép* hasta *assta* ◇ **jusqu'ici** • (lieu) hasta aquí *asta aki* • (dans le temps) hasta ahora *asta aora*
juste *adj* justo(-a) *Housto(-a)* ▪ *adv* justo *Housto*
justice *nf* justicia *f* *Houstissia*
kangourou *nm* canguro *m* *kanngouro*
karaoké *nm* karaoké *m* *karaoké*
kasher *adj* kosher *koshèrr*
kayak *nm* kayac *m* *kayak*
kilo *nm* kilo *m* *kilo*
kilométrage *nm* kilometraje *m* *kilométraHé*
kilomètre *nm* kilómetro *m* *kilométro*
kiné *nmf* fisioterapeuta *mf* *fissiotérapéouta*
kiosque *nm* kiosco *m* *kiosko*
kit *nm* ◇ **kit anti-crevaison** kit *m* antipinchazo *kit anntipinntchasso*
kitesurf *nm* kitesurf *m* *kaïtsourf*
kiwi *nm* kiwi *m* *kiwi*
klaxon *nm* bocina *f* *bossina*
klaxonner *vb* tocar la bocina *tokar la bossina*
Kleenex *nm* clínex *m* *klineks*
K-way *nm* chubasquero *m* *tchoubaskéro*
la *art* la *la*
là *adv* ahí *ayi* ◇ **là-bas** allí *ayi*
lac *nm* lago *m* *lago*
lacet *nm* cordón *m* *kordon*
lacté(e) *adj* lácteo(-a) *laktéo(-a)*
là-haut *adv* allí arriba *ayi arriba*

laid(e) adj feo(-a) *féo(-a)*
laine nf lana f *lana*
laisser vb dejar *déHar*
lait nm leche f *létché*
laitue nf lechuga f *létchouga*
lampe nf lámpara f *lammpara* ◇ **lampe de poche** linterna f *linntèrna*
lancer vb lanzar *lannsar*
langer vb ◇ **table à langer** cambiador m *kammbiador*
langouste nf langosta f *lanngosta*
langoustine nf cigala f *sigala*
langue nf • (langage) idioma m *idioma*, lengua f *lènngoua* • (partie du corps) lengua f *lènngoua*
lapin nm conejo m *konéHo*
lard nm tocino m *tossino*
lardon nm taco m de tocino *tako dé tossino*
large adj ancho(-a) *anntcho(-a)*
largeur nf anchura f *anntchoura*
larmes nfpl lágrima f *lagrima*
laurier nm laurel m *laourel*
lavable adj lavable *lababié*
lavabo nm lavabo m *lababo*
lave-linge nm lavadora f *labadora*
laver vb lavar *labar* ◇ **se laver** lavarsé *labarsé*
laverie nf lavandería f *labanndéri-a*
lave-vaisselle nm lavavajillas f *lababaHiyass*
laxatif(-ve) adj, nm laxante m *laksannté*
le art el *él*
le(s)quel(s) pron cuál(es) *koual(èss)*
leçon nf lección f *léksionn*
lecteur MP3 nm lector m MP3 *léktor émé pé trèss*
léger(-ère) adj ligero(-a) *liHéro(-a)* • (blessure) leve *lébé*
légume nm verdura f *bèrdoura*
lendemain nm día m siguiente *di-a siguiènnté*
lentement adv despacio *déspassio*, lentamente *lènntamènnté*
lentille nf (alimentaire) lenteja f *lènntéHa* ◇ **lentille (de contact)** lente m de contacto *lènnté dé konntakto*
les art los mpl *loss*, las fpl *lass*
lessive nf • (produit) detergente m *détèrHènnté* • (lavage) colada f *kolada*
lettre nf • (courrier) carta f *karta* • (de l'alphabet) letra f *létra*
leucémie nf leucemia f *léoussémia*
leur(s) adj poss su(s) *sou(ss)*
lever (se) vb levantarse *lébanntarsé*
levier nm palanca f *palannka*
lèvre nf labio m *labio*
lézard nm lagartija f *lagartiHa*
librairie nf librería f *libréri-a*
libre adj libre *libré*
lien nm enlace m *ènnlassé*
lieu nm sitio m *sitio*
ligne nf línea f *linéa*
limite nf límite m *limite*
limité(e) adj limitado(-a) *limitado(-a)*
limiter vb limitar *limitar*
limonade nf gaseosa f *gasséossa*
linge nm ropa f *ropa*
lingette nf toallita f *toayita*
lion nm león m *léonn*
liqueur nf licor m *likor*
liquide nm líquido m *likido*
lire vb leer *lé-èrr*
Lisbonne npr Lisboa *lisbo-a*
lisse adj liso(-a) *lisso(-a)*
lit nm cama f *kama* ◇ **lit double** cama matrimonial *kama matrimonial* ◇ **lit simple** cama individual *kama inndibidoual*

litre *nm* litro *m* *litro*
littérature *nf* literatura *f* *litératoura*
livre *nm* libro *m* *libro*
livrer *vb* entregar *ènntrégar*
local(e) *adj, nm* local *m* *lokal*
localité *nf* localidad *f* *lokalida*
locataire *nmf* inquilino(-a) *m/f* *innkilino(-a)*
location *nf* alquiler *m* *alkilèrr* • (maison) casa *f* de alquiler *kasa dé alkilèrr*
logement *nm* alojamiento *m* *aloHamiènnto*, vivienda *f* *bibiènnda*
loi *nf* ley *f* *leï*
loin *adv* lejos *léHoss*
loisir *nm* ocio *m* *ossio*
long(ue) *adj* largo(-a) *largo(-a)*
longtemps *adv* mucho tiempo *moutcho tièmmpo*
lotion *nf* loción *f* *lossionn*
lotissement *nm* urbanización *f* *ourbanissassionn*
lotte *nf* rape *m* *rapé*
louche *nf* cucharón *m* *koutcharonn*
louer *vb* alquilar *alkilar*, rentar (Am) *rènntar*
loup *nm* lobo *m* *lobo*
loyer *nm* alquiler *m* *alkilèrr*, renta *f* (Am) *rènnta*
luge *nf* trineo *m* *trinéo*
lui *pron pers* él *él*
lumière *nf* luz *f* *louss*
lumineux(-euse) *adj* luminoso(-a) *louminosso(-a)*
lundi *nm* lunes *m* *lounèss*
lune *nf* luna *f* *louna*
lunettes *nfpl* gafas *fpl* *gafass* ◇ **lunettes de soleil** gafas de sol *gafass dé sol*
lutte *nf* lucha *f* *loutcha*
Luxembourg *npr* Luxemburgo *louksèmmbourgo*
luxembourgeois(e) *adj* luxemburgués(a) *louksèmmbourguèss (-essa)*
lycée *nm* instituto *m* *innstitouto*
ma *adj poss* mi *mi*
macaron *nm* macarrón *m* *makarron*
macaronis *nmpl* macarrones *mpl* *makarronèss*
macédoine de fruits *nf* macedonia *f* de frutas *massédonia dé froutass*
machine *nf* máquina *f* *makina*
mâchoire *nf* mandíbula *f* *manndiboula*
madame *nf* señora *f* *ségnora*
madeleine *nf* magdalena *f* *magdaléna*
mademoiselle *nf* señorita *f* *ségnorita*
Madrid *npr* Madrid *madri*
madrilène *adj* madrileño(-a) *madrilégno(-a)*
magasin *nm* tienda *f* *tiènnda*
magazine *nm* revista *f* *rébista*
magnifique *adj* magnífico(-a) *mag-nifiko(-a)*
mai *nm* mayo *m* *mayo*
maigre *adj* flaco(-a) *flako(-a)*
maigrir *vb* adelgazar *adèlgassar*
maillot de bain *nm* bañador *m* *bagnador*
main *nf* mano *f* *mano*
maintenant *adv* ahora *aora*
mairie *nf* ayuntamiento *m* *ayounntamiènnto*
mais *conj* pero *péro*
maïs *nm* maíz *m* *ma-iss*
maison *nf* casa *f* *kassa*
maître(sse) *nm/f* maestro(-a) *m/f* *maéstro(-a)*
majeur(e) *adj* mayor *mayor* ◇ **être majeur** (personne) ser mayor de edad *sèrr maïor dé éda*
majuscule *nf* letra *f* de molde *létra dé moldé*
mal *adv* mal *mal* ◇ **avoir mal au cœur** estar mareado(-a) *éstar maréado(-a)* ◇ **faire mal** (partie du corps) doler *dolèrr*
malade *adj* enfermo(-a) *ènnfèrmo(-a)*, malo(-a) *malo(-a)*

maladie *nf* enfermedad *f* *ènnfèrméda*
malentendu *nm* malentendido *m* *malènntènndido*
malheureusement *adv* desafortunadamente *déssafortounadamènnté*
manche *nf* manga *f* *mannga*
mandarine *nf* mandarina *f* *manndarina*
manger *vb* comer *komèrr*
mangue *nf* mango *m* *manngo*
manifestation *nf* manifestación *f* *manifèstassionn* • (culturelle) evento *m* *ébènnto*
manquer *vb* • (faire défaut) faltar *faltar* • (un moyen de transport) perder *pèrdèr*
manteau *nm* abrigo *m* *abrigo*
manucure *nf* manicura *f* *manikoura*
manuel(le) *adj* manual *manoual*
maquereau *nm* caballa *f* *kabaya*
marathon *nm* maratón *m* *maratonn*
marchand(e) *nm/f* vendedor(a) *m/f* *bènndédor(a)* ◇ **marchand de fruits** (magasin) frutería *f* *froutéri-a*
marchander *vb* regatear *régatéar*
marché *nm* • (alimentaire) mercado *m* *mèrkado* • (d'objets, vêtements) mercadillo *m* *mèrkadiyo* ◇ **marché aux puces** rastro *m* *rastro*
marche *nf* • (action) marcha *f* *martcha*, caminata *f* *kaminata* • (d'un escalier) escalón *m* *éskalonn*, peldaño *m* *pèldagno*
marcher *vb* andar *anndar*, caminar *kaminar*
mardi *nm* martes *m* *martèss*
mare *nf* charco *m* *tcharko*
marée *nf* marea *f* *maréa*
mari *nm* marido *m* *marido*
mariage *nm* boda *f* *boda*
marié(e) *adj* casado(-a) *kassado(-a)*
marinade *nf* adobo *m* *adobo*
Maroc *npr* Marruecos *marrouékoss*
marocain(e) *adj* marroquí *marroki*
marque *nf* marca *f* *marka*
marqueur *nm* rotulador *m* *rotoulador*
marron *adj* marrón *marronn* ▪ *nm* (fruit) castaña *f* *kastagna*
marronnier *nm* castaño *m* *kastagno*
mars *nm* marzo *m* *marso*
marteau *nm* martillo *m* *martiyo*
masculin(e) *adj* masculino(-a) *maskoulino(-a)*
masque *nm* máscara *f* *maskara* • (déguisement) careta *f* *karéta* ◇ **masque de plongée** gafas *fpl* de bucear *gafass dé bousséar*
massage *nm* masaje *m* *massaHé*
master *nm* master *m* *mastèrr*
match *nm* partido *m* *partido*
matelas *nm* colchón *m* *koltchonn*
matériel(-elle) *adj, nm* material *m* *matérial*
maternelle *nf* parvulario *m* *parboulario*
mathématiques *nfpl* matemáticas *fpl* *matématikass*
matière *nf* materia *f* *matéria* • (scolaire) asignatura *f* *assig-natoura*
matin *nm* mañana *f* *magnana*
maure *nmf* morro(-a) *m/f* *morro(-a)* ▪ *adj* morro
mauvais(e) *adj* malo(-a) *malo(-a)* ▪ *adv* mal *mal*
maximum *nm* máximo *m* *maksimo* ◇ **au maximum** como máximo *komo maksimo*
maya *adj, nm* maya *m* *maïa*
mayonnaise *nf* mayonesa *f* *mayonéssa*
mécanique *adj* mecánico(-a) *mékaniko(-a)*
médecin *nm* médico *m* *médiko*

médecine nf medicina f *médissina*
médicament nm medicamento m *médikamènnto*, medicina f *médissina*
méditerranéen(ne) adj mediterráneo(-a) *méditérranéo(-a)*
méduse nf medusa f *médoussa*
meilleur(e) adj mejor *méHor*
melon nm melón m *mélonn*
même adj, pron mismo(-a) *mismo(-a)* ◇ **même si** loc aunque *aounnké*
mémoire nf memoria f *mémoria*
ménage nm (nettoyage) limpieza f *limmpiéssa*
mener vb llevar *yébar*
mensonge nm mentira f *mènntira*
menthe nf menta f *mènnta*
mentir vb mentir *mènntir*
menton nm barbilla f *barbiya*
menu nm menú m *ménou*
mer nf mar m *mar*
merci nm gracias fpl *grassiass*
mercredi nm miércoles m *mièrkolèss*
mère nf madre f *madré*
meringue nf merengue m *mérènngué*
merveilleux(-euse) adj maravilloso(-a) *marabiyosso(-a)*
mes adj poss mis *mis*
message nm mensaje m *mènnsaHé*, recado m *rékado*
messagerie nf mensajería f *mènnsaHéri-a*
messe nf misa f *missa*
mesure nf medida f *médida*
mesurer vb medir *médir*
métal nm metal m *métal*
météo f tiempo m *tièmmpo*
métier nm oficio m *ofissio*
mètre nm metro m *métro*
métro nm metro m *métro*
mettre vb poner *ponèrr*
mexicain(e) adj mexicano(-a) *méHikano(-a)*
Mexico npr México *méHiko*
Mexique npr México *méHiko*
micro nm micrófono m *mikrofono*
micro-ondes nm microondas m *mikro-onndass*
miel nm miel f *miel*
mieux adv mejor *méHor*
mignon(ne) adj guapo(-a) *gouapo(-a)*
migraine nf migraña f *migragna*
milieu nm medio *médio* ◇ **au milieu de** en medio de *ènn médio dé*
militaire adj, nm militar m *militar*
mille adj num mil *mil*
milliard adj num mil millones *mil miyonèss*
millier nm mil m *mil*
million nm millón m *miyonn*
mince adj delgado(-a) *dèlgado(-a)*
minéral(e) adj mineral *minéral*
mineur(e) adj (personne) menor de edad *ménor dé éda*
minimum (au) loc como mínimo *komo minimo*
minuit nm medianoche f *médianotché*
minute nf minuto m *minouto*
miroir nm espejo m *éspéHo*
mixte adj mixto(-a) *miksto(-a)*
mobile adj, nm móvil m *mobil*
mode nf moda f *moda*
moderne adj moderno(-a) *modèrno(-a)*
moi pron yo *yo*
moindre adj menor *ménor*
moins adv menos *ménoss*
mois nm mes m *mèss*
moitié nf mitad f *mita*
molaire nf muela f *mouéla*
mollet nm pantorrilla f *panntorriya*
moment nm momento m *momènnto*
mon, ma adj poss mi *mi*
monastère nm monasterio m *monastério*
monde nm • (planète) mundo m *mounndo* • (personnes) gente f *Hènnté*

moniteur(-trice) *nm/f* instructor(a) *m/f* *innstrouk**tor**(a)*
monnaie *nf* moneda *f* *mo**né**da*
monsieur *nm* señor *m* *sé**gnor***
montagne *nf* montaña *f* *monn**ta**gna* sierra *f* ***sié**rra* ◇ **haute montagne** alta montaña ***al**ta monn**ta**gna* ◇ **moyenne montagne** media montaña ***mé**dia monn**ta**gna* ◇ **basse montagne** baja montaña ***ba**Ha monn**ta**gna*
montant *nm* (somme) importe *m* *imm**por**té*
monter *vb* subir *sou**bir***
montre *nf* reloj *m* *ré**loH***
monument *nm* monumento *m* *monu**mènn**to*
morceau *nm* trozo *m* ***tro**sso*
mordre *vb* morder *mor**dèrr***
mort(e) *adj, nm/f* muerto(-a) *m/f* ***mouèr**to(-a)*
morue *nf* bacalao *m* *baka**lao***
mosquée *nf* mesquita *f* *més**ki**ta*
mot *nm* palabra *f* *pa**la**bra* ◇ **mot de passe** contraseña *f* *konntra**sé**gna*
moteur *nm* motor *m* *mo**tor***
motivation *nf* motivación *f* *motiba**ssionn***
motivé(e) *adj* motivado(-a) *moti**ba**do(-a)*
moto *nf* moto *f* ***mo**to*
mou, molle *adj* blando(-a) ***blann**do(-a)*
mouche *nf* mosca *f* ***mos**ka*
mouchoir *nm* pañuelo *m* *pa**gnoué**lo*
mouette *nf* gaviota *f* *ga**bio**ta*
mouillé(e) *adj* mojado(-a) *mo**Ha**do(-a)*
mouiller *vb* mojar *mo**Har***
moule *nf* (fruit de mer) mejillón *m* *méHi**yonn*** ▪ *nm* (objet) molde *m* ***mol**de*
mourir *vb* morir *mo**rir***
mousse *nf* espuma *f* ◇ **mousse à raser** espuma de afeitar *és**pou**ma dé afe-**i**tar*
moustache *nf* bigote *m* *bi**go**té*
moustiquaire *nf* mosquitera *f* *moski**té**ra*
moustique *nm* mosquito *m* *mos**ki**to*
moutarde *nf* mostaza *f* *mos**ta**ssa*
mouton *nm* cordero *m* *kor**dé**ro*
moyen(ne) *adj* • (en taille) mediano(-a) *mé**dia**no(-a)* • (en valeur) medio(-a) ***mé**dio(-a)* • (en qualité) regular *régou**lar*** ▪ *nm* medio *m* ***mé**dio*
muet(te) *adj* mudo(-a) ***mou**do(-a)*
muguet *nm* muguete *m* *mou**gué**té*
multiprise *nf* ladrón *m* *la**dronn***
mur *nm* pared *f* *pa**réd***
mûr(e) *adj* maduro(-a) *ma**dou**ro(-a)*
muscle *nm* músculo *m* ***mous**koulo*
musculation *nf* musculación *f* *mouskoula**ssionn***
museau *nm* morro *m* ***mo**rro*
musée *nm* museo *m* *mou**ssé**o*
musical(e) *adj* musical *moussi**kal***
musicien(ne) *nm/f* músico(-a) *m/f* ***mou**ssiko(-a)*
musique *nf* música *f* ***mou**ssika*
musulman(e) *adj* musulmán(-ana) *moussoul**mann**(a)*
myope *adj* miope ***mio**pé*
myrtille *nf* arándano *m* *a**rann**dano*
nager *vb* nadar *na**dar***
naissance *nf* nacimiento *m* *nassi**miènn**to*
naître *vb* nacer *na**ssèr***
nappe *nf* mantel *m* *mann**tèl***
natation *nf* natación *f* *nata**ssionn***
nationalité *nf* nacionalidad *f* *nassionali**da***
nature *nf* naturaleza *f* *natoura**lé**ssa*
naturel(le) *adj* natural *natou**ral***

FRANÇAIS-ESPAGNOL

naturisme *nm* naturismo *m natou**ris**mo*
naturiste *adj* naturista *natou**ris**ta*
nausée *nf* náusea *f **na**ousséa*
navet *nm* nabo *m **na**bo*
navette *nf* (bus) autobús *m aouto**bouss***
naviguer *vb* navegar *nabé**gar***
ne... plus *adv* ya no... *ya no*
nécessaire *adj* necesario(-a) *néssé**ssa**rio(-a)*
nécessairement *adv* necesariamente *nésséssaria**mènn**té*
nécessité *nf* necesidad *f nésséssi**da***
nectarine *nf* nectarina *f nékta**ri**na*
neige *nf* nieve *f **nié**bé*
neiger *vb* nevar *né**bar***
nerveux(-euse) *adj* nervioso(-a) *nèr**bio**sso(-a)*
nettoyage *nm* limpieza *f limm**pié**ssa*
nettoyer *vb* limpiar *limm**piar***
neuf *adj num* nueve ***noué**bé* ◇ **neuf cents** novecientos(-as) *nobé**ssiènn**toss (-ass)*
neuf(-ve) *adj* nuevo(-a) ***noué**bo(-a)*
neuvième *adj num* noveno(-a) *no**bé**no(-a)*
nez *nm* nariz *f na**riss***
ni... ni *conj* ni... ni... *ni... ni...*
Nicaragua *npr* Nicaragua *nika**ra**goua*
nicaraguayen(ne) *adj* nicaragüense *nikara**gouènn**sé*
niveau *nm* nivel *m ni**bèl***
nocturne *adj* nocturno(-a) *nok**tour**no(-a)*
Noël *nm* Navidad *f nabi**da*** ◇ **nuit de Noël** Nochevieja *f notchébi**é**Ha*
noir(e) *adj* negro(-a) ***né**gro(-a)*
noisette *nf* avellana *f abé**ya**na*
noix *nf* nuez *f nou**èss*** ◇ **noix de coco** coco *m **ko**ko*
nom *nm* (d'une chose) nombre *m **nomm**bré* ◇ **nom de famille** apellido *m apé**yi**do*
nombre *nm* número *m **nou**méro*
nombreux(-euse) *adj* numeroso(-a) *noumé**ro**sso(-a)*
nombril *nm* ombligo *m omm**bli**go*
non *adv* no *no*
nord *nm* norte *m **nor**té*
normal(e) *adj* normal *nor**mal***
Norvège *npr* Noruega *norou**é**ga*
norvégien(ne) *adj* noruego(-a) *norou**é**go(-a)*
nos *adj poss* nuestros(-as) ***nouès**tros (-ass)*
note *nf* nota *f **no**ta*
noter *vb* apuntar *apounn**tar***
notre *adj poss* nuestro(-a) ***nouès**tro(-a)*
nougat *nm* turrón *m tou**rronn***
nouilles *nfpl* tallatines *mpl taya**ti**nèss*
nourrice *nf* niñera *f ni**gné**ra*
nourriture *nf* comida *f ko**mi**da*
nous *pron* nosotros(-as) *no**sso**tross (-ass)*
nouveau(-elle) *adj* nuevo(-a) ***noué**bo(-a)*
nouvelle *nf* • (information) noticia *f no**ti**ssia* • (littérature) novela *f no**bé**la*
novembre *nm* noviembre *m no**bièmm**bré*
noyé(e) *adj* ahogado(-a) *ao**ga**do(-a)*
noyer (se) *vb* ahogarse *ao**gar**sé*
nu(e) *adj* desnudo(-a) *des**nou**do(-a)*
nuage *nm* nube *f **nou**bé*
nuageux(-euse) *adj* nublado(-a) *nou**bla**do(-a)*
nuit *nf* noche *f **no**tché*
nul(le) *adj* (mauvais) pésimo(-a) ***pé**ssimo(-a)*
numéral *nm* numeral *m noumé**ral***
numéro *nm* número *m **nou**méro*
numéroté(e) *adj* numerado(-a) *noumé**ra**do(-a)*
nuque *nf* nuca *f **nou**ka*
objectif *nm* objetivo *m obHé**ti**bo*
objet *nm* objeto *m ob**Hé**to*

obligatoire *adj* obligatorio(-a) *obligatorio(-a)*
obligé(e) *adj* obligado(-a) *obligado(-a)*
obscur(e) *adj* oscuro(-a) *oskouro(-a)*
occasion *nf* ocasión *f okassionn*, oportunidad *f oportunida*
Occident *nm* Occidente *m oksidènnté*
occidental(e) *adj* occidental *oksidènntal*
occupé(e) *adj* ocupado(-a) *okoupado(-a)*
occuper (s') *vb* ◇ **s'occuper de** encargarse de *ènnkargarsé dé*, atender *atènndèrr*
océan *nm* océano *m osséano*
octobre *nm* octubre *m oktoubré*
odeur *nf* olor *m olor*
odorat *nm* olfato *m olfato*
œil *nm* ojo *m oHo*
œuf *nm* huevo *m ouébo*
œuvre *nf* obra *f obra*
office de tourisme *nm* oficina *f* de turismo *ofissina dé tourismo*
offre *nf* oferta *f ofèrta*
offrir *vb* • (proposer) ofrecer *ofréssèrr* • (un cadeau) regalar *régalar*
oie *nf* oca *f oka*
oignon *nm* cebolla *f séboya*
oiseau *nm* • (petit) pájaro *m paHaro* • (grand) ave *f abé*
OK ! *adv* ¡vale! *bale*
olive *nf* aceituna *f assé-itouna*
olivier *nm* olivo *m olibo*
ombre *nf* sombra *f sommbra*
ombrelle *nf* sombrilla *f sommbriya*
omelette *nf* tortilla *f tortiya*, omelette *m* (Am) *omélété*
oncle *nm* tío *m ti-o*
ongle *nm* uña *f ougna*
onze *adj num* once *onnsé*
opéra *nm* ópera *f opéra*
opération *nf* operación *f opérassionn*
opérer *vb* operar *opérar*
ophtalmologue *nmf* oftalmólogo(-a) *m/f oftalmologo(-a)*
opinion *nf* opinión *f opignionn*
opposition *nf* oposición *f opossissionn*
opticien *nm* óptico *m optiko*
or *nm* oro *m oro*
orage *nm* tormenta *f tormènnta*
orageux(-euse) *adj* tormentoso(-a) *tormènntosso(-a)*
orange *adj, nf* naranja *f narannHa*
orchestre *nm* orquesta *f orkésta*
orchidée *nf* orquídea *f orkidéa*
ordinateur *nm* ordenador *m ordénador*, (Am) computador *m kommpoutador*
ordonnance *nf* receta *f* médica *résséta médika*
ordures *nfpl* basura *f bassoura*
oreille *nf* oído *m o-ido*
oreiller *nm* almohada *f almo-ada*
oreillons *nmpl* paperas *fpl papérass*
organiser *vb* organizar *organissar*
orgue *nm* órgano *m organo*
Orient *nm* Oriente *m oriènnté*
oriental(e) *adj* oriental *oriènntal*
origine *nf* origen *m oriHènn*
orteil *nm* dedo *m* del pie *dédo del pié*
os *nm* hueso *m ouésso*
oseille *nm* acedera *f assédéra*
ostéopathie *nf* osteopatía *f ostéopatia*
ôter *vb* quitar *kitar*
otite *nf* otitis *f otitiss*
ou *conj* o *o*
où *adv* donde *donndé*
oubli *nm* olvido *m olbido*

oublier *vb* olvidar *olbi**dar***
ouest *nm* oeste *m* *o**è**sté*
oui *adv* sí *si*
ouïe *nf* oído *m* *o-**i**do*
ouragan *nm* huracán *m* *oura**kann***
ours *nm* oso *m* ***o**sso*
oursin *nm* erizo *m* de mar *é**ri**sso dé mar*
outil *nm* herramienta *f* *érra**miènn**ta*
ouvert(e) *adj* abierto(-a) *abi**è**rto(-a)*
ouverture *nf* apertura *f* *apèr**tou**ra*
ouvre-boîtes *nm* abrelatas *m* *abré**la**tass*
ouvrir *vb* abrir *ab**rir***
ozone *nm* ozono *m* *os**so**no*
pacifique *adj, npr* pacífico(-a) *pa**ssi**fiko(-a)* ◇ **l'océan Pacifique** el (Océano) Pacífico *m* *pa**ssi**fiko*
page *nf* página *f* ***pa**Hina*
paiement *nm* pago *m* ***pa**go*
paille *nf* paja *f* ***pa**Ha*
pain *nm* pan *m* *pann* ◇ **pain complet** pan completo *pann komm**plé**to* ◇ **pain de mie** pan de molde *pann dé **mol**dé* ◇ **pain grillé** pan tostado *pann tos**ta**do* ◇ **pain intégral** pan integral *pann inté**gral***
paix *nf* paz *f* *pass*
palais *nm* palacio *m* *pa**la**ssio*
pâle *adj* pálido(-a) ***pa**lido(-a)*
palmes *nfpl* (de plongée) aletas *fpl* *a**lé**tas*
palmier *nm* palmera *f* *pal**mé**ra*
palourde *nf* almeja *f* *al**mé**Ha*
pamplemousse *nm* pomelo *m* *po**mé**lo*
panaché *nm* clara *f* ***kla**ra*
Panama *npr* Panamá *pana**ma***
panaméen(ne) *adj* panameño(-a) *pana**mé**gno(-a)*
pané(e) *adj* rebozado(-a) *rébo**ssa**do(-a)*
panier *nm* cesta *f* ***sès**ta*
panne *nf* avería *f* *abé**ri**-a*
panneau *nm* letrero *m* *lé**tré**ro* ◇ **panneau de signalisation** señal *f* de tráfico *sé**gnal** dé **tra**fiko*
pansement *nm* tirita *f* *ti**ri**ta*
pantalon *nm* pantalones *mpl* *panntal**o**nèss*
panthère *nf* pantera *f* *pann**té**ra*
papaye *nf* papaya *f* *pa**pa**ya*
papeterie *nf* papelería *f* *papélé**ri**-a*
papier *nm* papel *m* *pa**pèl*** ◇ **papiers d'identité** documentación *f* *dokoumènnta**sionn***
papillon *nm* mariposa *f* *mari**po**ssa*
Pâques *nfpl* Pascua *f* ***pas**koua*
paquet *nm* paquete *m* *pa**ké**té*
par *prép* por *por*
paracétamol *nm* paracétamol *m* *parassé**ta**mol*
parachutisme *nm* paracaidismo *m* *paraka-i**dis**mo*
Paraguay *npr* Paraguay *para**gouay***
paraguayen(ne) *adj* paraguayo(-a) *para**goua**yo(-a)*
paraître *vb* parecer *paré**ssèrr***
parapente *nm* parapente *m* *para**pènn**té*
parapluie *nm* paraguas *m* *para**gou**ass*
parasol *nm* sombrilla *f* *somm**bri**ya*
parc *nm* parque *m* ***par**ké* ◇ **parc d'attractions** parque de atracciones *parké dé atrak**sion**nèss*
parce que *loc* porque *por**ké***
parcourir *vb* recorrer *rékor**rèrr***
parcours *nm* recorrido *m* *rékor**ri**do*
pardon *interj* perdón *pèr**donn***
parebrise *nm* parabrisas *m* *para**bri**ssass*
parechocs *nm* paragolpes *m* *para**gol**pèss*
parents *nmpl* padres *mpl* ***pa**drèss*
paresseux(-euse) *adj* perezoso(-a) *péré**sso**sso(-a)*
parfait(e) *adj* perfecto(-a) *pèr**fèk**to(-a)*
parfois *adv* a veces *a **bé**ssèss*
parfum *nm* • (odeur) perfume *m* *pèr**fu**me* • (saveur) sabor *m* *sa**bor***
pari *nm* aposta *f* *a**pos**ta*
Paris *npr* París *pa**riss***

parking *nm* parking *m parking*
parler *vb* hablar *ablar*
parmi *prép* entre *èntré*
parquet *nm* parqué *m parké*
part *nf* porción *f porsionn*
partagé(e) *adj* compartido(-a) *kommpartido(-a)*
partager *vb* compartir *kommpartir*
parti *nm* partido *m partido*
participer *vb* participar *partissipar*
partie *nf* parte *f parté*
partir *vb* marcharse *martcharsé* • (en voyage) salir *salir* ◇ **à partir de** a partir de *a partir dé*
partout *adv* por todas partes *por todas partèss*
pas *nm* paso *m paso* ▪ *adv* ◇ **pas encore** todavía no *todabi-a no*
passage *nm* paso *m passo* ◇ **passage piéton** paso peatonal *passo péatonal*
passager(-ère) *nm/f* pasajero(-a) *m/f passaHéro(-a)*
passeport *nm* pasaporte *m passaporté*
passer *vb* pasar *passar* ◇ **passer les vacances d'été** veranear *béranéar*
passe-temps *nm* pasatiempo *m passatièmmpo*
passion *nf* pasión *f passionn*
passionné(e) *adj* apasionado(-a) *apassionado(-a)*
passionner *vb* apasionar *apassionar*
pastèque *nf* sandía *f sanndi-a*
pasteur *nm* pastor *m pastor*
pastille *nf* pastilla *f pastiya*
pâte *nf* pasta *f pasta* ◇ **pâte de coings** dulce *m* de membrillo *doulsé dé mèmmbriyo* ◇ **pâtes** (alimentaires) macarrones *makarronèss*, fideos *mpl fidéoss*
pâté *nm* paté *m paté*
patin *nm* patín *m patinn*
patinage *nm* patinaje *m patinaHé*
patinoire *nf* pista *f* de patinaje *pista dé patinaHé*
pâtisserie *nf* pastelería *f pastéléri-a*
paupière *nf* párpado *m parpado*
pause *nf* pausa *f paoussa*
pauvre *adj* pobre *pobré*
payant(e) *adj* de pago *dé pago*
payer *vb* pagar *pagar*
pays *nm* país *m pa-iss*
paysage *nm* paisaje *m pa-issaHé*
PCV *nm* llamada *f* a cobro revertido *yamada a kobro rébèrtido*
péage *nm* peaje *m péaHé*
peau *nf* piel *f piel*
pêche *nf* melocotón *m mélokotonn*
pêcher *vb* pescar *péskar*
pédale *nf* pedal *m pédal*
pédiatre *nmf* pediatra *mf pédiatra*
peigne *nm* peine *m pèïné*
peigner *vb* peinar *pèïnar*
peintre *nmf* pintor(a) *m/f pinntor(-a)*
peinture *nf* pintura *f pinntoura*
pellicules *nfpl* (de cheveux) caspa *f kaspa*
pelouse *nf* césped *m séspèd*
pendant *prép* durante *dourannté*
pénicilline *nf* penicilina *f pénissilina*
penser *vb* pensar *pènnsar*
pension *nf* pensión *f pènnsionn*
perdre *vb* perder *pèrdèrr*
perdu(e) *adj* perdido(-a) *pèrdido(-a)*
père *nm* padre *m padré*
périmé(e) *adj* caducado(-a) *kadoukado(-a)*
permettre *vb* permitir *pèrmitir*

permis(e) *adj* permitido(-a) *pèrmitido(-a)*
permis de conduire *nm* carné *m* de conducir *karné dé konndoussir*
Pérou *npr* Perú *pérou*
persil *nm* perejil *m* *péréHil*
personne *pron* nadie *nadié* ▪ *nf* persona *pèrsona* ◇ **personne malentendante** persona con discapacidad auditiva *pèrsona konn diskapassida aouditiba* ◇ **personne âgée** persona mayor *pèrsona maïor*
perte *nf* pérdida *f* *pèrdida*
péruvien(ne) *adj* peruano(-a) *pérouano(-a)*
peser *vb* pesar *péssar*
pesticide *nm* pesticida *f* *péstissida*
pétale *nm* pétalo *m* *pétalo*
petit(e) *adj* pequeño(-a) *pékégno(-a)* ◇ **petit(e) ami(e)** novio(-a) *m/f* *nobio(-a)* ◇ **petits pois** guisantes *mpl* *guissanntèss* ◇ **plus petit** menor *ménor*
petit-déjeuner *nm* desayuno *m* *déssayouno*
petite-fille *nf* nieta *f* *niéta*
petit-fils *nm* nieto *m* *niéto*
petits-enfants *nmpl* nietos *mpl* *niétoss*
peu *adv* poco *poko* ◇ **peu de** poco(s), poca(s)
peuplier *nm* álamo *m* *alamo*
peur *nf* miedo *m* *miédo*
peut-être *adv* quizás *kissass*
phare *nm* • (de voiture) luz *f* *louss* • (marin) faro *m* *faro*
pharmacie *nf* farmacia *f* *farmacia*
phoque *nm* foca *f* *foka*
photo *nf* foto *f* *foto* ◇ **photo d'identité** foto *f* carné *foto karné*
photocopie *nf* fotocopia *f* *fotokopia*
photographe *nmf* fotógrafo(-a) *m/f* *fotografo(-a)*
photographie *nf* fotografía *f* *fotografi-a*

phrase *nf* frase *f* *frassé*
physique *adj* físico(-a) *fissiko(-a)* ▪ *nm* física *f* *fissika*
piano *nm* piano *m* *piano*
pichet *nm* jarra *f* *Harra*
pique-nique *nm* picnic *m* *piknik*
pique-niquer *vb* hacer picnic *assèrr piknik*
picorer *vb* picar *pikar*
pièce *nf* (salle) cuarto *m* *kouarto* ◇ **pièce de théâtre** obra *f* de teatro *obra dé téatro*
pied *nm* pie *m* *pié*
pierre *nf* piedra *f* *piédra*
piéton *nm* peatón *m* *péatonn*
pigeon *nm* paloma *f* *paloma*
pignon (de pin) *nm* piñón *m* *pignonn*
pile *nf* pila *f* *pila*
pilule *nf* píldora *f* *pildora*
pilote *nm* piloto *m* *piloto*
piment *nm* pimiento *m* *pimiènnto*
pimenté(e) *adj* picante *pikannté*
pin *nm* pino *m* *pino*
pince à épiler *nf* pinzas *fpl* de depilar *pinnsass dé dépilar*
ping-pong *nm* ping-pong *m* *ping-pong*
pipe *nf* pipa *f* *pipa*
piquant(e) *adj* picante *pikannté*
piqué(e) *adj* picado(-a) *pikado(-a)*
piquer *vb* picar *pikar*
piquet *nm* (de tente) piqueta *f* *pikéta*
piqûre *nf* picadura *f* *pikadoura*
piscine *nf* piscina *f* *pissina*, alberca *f* (Am) *albèrka*
pistache *nf* pistacho *m* *pistatcho*
piste *nf* pista *f* *pista* ◇ **piste cyclable** carril *m* bici *karril bissi*, ciclovía *f* *siklobi-a*
pizza *nf* pizza *f* *pitssa*
place *nf* (endroit) plaza *f* *plassa* ◇ **place de spectacle** localidad *f* *lokalida*
plage *nf* playa *f* *plaïa*
plaie *nf* llaga *f* *yaga*

plaindre (se) *vb* quejarse *ké**H**arsé*
plainte *nf* queja *f* ***ké**Ha*
plaire *vb* gustar *gous**tar***
plaisanter *vb* bromear *bromé**ar***
plaisir *nm* gusto *m* ***gous**to*, placer *m* *pla**cèrr*** ◇ **faire plaisir** dar gusto *dar **gous**to*
plan *nm* plano *m* ***pla**no*
plancha (à la) *loc adj* a la plancha *a la **plann**tcha*
planche *nf* ◇ **planche à repasser** tabla *f* de planchar ***ta**bla dé plann**tchar*** ◇ **planche à voile** tabla de windsurf ***ta**bla dé **winn**sourf* ◇ **planche de snowboard** tabla de snowboard ***ta**bla dé **snow**board* ◇ **planche de surf** tabla de surf ***ta**bla dé sourf*
plancher *nm* suelo *m* ***soué**lo*
planète *nf* planeta *f* *pla**né**ta*
plante *nf* planta *f* ***plann**ta*
plaque *nf* ◇ **plaque d'immatriculation** matrícula *f* *ma**tri**koula* ◇ **plaque électrique** placa *f* eléctrica ***pla**ka é**lék**trica*
plastique *nm* plástico *m* ***plas**tiko*
plat(e) *adj* • (sans bosses) plano(-a) ***pla**no(-a)* • (eau) sin gas *sinn gass* ◇ **à plat** (pneu) desinflado(-a) *déssin**fla**do(-a)*
plat *nm* • (dans un menu) plato *m* ***pla**to* • (récipient) fuente *f* ***fouènn**té*
platane *nm* plátano *m* ***pla**tano*
plâtre *nm* escayola *f* *éska**yo**la*
plein(e) *adj* lleno(-a) ***yé**no(-a)*
pleurer *vb* llorar *yo**rar***
pleuvoir *vb* llover *yo**bèrr***
plomb *nm* plomo *m* ***plo**mo*
plombage *nm* empaste *m* *èmm**pas**té*
plombier *nm* fontanero *m* *fonnta**né**ro*
plongée sous-marine *nf* buceo *m* *bous**sé**o*, submarinismo *m* *soubmari**nis**mo* ◇ **faire de la plongée sous-marine** bucear ***bous**séar*
plonger *vb* (faire de la plongée sous-marine) bucear ***bous**séar*
pluie *nf* lluvia *f* ***you**bia*
plume *nf* pluma *f* ***plou**ma*
plus *adv* más *mass*
plusieurs *adj* varios(-as) ***ba**rioss (-ass)*
plutôt *adv* • (à la place) mejor *mé**Hor*** • (assez) bastante *bas**tann**té*, más bien *mass biènn*
pluvieux(-euse) *adj* lluvioso(-a) *you**bio**sso(-a)*
pneu *nm* neumático *m* *néou**ma**tiko*
pneumonie *nf* neumonía *f* *néoumo**ni**-a*
poêle *nf* sartén *f* *sar**tènn***
poids *nm* peso *m* ***pé**sso*
poignet *nm* muñeca *f* *mou**gné**ka*
poil *nm* pelo *m* ***pé**lo*
point *nm* punto *m* ***pounn**to*
poire *nf* pera *f* ***pé**ra*
poireau *nm* puerro *m* ***poué**ro*
pois chiche *nm* garbanzo *m* *gar**bann**so*
poisson *nm* • (à manger) pescado *m* *pés**ka**do* • (vivant) pez (pl : peces) *m* *pèss (**pé**ssèss)*
poissonnerie *nf* pescadería *f* *péskadé**ri**-a*
poitrine *nf* pecho *m* ***pé**tcho*
poivre *nm* pimienta *f* *pi**mìènn**ta*
poivron *nm* pimiento *m* (morrón) *pimiènnto mo**rronn***
police *nf* policía *f* *poli**ssi**-a*
policier(-ère) *nm/f* policía *mf* *poli**ssi**-a*
politesse *nf* educación *f* *édouka**ssionn***
pollen *nm* polen *m* ***po**lènn*
pollution *nf* contaminación *f* *konntamina**ssionn***

pommade *nf* pomada *f pomada*
pomme *nf* manzana *f mannsana* ◇ **pomme de terre** patata *f patata*, papa *f* (Am) *papa*
pompe *nf* (à air) bomba *f* de aire *bommba dé a-iré* ◇ **pompe à essence** gasolinera *f gassolinéra* ◇ **pompe à vélo** bomba *f* de bicicleta *bommba dé bissikléta*
pompier *nm* bombero *m bommbéro*
pont *nm* puente *m pouènnté*
porc *nm* cerdo *m sèrdo*
port *nm* (de bateaux) puerto *m pouèrto*
portable *adj, nm* ◇ **(ordinateur) portable** (ordenador) portátil *m portatil* ◇ **(téléphone) portable** (teléfono) móvil *m mobil*, (teléfono) celular *m* (Am) *séloular*
portail *nm* (internet) portal *m portal*
porte *nf* puerta *f pouèrta*
porte-bagages *nm* portaequipajes *m portaékipaHèss*
portefeuille *nm* cartera *f kartéra*
portemanteau *nm* percha *f pèrtcha*
porte-monnaie *nm* monedero *m monédéro*
porte-vélo *nm* portabicicletas *m portabissiklétass*
porter *vb* llevar *yébar*
portion *nf* ración *f rassionn*
porto *nm* oporto *m oporto*
portugais(e) *adj* portugués(-esa) *portouguéss(a)*
Portugal *npr* Portugal *portougal*
position *nf* posición *f possissionn*
posologie *nf* posología *f possoloHi-a*
possible *adj* posible *possiblé*
postal(e) *adj* postal *postal*
poste (la) *nf* Correos *m korréoss*
poster *vb* (courrier) echar al correo *étchar al korréo*
pot *nm* tarro *m tarro*
potable *adj* potable *potablé*
potage *nm* potaje *m potaHé*
potiron *nm* calabaza *f kalabassa*
poubelle *nf* basura *f bassoura*
poudre *nf* pólvora *f polbora*
poule *nf* gallina *f gayina*
poulet *nm* pollo *m poyo*
poulpe *nm* pulpo *m poulpo*
poumon *nm* pulmón *m poulmonn*
poupée *nf* muñeca *f mougnéka*
pour *prép* para *para*
pourboire *nm* propina *f propina*
pousse *nf* tallo *m tayo*
pousser *vb* empujar *èmmpouHar* ◇ **pousser un cri** pegar un grito *pégar ounn grito*
poussette *nf* (pour bébé) cochecito *m kotchéssito*
pouvoir *vb* poder *podèrr*
pratiquant(e) *adj* practicante *praktikannté*
pratique *adj* práctico(-a) *praktiko(-a)*
pratiquer *vb* practicar *praktikar*
pré *nm* prado *m prado*
préfecture *nf* prefectura *f préfèktoura*
préféré(e) *adj* favorito(-a) *faborito(-a)*
préférer *vb* preferir *préférir*
premier(-ère) *adj, nm/f* primer(o, -a) *m/f primér(o, -a)*
prendre *vb* tomar *tomar*, coger *koHèrr*
prénom *nm* (d'une personne) nombre *m nommbré*
préparer *vb* preparar *préparar*
près *adv* cerca *sèrka*
prescrire *vb* recetar *réssétar*
présenter *vb* presentar *préssènntar*
préservatif *nm* preservativo *m préssèrbatibo*
presque *adv* casi *kassi*
presse *nf* prensa *f prènnsa*
pressé(e) *adj* ◇ **être pressé(e)** tener prisa *ténèrr prissa*
pressing *nm* tintorería *f tinntoréri-a*

pression *nf* (bière) cerveza *f* de barril *sèrbéssa dé barril*
prêt *nm* préstamo *m préstamo*
prêt(e) *adj* listo(-a) *listo(-a)*
prêtre *nm* sacerdote *m sassèrdoté*
prévenir *vb* avisar *abissar*
prévoir *vb* prever *prébèrr*
prier *vb* rezar *réssar*
prière *nf* rezo *m résso*
primaire *adj, nf* **(école) primaire** primaria *f primaria*
primeurs *nfpl* frutas y verduras *fpl* tempranas *froutas i bèrdouras tèmmpranas*
prince *nm* príncipe *m prinnsipé*
principe *nm* principio *m prinnsipio*
printemps *nm* primavera *f primabéra*
priorité *nf* prioridad *f priorida*
prise (électrique) *nf* enchufe *m ènntchoufé*
privé(e) *adj* privado(-a) *pribado(-a)*
prix *nm* • (tarif) importe *m immporté*, precio *m préssio* • (récompense) premio *m prémio*
problème *nm* problema *m probléma* ◇ **poser un problème** plantear un problema *planntéar ounn probléma*
prochain(e) *adj* próximo(-a) *proksimo(-a)*
proche *adj* cercano(-a) *sèrkano(-a)*
production *nf* producción *f prodouksionn*
produire *vb* producir *prodoussir*
produit *nm* producto *m prodoukto*
prof *nmf* profe *m profé*
professeur *nmf* profesor(a) *m/f proféssor(a)*
profession *nf* profesión *f proféssionn*
professionnel(le) *adj, nm/f* profesional *mf proféssional*
profiter de *vb* disfrutar de *disfroutar dé*
profond(e) *adj* profundo(-a) *profounndo(-a)*
profondément *adv* profundamente *profounndamènnté*
profondeur *nf* profundidad *f profounndida*
programme *nm* programa *m programa*
promenade *nf* paseo *m passéo*
promener (se) *vb* pasear *passéar*
prononcer *vb* pronunciar *pronounnsiar* ◇ **se prononcer** pronunciarse
propagande *nf* propaganda *f propagannda*
proposer *vb* proponer *proponèrr*
proposition *nf* propuesta *f propouèsta*
propre *adj* limpio(-a) *limmpio(-a)*
propreté *nf* limpieza *f limmpiéssa*, aseo *m asséo*
propriétaire *nmf* propietario(-a) *m/f propietario(-a)*
protection *nf* protección *f protéksionn*
protéger *vb* proteger *protéHèrr*
protestant(e) *adj, nm/f* protestante *mf protéstannté*
prouver *vb* probar *probar*
prune *nf* ciruela *f sirouèla*
pruneau *nm* ciruela *f* pasa *sirouéla passa*
public(-que) *adj* público(-a) *poubliko(-a)* ▪ *nm* público *m*
publicité *nf* publicidad *f poublissida*
pull-over *nm* jersey *m Hérseï*
purée *nf* puré *m pouré*
pyjama *nm* pijama *m piHama*
quai *nm* • (de train) andén *m anndènn* • (de bateau) muelle *m mouéyé*

qualité *nf* calidad *f* *kalida* • (vertu, caractéristique) cualidad *f* *koualida*
quand *adv, conj* cuando *kouanndo*
quarante *adj num* cuarenta *kouarènnta*
quarantième *adj num* cuadragésimo(-a) *kouadraHéssimo(-a)*
quart d'heure *nm* cuarto *m* de hora *kouarto dé ora*
quartier *nm* barrio *m* *barrio*
quatorze *adj num* catorce *katorsé*
quatre *adj num* cuatro *kouatro* ◇ **quatre cents** cuatrocientos(-as) *kouatrossiènntoss(-ass)*
quatre-vingt *adj num* ochenta *otchènnta* ◇ **quatre-vingt-dix** noventa *nobènnta*
quatrième *adj num* cuarto(-a) *kouarto(-a)*
que *conj, pron* que *ké* ▪ *pron interr* qué *ké*
Québec *npr* Quebec *kébèk*
québécois(e) *adj* quebequense *kébékènnsé*
quel(le) *pron* cuál *koual* ▪ *adj* qué *ké*
quelque chose *loc* algo *algo* ◇ **quelque chose d'autre** algo más *algo mass*
quelques *adj indef* algunos(-as) *algounoss(-ass)*
quelqu'un *pron* alguien *alguiènn*
question *nf* • (interrogation) pregunta *f* *prégounnta* • (sujet) cuestión *f* *kouèstionn* ◇ **poser une question** preguntar *prégounntar*, hacer una pregunta *assèrr ouna prégounnta*
queue *nf* cola *f* *kola*
qui *pron* que *ké*, quién(es) *kiénn(èss)*
quinzaine *nf* quincena *f* *kinnséna*
quinze *adj num* quince *kinnsé*
quitter *vb* dejar *déHar*
quoi *pron* qué *ké*
quotidien(ne) *adj* diario(-a) *diario(-a)* ▪ *nm* diario *m* *diario*
quotidiennement *adv* a diario *a diario*
rabbin *nm* rabino *m* *rabino*
raccompagner *vb* acompañar *akommpagnar*
raccourci *nm* atajo *m* *ataHo*
racine *nf* raíz *f* *ra-iss*
raccommoder *vb* zurcir *soursir*
raconter *vb* contar *konntar*
radar *nm* rádar *m* *radar*
radiateur *nm* radiador *m* *radiador*
radin(e) *adj* codo(-a) *kodo(-a)*
radio *nf* radio *f* *radio*
radiographie *nf* radiografía *f* *radiografi-a*
radis *nm* rábano *m* *rabano*
rage *nf* (maladie) rabia *f* *rabia*
ragoût *nm* guisado *m* *guissado*
raie *nf* raya *f* *raya*
raisin *nm* uva *f* *ouba*
raison *nf* razón *f* *rassonn*
raisonnable *adj* razonable *rassonablé*
rallonge (électrique) *nf* alargo *m* *alargo*
ramasser *vb* recoger *rékoHèrr*
rame *nf* (aviron) remo *m* *rémo*
randonnée *nf* • (activité) senderismo *m* *sènndérismo* • (excursion) excursión *f* *éskoursionn*
randonner *vb* hacer senderismo *assèrr sènndérismo*
ranger *vb* guardar *gouardar*
rapatriement *nm* repatriación *f* *répatriassionn*
rapatrier *vb* repatriar *répatriar* ◇ **se faire rapatrier** repatriarse
rapide *adj* rápido(-a) *rapido(-a)*
rapidement *adv* rápidamente *rapidamènnté*
rappeler *vb* volver a llamar *bolbèrr a yamar* ◇ **se rappeler** (se souvenir) acordarse *akordarsé*
rapport *nm* relación *f* *rélassionn*
raquette *nf* • (de tennis, de neige) raqueta *f* *rakéta* • (de ping-pong) pala *f* *pala*
rarement *adv* rara vez *rara bèss*

raser (se) *vb* afeitarse *aféïtarsé*
rasoir *nm* maquinilla *f* de afeitar *makiniya dé afeïtar*
rat *nm* rata *f rata*
rater *vb* malograr *malograr* • (un moyen de transport) perder *pèrdèr*
ration *nf* ración *f rassionn*
ravi(e) *adj* encantado(-a) *ènnkanntado(a)*
rayé(e) *adj* rayado(-a) *rayado(-a)*
rayon *nm* (de magasin) sección *f séksionn*
réaction *nf* reacción *f réaksionn*
réception *nf* recepción *f résèpsionn*
réceptionniste *nmf* recepcionista *mf réssèpsionista*
recette *nf* receta *f risséta*
recevoir *vb* recibir *réssibir*
rechange (de) *loc* repuesto (de) *dé répouèsto*
recharger *vb* recargar *rékargar*
réchauffer *vb* recalentar *rékalènntar*
recherche *nf* investigación *f innbèstigassionn* ◇ **faire des recherches** investigar *innbèstigar*
réclamation *nf* reclamación *f réklamassionn*
réclamer *vb* reclamar *réklamar*
recommandé(e) *adj* recomendado(-a) *rékomènndado (-a) nm* (lettre) ◇ **en recommandé** certificado(-a) *sèrtifikado(-a)*
recommander *vb* recomendar *rékomènndar*
reconnaître *vb* reconocer *rékonossèrr*
recours *nm* recurso *m rékourso*
récréation *nf* recreo *m rékréo*
rectangle *nm* rectángulo *m réktanngoulo*
rectangulaire *adj* rectangular *rektangoular*
reçu *nm* recibo *m réssibo*
récupérer *vb* recuperar *rékoupérar*
recyclage *nm* reciclaje *m réssiklaHé*
recycler *vb* reciclar *réssiklar*
réduction *nf* descuento *m déskouènnto* • (de prix) rebaja *f rébaHa*
réduit(e) *adj* reducido(-a) *rédoussido(-a)*
réel(le) *adj* real *réal*
réfléchir *vb* reflexionar *réfléksionar*
réflecteur *nm* reflector *m réfléktor*
réflexologie *nf* reflexología *f réfléksoloHi-a*
refuge *nm* refugio *m réfouHio*
regarder *vb* mirar *mirar*
régime *nm* (alimentaire) dieta *f diéta*
région *nf* región *f réHionn*
règle *nf* regla *f régla*
régler *vb* • (un appareil) ajustar *aHoustar* • (payer) pagar *pagar*
réglisse *f* regaliz *m régaliss*
regretter *vb* lamentar *lamènntar* • (se repentir) arrepentirse *arrépènntirsé*
reine *nf* reina *f ré-ina*
rein *nm* riñón *m rignonn*
rejoindre *vb* reunirse con *réounirsé konn*
religion *nf* religión *f réliHionn*
remarque *nf* observación *f obsèrbassionn*
rembourser *vb* reembolsar *réèmmbolsar*
remercier *vb* dar las gracias *dar lass grassias*
remettre *vb* volver a poner *bolbèrr a ponèrr*
remise *nf* (rabais) descuento *m déskouènnto*
remontée mécanique *nf* remonte *m rémonnté*

remorquer vb remolcar *rémolkar*
remplaçant(e) nm/f suplente mf *souplènnté*
rempli(e) adj relleno(-a) *réyéno(-a)*
remplir vb llenar *yénar*, rellenar *réyénar*
rencontrer vb encontrar *ènnkonntrar*
rendez-vous nm cita f *sita*
rendre vb devolver *débolbèrr* ◇ **se rendre** ir a *ir a*
renseignement nm información f *informassionn*
rentrer vb (chez soi) volver (a casa) *bolbèrr (a cassa)*
renverser vb • (liquide) derramar *dérramar* • (piéton) atropellar *atropéyar*
réparation nf reparación f *réparassionn*
réparer vb arreglar *arréglar*, reparar *réparar*
repas nm comida f *komida*
repasser vb • (passer à nouveau) volver a pasar *bolbèrr a passar* • (un vêtement) planchar *planntchar*
répéter vb repetir *répétir*
répondeur nm contestador m *konntéstador*
répondre vb contestar *konntéstar*
réponse nf respuesta f *réspouèsta*, contestación f *konntéstassionn*
reporter nm reportero m *réportéro*
reposer (se) vb descansar *déskannsar*
repoussant(e) adj repelente *répélènnté*
reprendre vb (se resservir) tomar más *tomar mass*
représentation nf representación f *répréssènntassionn*
requin nm tiburón m *tibouronn*
réseau nm red f *rèd* ◇ **avoir du réseau** (téléphone) tener cobertura *ténèrr kobèrtoura*
réservation nf reserva f *réssèrba*
réserve nf reserva f *réssèrba*
réserver vb reservar *réssèrbar*
réservoir nm depósito m *dépossito*
résidence nf residencia f *réssidènnsia*
résider vb recidir *réssidir*
respect nm respeto m *rèspéto*
respecter vb respetar *rèspétar*
respirer vb respirar *réspirar*
ressembler à vb parecerse a *paréssèrrse a*
ressources nfpl recursos mpl *rékoursoss* ◇ **ressources humaines** recursos humanos *rékoursoss oumanoss*
restaurant nm restaurante m *rèstaourannté*
rester vb quedar *kédar*
restitution nf devolución f *déboloussionn*
retard nm retraso m *rétrasso*
retirer vb retirar *rétirar*, sacar *sakar*
retour nm vuelta f *bouèlta*
retourner vb • (aller de nouveau) volver *bolbèrr*
retraite nf jubilación f *Houbilassionn* ◇ **prendre sa retraite** jubilarse *Houbilarsé*
retrouver vb (rejoindre) quedar *kédar*
rétroviseur nm retrovisor m *rétrobissor*
réunion nf reunión f *réounionn*
réussir vb conseguir *konnséguir*
rêve nm sueño m *souégno*
réveil nm despertar *déspèrtar* • (horloge) despertador m *déspèrtador*
réveiller vb despertar *déspèrtar* ◇ **se réveiller** despertarse
revenir vb volver *bolbèrr*
rêver vb soñar *sognar*
réverbère nm farola f *farola*
revoir (se) vb volver a verse *bolbèrr a bèrsé* ◇ **au revoir** hasta luego *asta louégo*
revue nf revista f *rébista*
rez-de-chaussée nm planta f baja *plannta baHa*

rhubarbe *nf* ruibarbo *m rouibarbo*
rhum *nm* ron *m ronn*
rhumatisme *nm* reúma *m réouma*
rhume *nm* catarro *m katarro,* resfriado *m résfri-ado*
riche *adj* rico(-a) *riko(-a)*
rideau *nm* cortina *f kortina*
rien *pron* nada *nada* ◇ **rien d'autre** nada más *nada mass*
rire *vb* reírse *ré-irsé* ▪ *nm* risa *f rissa*
risque *nm* riesgo *m riésgo*
risqué(e) *adj* arriesgado(-a) *arriésgado(-a)*
risquer (se) *vb* arriesgarse *arriésgarsé*
rive *nf* orilla *f oriya*
rivière *nf* río *m ri-o*
riz *nm* arroz *m arross* ◇ **riz au lait** arroz con leche *arross konn létché*
robe *nf* vestido *m bèstido*
robinet *nm* grifo *m grifo*
rocher *nm* roca *f roka*
roi *nm* rey *m reï*
rôle *nm* actuación *f aktouassionn*
rollers *nmpl* patines *mpl* en línea *patinèss ènn linéa*
roman *nm* novela *f nobéla*
roman(e) *adj* (art) románico(-a) *romanniko(-a)*
romantique *adj* romántico(-a) *romanntiko(-a)*
romantisme *nm* romantisismo *m romanntississmo*
rompre *vb* romper *rommpèrr*
rond(e) *adj* redondo(-a) *rédonndo(-a)*
rose *adj, nf* rosa *f rossa*
rosé(e) *adj* rosado(-a) *rossado(-a)*
rôti(e) *adj* asado(-a) *assado(-a)*
roue *nf* rueda *f rouéda* ◇ **roue de secours** rueda de repuesto *rouéda dé répouèsto*
rouge *adj* rojo(-a) *roHo(-a)*
rougeole *nf* sarampión *m sarammpionn*
rougir *vb* ruborizarse *rouborissarsé*
rouler *vb* • (véhicule) circular *sirkoular* • (escroquer) timar *timar*
route *nf* carretera *f karrétéra*
roux(-sse) *adj* pelirrojo(-a) *pélirroHo(-a)*
royal(e) *adj* real *réal*
Royaume-Uni *npr* Reino Unido *réïno ounido*
rue *nf* calle *f kayé*
rugby *nm* rugby *m rougbi*
ruines *nfpl* ruinas *fpl rouinass*
rural(e) *adj* rural *roural*
russe *adj* ruso(-a) *rousso(-a)*
Russie *npr* Rusia *roussia*
rustine *nf* parche *m partché*
sa *adj poss* su *sou*
sable *nm* arena *f aréna*
sac *nm* bolsa *f bolsa* ◇ **sac de couchage** saco *m* de dormir *sako dé dormir* ◇ **sac à dos** mochila *f motchila* ◇ **sac à main** bolso *m bolso*
sachet *nm* bolsita *f bolsita*
safran *nm* azafrán *m assafrann*
saignant(e) *adj* (viande) poco hecho(-a) *poko étcho(-a)*
saigner *vb* sangrar *sanngrar*
sain(e) *adj* sano(-a) *sano(-a)*
saint(e) *nm/f* santo(-a) *m/f sannto(-a)*
Saint-Jacques-de-Compostelle *npr* Santiago de Compostela *sanntiago dé kommpostéla*
Saint-Sylvestre *nf* Nochevieja *f notchebiéHa*
saison *nf* estación *f éstassionn* ◇ **basse saison** temporada *f* baja *tèmmporada baHa* ◇ **haute saison** temporada *f* alta *tèmmporada alta*
salade *nf* ensalada *f ènnsalada*

FRANÇAIS-ESPAGNOL

salaire *nm* salario *m salario*, sueldo *m souèldo*
sale *adj* sucio(-a) *soussio(-a)*
salé(e) *adj* salado(-a) *salado(-a)*
salière *nf* salero *m saléro*
salle *nf* sala *f sala* ◇ **salle d'eau** aseo *m asséo* ◇ **salle de bains** cuarto *m* de baño *kouarto dé bagno*
salon *nm* salón *m salonn*
salopette *nf* mono *m mono*
saluer *vb* saludar *saloudar*
salut ! *interj* ¡hola! *ola*
samedi *nm* sábado *m sabado*
SAMU *nm* SAMUR *m samour*
sandale *nf* sandalia *f sanndalia*
sandwich *nm* bocadillo *m bokadiyo* • (de pain de mie) sándwich *m sanndouitch*
sang *nm* sangre *f sanngré*
sanglier *nm* jabalí *m Habali*
sanitaire *adj* sanitario(-a) *sanitario(-a)*
sanitaires *nmpl* servicios *mpl sèrbissioss*
sans *prép* sin *sinn*
santé *nf* salud *f saloud*
soûl(e) *adj* borracho(-a) *borratcho(-a)*
sardine *nf* sardina *f sardina*
satisfaire *vb* satisfacer *satisfassèrr*
satisfaisant(e) *adj* satisfactorio(-a) *satisfaktorio(-a)*
satisfait(e) *adj* satisfecho(-a) *satisfètcho(-a)*
sauce *nf* salsa *f salsa*
saucisse *nf* salchicha *f saltchitcha*
saucisson *nm* salchichón *m saltchitchonn*
saumon *nm* salmón *m salmonn*
sauna *nm* sauna *m saouna*
sauter *vb* saltar *saltar*
sauvage *adj* salvaje *salbaHé*
sauvegarde *nf* salvaguardia *f salbagouardia*
sauver *vb* salvar *salbar*
saveur *nf* sabor *m sabor*
savoir *vb* saber *sabèrr*
savon *nm* jabón *m Habonn*
saxophone *nm* saxofón *m saksofonn*
scanner *nm* escáner *m éskanèrr*
scie *nf* sierra *f siérra*
science *nf* ciencia *f si-ènnsia*
scientifique *adj, nmf* científico(-a) *m/f si-ènntifiko(-a)*
scier *vb* (bois) cortar *kortar*
scolaire *adj* escolar *éskolar*
scooter *nm* escúter *m eskoutèrr*
score *nm* resultado *m réssoultado*
scorpion *nm* escorpión *m eskorpionn*
scotch *nm* (adhésif) celo *m sélo*
sculpture *nf* escultura *f éskoultoura*
séance *nf* sesión *f séssionn*
seau *nm* cubo *m koubo*
séché(e) *adj* (poisson) curado(-a) *kourado(-a)*
sèche-cheveux *nm* secador *m sékador*
sèche-linge *nm* secadora *f sékadora*
sécher *vb* secar *sékar*
second(e) *adj, nm/f* segundo(-a) *m/f ségounndo(-a)*
seconde *nf* (temps) segundo *m ségounndo*
secouriste *nmf* socorrista *mf sokorrista*
secours *nm* socorro *m sokorro*
secrétaire *nmf* secretario(-a) *m/f sékrétario(-a)*
secrétariat *nm* secretaría *f sékrétari-a*
section *nf* sección *f sèksionn*
sécurité *nf* seguridad *f ségourida* ◇ **Sécurité sociale** seguridad social *ségourida sossial*
sein *nm* pecho *m pétcho*
seize *adj num* dieciséis *diéssisséïs*
séjour *nm* estancia *f éstannsia*
sel *nm* sal *f sal*
selle *nf* sillín *m si-yinn*
semaine *nf* semana *f sémana*
séminaire *nm* seminario *m séminario*
sens *nm* sentido *m sènntido*
sensation *nf* sensación *f sènnsassionn*

sensible *adj* sensible *sènnsiblé*
sentier *nm* sendero *m* *sènndéro*
sentiment *nm* sentimiento *m* *sènntimiènnto*
sentir *vb* (une odeur) oler *olèrr* ◇ **se sentir** sentirse *sènntirsé*
séparé(e) *adj* separado(-a) *séparado(-a)*
sept *adj num* siete *siété* ◇ **sept cents** setecientos(-as) *sétéssiènntoss(-ass)*
septembre *nm* septiembre *m* *sèptièmmbré*
septième *adj num* séptimo(-a) *séptimo(-a)*
sérieux(-euse) *adj* serio(-a) *sério(-a)*
séropositif(-ive) *adj* seropositivo(-a) *séropossitibo(-a)*
serpent *nm* serpiente *f* *sèrpiénnté*
serpillière *nf* bayeta *f* *bayéta*
serre *nf* invernadero *m* *innbèrnadéro*
serré(e) *adj* • (vêtement) ceñido(-a) • (les uns contre les autres) apretado(-a) *aprétado(-a)*
serrure *nf* cerradura *f* *sérradoura*
serrurier *nm* cerrajero *m* *sérraHéro*
serveur(-euse) *nm/f* camarero(-a) *m/f* *kamaréro(-a)* • (sport, informatique) servidor(a) *m/f* *sèrbidor(-a)*
service *nm* servicio *m* *sèrbissio*
serviette *nf* servilleta *f* *sèrbiyéta* ◇ **serviette de bain** toalla*f* *toaya*
servir *vb* servir *sèrbir* ◇ **se servir** servirse
ses *adj poss* sus *sous*
sésame *nm* sésamo *m* *séssamo*
set *nm* set *m* *sètt*
seul(e) *adj* solo(-a) *solo(-a)*
seulement *adv* solo *solo*
sexe *nm* sexo *m* *sékso*
shampoing *nm* champú *m* *tchammpou*
shopping *nm* compras *fpl* *kommprass*
short *nm* pantalones *mpl* cortos *panntalonèss kortoss*
si *conj* si *si*
sida *nm* sida *m* *sida*
siècle *nm* siglo *m* *siglo*
siège *nm* asiento *m* *assiènnto* ◇ **siège arrière** asiento trasero *assiènnto trasséro* ◇ **siège avant** asiento delantero *assiènnto délanntéro* ◇ **siège bébé** silla porta-bebés *siya portabébèss* ◇ **siège enfant** silla portaniños *siya portanignoss*
sieste *nf* siesta *f* *sièsta*
signaler *vb* indicar *indikar* señalar *ségnalar* • (à la police) denunciar *dénounnsiar*
signalisation *nf* siñalización *f* *signalissassionn*
signature *nf* firma *f* *firma*
signer *vb* firmar *firmar*
signification *nf* significado *m* *sig-nifikado*
signifier *vb* significar *si-gnifikar*
signoguide *nm* signoguía *m* *signogui-a*
s'il vous plaît *loc* por favor *por fabor*
silence *nm* silencio *m* *silènnsio*
silencieux(-euse) *adj* silencioso(-a) *silènnsiosso(-a)*
similaire *adj* similar *similar*
similitude *nf* similitud *f* *similitou*
simple *adj* simple *simmplé*, sencillo(-a) *sènnsiyo(-a)*
singe *nm* mono *m* *mono*
sinon *conj* sino *sino*
sinusite *nf* sinusitis *f* *sinoussitiss*
sirop *nm* jarabe *m* *Harabé*
site *nm* (lieu) sitio *m* *sitio* ◇ **site web** sitio *m* web *sitio ouèb*
situer *vb* situar *sitouar*

six *adj num* seis *séïss* ◆ **six cents** seicientos(-as) *séïssiènntoss(-ass)*
sixième *adj num* sexto(-a) *séksto(-a)*
ski *nm* esquí *m* *éski* ◆ **bâton de ski** baston *m* de esquí *bastonn dé éski*
skier *vb* esquiar *éskiar*
slip *nm* calzoncillos *mpl* *kalsonnsiyoss*
SMS *nm* SMS *m* *éssé émé éssé*
snowboard *nm* snowboard *m* *snowboard*
soda *nm* refresco *m* *réfréssko*
sœur *nf* hermana *f* *èrmana*
sofa *nm* sofá *m* *sofa*
soie *nf* seda *f* *séda*
soif *nf* sed *f* *sèd* ◆ **avoir soif** tener sed *ténèrr sèd*
soir *nm* noche *f* *notché*
soirée *nf* noche *f* *notché*
soixante *adj num* sesenta *séssènnta*
soixante-dix *adj num* setenta *sétènnta*
soja *nm* soja *m* *soya*
sol *nm* suelo *m* *souélo*
solaire *adj* solar *solar*
solde *nm* (argent) saldo *m* *saldo*
soldes *nmpl* (rabais) rebajas *fpl* *rébaHass*
sole *nf* lenguado *m* *lènngouado*
soleil *nm* sol *m* *sol*
solution *nf* solución *f* *soloussionn*
sommeil *nm* sueño *m* *souégno* ◆ **avoir sommeil** tener sueño *ténèrr souégno*
sommet *nm* cima *f* *sima*
somnifère *nm* somnífero *m* *somniféro*
son, sa *adj poss* su *sou* ▪ *nm* sonido *m* *sonido*
sonner *vb* sonar *sonar*
sorbet *nm* sorbete *m* *sorbété*
sortie *nf* salida *f* *salida*
sortir *vb* salir *salir*
sot(te) *adj* tonto(-a) *tonnto(-a)*
soufflé *nm* soufflé *m* *soufflé*
souhaiter *vb* desear *désséar*
soûl(e) *adj* borracho(-a) *borratcho(-a)*
soupe *nf* sopa *f* *sopa*
source *nf* fuente *f* *fouènnté*
sourcil *nm* ceja *f* *séHa*
sourd(e) *adj* sordo(-a) *sordo(-a)*
sourire *vb* sonreír *sonnré-ir*
souris *nf* ratón *m* *ratonn*
sous *prép* debajo *débaHo*
sous-sol *nm* sótano *m* *sotano*
sous-titré(e) subtitulado(-a) *soubtitoulado(-a)*
sous-titres *nmpl* subtítulos *mpl* *soubtitouloss*
sous-vêtements *nmpl* ropa *f* interior *ropa inntérior*
soutien-gorge *nm* sostén *f* *sosténn*
souvenir *nm* recuerdo *m* *rékouèrdo* ◆ **se souvenir** acordarse *akordarsé*
souvent *adv* a menudo *a ménoudo*
spa *nm* balneario *m* *balnéario*
spaghetti *nm* espagueti *m* *éspaguéti*
sparadrap *nm* esparadrapo *m* *ésparadrapo*
spécialiser (se) *vb* especializarse *éspéssialissarsé*
spécialiste *nmf* especialista *mf* *éspéssialista*
spectacle *nm* espectáculo *m* *éspéktakoulo*
spectateur(-trice) *nm/f* espectador(a) *m/f* *éspéktador(a)*
sport *nm* deporte *m* *déporté*
sportif(-ive) *adj* deportivo(-a) *déportibo(-a)* ▪ *nm/f* deportista *mf* *déportissta*
spray *nm* spray *m* *ésprév*
stabilisateur(-trice) *adj* estabilizador(a) *éstabilissador(a)*
stade *nm* estadio *m* *éstadio*
stage *nm* prácticas *fpl* *praktikass*
station *nf* estación *f* *éstassionn* ◆ **station thermale** estación termal *éstassionn tèrmal* ◆ **station-service** gasolinera *f* *gassolinéra*

stationnement *nm* aparcamiento *m aparkamiènnto*, estacionamiento *m éstassionamiènnto*
stationner *vb* estacionar *éstassionar*
statue *nf* estátua *f estatoua*
steak *nm* bistec *m bisték* ◇ **steak tartare** filete *m* tártaro *filété tartaro*
stérile *adj* estéril *estéril*
stocker *vb* almacenar *almasénar*
stress *nm* estrés *m éstrèss*
stressant(e) *adj* estresante *éstréssannté*
stressé(e) *adj* estresado(-a) *éstréssado(-a)*
stretching *nm* stretching *m èstrétching*
studio *nm* estudio *m éstoudio*
style *nm* estilo *m estilo*
stylo *nm* bolígrafo *m boligrafo*
sucette *nf* chupete *m tchoupété*
sucre *nm* azúcar *m assoukar*
sucré(e) *adj* dulce *doulsé*
sucreries *nfpl* dulces *mpl doulsèss*
sud *nm* sur *m sour*
suffire *vb* bastar *bastar*
suffisamment *adv* suficientemente *soufissiènntémènnté*
Suisse *npr* Suiza *souissa*
suivant(e) *nm/f, adj* siguiente *mf siguiènnté*
suivre *vb* seguir *séguir*
super *adj* estupendo(-a) *éstoupènndo(-a)*, genial *Hénial* ▪ *nm* (essence) súper *soupèrr*
superficiel(le) *adj* superficial *soupèrfissial*
supermarché *nm* supermercado *m soupèrmèrkado*
supplément *nm* suplemento *m souplémènnto*
supplémentaire *adj* suplementario(-a) *souplémènntario(-a)*
supporter *vb* soportar *soportar*
suppositoire *nm* supositorio *m soupossitorio*
sur *prép* sobre *sobré*
sûr(e) *adj* seguro(-a) *ségouro(-a)*
surf *nm* surf *m sourf*
surgelé(e) *adj* congelado(-a) *konnHélado(-a)*
surnom *nm* apodo *m apodo*
surprenant(e) *adj* sorprendente *sorprènndènnté*
surprendre *vb* sorprender *sorprènndèrr*
surprise *nf* sorpresa *f sorpréssa*
surveillé(e) *adj* vigilado(-a) *biHilado(-a)*
surveiller *vb* vigilar *biHilar*
survêtement *nm* chándal *m tchanndal*
suspendre *vb* suspender *souspènndèrr* • (accrocher) colgar *kolgar*
sympa *adj* majo(-a) *maHo(-a)*
sympathique *adj* simpático(-a) *simmpatiko(-a)*
synagogue *nf* sinagoga *f sinagoga*
syndicat d'initiative *nm* oficina *f* de turismo *ofissina dé tourismo*
tabac *nm* tabaco *m tabako*
table *nf* mesa *f méssa*
tableau *nm* cuadro *m kouadro*
tabouret *nm* taburete *m tabourété*
tâche *nf* tarea *f taréa*
tache de rousseur peca *f péka*
tache *nf* mancha *f mantcha*
tacher *vb* manchar *mantchar*
taie d'oreiller *nf* funda *f* de almohada *founnda dé almoada*
taille *nf* • (grandeur) tamaño *m tamagno* • (ceinture) talla *f taya*

talon *nm* • (de chaussure) tacón *m* *takonn* • (du pied) talón *m* *talonn*
tambour *nm* tambor *m* *tammbor*
tampon *nm* (hygiénique) tampón *m* *tammponn*
tante *nf* tía *f* *ti-a*
tapas *nfpl* tapas *fpl* *tapass*
taper *vb* (sur un clavier) teclear *tékléar*
tapis *nm* alfombra *f* *alfommbra*
tard *adv* tarde *tardé*
tarder *vb* (mettre du temps) tardar *tardar*
tarif *nm* tarifa *f* *tarifa*
tarte *nf* tarta *f* *tarta*
tasse *nf* taza *f* *tassa*
taureau *nm* toro *m* *toro*
taux de change *nm* tipo *m* de cambio *tipo dé kammbio*
taxe *nf* tasa *f* *tassa*
taxi *nm* taxi *m* *taksi*
tee-shirt *nm* camiseta *f* *kamisséta*
télécharger *vb* descargar *déskargar*
télécommande *nf* mando *m* a distancia *manndo a distannsia*
téléconférence *nf* teleconferencia *f* *télékonnférènnsia*
téléphone *nm* teléfono *m* *téléfono* ◇ **téléphone fixe** teléfono fijo *téléfono fiHo* ◇ **téléphone portable** móvil *mobil*, celular *m* (Am) *séloular*
téléphoner *vb* llamar por teléfono *yamar por téléfono*
téléphonique *adj* telefónico(-a) *téléfoniko(-a)*
télésiège *nm* telesillas *m* *télésiyass*
télévision *nf* televisión *f* *télébissionn*
tellement *adv* tanto *tannto*
température *nf* temperatura *f* *tèmmpératoura*
tempête *nf* tempestad *f* *tèmmpésta*
temple *nm* templo *m* *templo*
temps *nm* tiempo *m* *tièmmpo*
tendance *nf* tendencia *f* *tènndènnsia*
tenir *vb* sujetar *souHétar*
tennis *nm* tenis *m* *téniss* ◇ **court de tennis** cancha *f* de tenis *kanntcha dé téniss*
tension *nf* tensión *f* *tènnsionn*
tente *nf* tienda *f* de campaña *tiènnda dé kammpagna*
tenter *vb* intentar *inntentar*
terminal *nm* terminal *m* *tèrminal*
terminer *vb* acabar *akabar*, terminar *tèrminar*
terminus *nm* final *m* *final*
terrain *nm* terreno *m* *térréno*
terrasse *nf* terraza *f* *térrassa*
terre *nf* tierra *f* *tiérra*
terrible *adj* terrible *térriblé* • (super) bestial *béstial*
tes *adj poss* tus *touss*
tétanos *nm* tétanos *m* *tétanoss*
tête *nf* cabeza *f* *kabéssa*
tétine *nf* tetina *f* *tétina*
TGV *nm* tren *m* de gran velocidad *trènn dé grann bélossida*
thalassothérapie *nf* talasoterapia *f* *talassotérapia*
thé *nm* té *m* *té*
théâtre *nm* teatro *m* *téatro*
théière *nf* tetera *f* *tétéra*
thermomètre *nm* termómetro *m* *tèrmométro*
Thermos *nm* termo *m* *tèrmo*
thon *nm* atún *m* *atounn*
thym *nm* tomillo *m* *tomiyo*
tiède *adj* tibio(-a) *tibio(-a)*
tiers *nm* tercio *m* *tèrsio*
tige *nf* tallo *m* *tayo*
tigre *nm* tigre *m* *tigré*
tilleul *nm* tila *f* *tila*
timbre *nm* sello *m* *séyo*
tire-bouchon *nm* sacacorchos *m* *sakakortchoss*
tirer *vb* tirar *tirar*
tiroir *nm* cajón *m* *kaHonn*
tisane *nf* tisana *f* *tissana*

tissu *nm* tejido *m* *téHido*
toi *pron pers* tú *tou*, ti *ti*
toile *nf* tela *f* *téla*
toilettes *nfpl* • (publiques) servicios *mpl* *sèrbissios* • (chez qn) servicio *m* *sèrbissio*
toit *nm* techo *m* *tétcho*
toiture *nf* tejado *m* *téHado*
tomate *nf* tomate *m* *tomaté*
tomber *vb* caer *kaèrr*
ton, ta *adj poss* tu *tou*
tong *nf* chancla *f* *tchannkla*
tonnerre *nm* trueno *m* *trouéno*
torchon *nm* trapo *m* *trapo*
tordre *vb* torcer *torsèrr* ◇ **se tordre** torcerse *torsèrsé*
tort *nm* culpa *f* *koulpa*
tortue *nf* tortuga *f* *tortouga*
tôt *adv* pronto *pronnto*, temprano *tèmmprano*
touche *nf* (de clavier) tecla *f* *tékla*
toucher *nm* tacto *m* *takto* ▪ *vb* tocar *tokar*
toujours *adv* • (tout le temps) siempre *sièmmpre* • (encore) todavía *todabi-a*
tour *nm* vuelta *f* *bouèlta* ▪ *nf* (bâtiment) torre *f* *torré*
tourisme *nm* turismo *m* *tourismo*
touriste *nmf* turista *mf* *tourista*
touristique *adj* turístico(-a) *touristiko(-a)*
tournée *nf* (dans un bar) ronda *f* *ronnda*
tourner *vb* girar *Hirar*
tournesol *nm* girasol *m* *Hirassol*
tournevis *nm* destornillador *m* *déstorniyador*
tous *adj* todos *todoss*
tousser *vb* toser *tossèrr*
tout(e) *adj, pron* todo(-a) *todo(-a)* ◇ **tout droit** todo recto *todo rèkto* ◇ **tout de suite** *loc* ahora mismo *aora mismo*
toutes *adj* todas *todass*
toux *nf* tos *f* *toss*
trace *nf* • (empreinte) rastro *m* *rastro* • (marque) huella *ouéya*
traditionnel(le) *adj* tradicional *tradissional*
traduire *vb* traducir *tradoussir*
train *nm* tren *m* *trènn*
traitement *nm* tratamiento *m* *tratamiènnto*
trajet *nm* trayecto *m* *trayékto*
tramway *nm* tranvía *m* *trannbi-a*
tranche *nf* rebanada *f* *rébanada* ◇ **tranche de pain grillé** tostada *f* *tostada*
tranquille *adj* tranquilo(-a) *trannkilo(-a)*
transaction *nf* transacción *f* *trannsaksionn*
transat *nm* tumbona *f* *toummbona*
transférer *vb* transferir *trannsférir*
transmettre *vb* transmitir *trannsmitir*
transport *nm* transporte *m* *trannsporté* ◇ **transports en commun** transportes públicos *trannsportèss poublikoss*
travail *nm* trabajo *m* *trabaHo*
travailler *vb* trabajar *trabaHar*
travailleur(-euse) *adj, nm/f* trabajador(a) *m/f* *trabaHador(a)*
travaux *nmpl* (chantier) obras *fpl* *obrass* ◇ **travaux manuels** manualidades *fpl* *manoualidadèss*
traveller's chèque *nm* cheque *m* de viaje *tchékè dé biaHé*
traversée *nf* travesía *f* *trabéssi-a*
traverser *vb* cruzar *kroussar*
trèfle *nm* trébol *m* *trébol*
treize *adj, nm* trece *m* *tréssé*
tremblement de terre *nm* terremoto *m* *térrémoto*

trembler *vb* temblar *tèmmblar*
trente *adj num* treinta *treïnnta* ◇ **trente et un/deux** treinta y uno/dos *treïnnta i ouno/doss*
trentième *adj num* trigésimo(-a) *triHéssimo(-a)*
très *adv* muy *mou-i*
triangle *nm* triángulo *m trianngoulo*
triangulaire *adj* triangular *trianngoular*
tricycle *nm* triciclo *m trissiklo*
tripes *nfpl* callos *mpl kayoss*
triste *adj* triste *tristé*
tristesse *nf* tristeza *f tristéssa*
trois *adj num* tres *trèss*
troisième *adj num* tercer(o, a) *tèrsér(o, a)*
tromper (se) *vb* equivocarse *ékibokarsé*
trompette *nf* trompeta *f trommpéta*
trompettiste *nmf* trompetista *mf trommpétista*
tronc *nm* tronco *m tronnko*
trop *adv* demasiado(-a) *démassiado(-a)* ◇ **trop peu** demasiado poco *demassiado poko*
tropical(e) *adj* tropical *tropikal*
trottinette *nf* patinete *m patinéte*
trottoir *nm* acera *f asséra*
trou *nm* agujero *m agouHéro*
trouver *vb* encontrar *énnkonntrar* ◇ **se trouver** estar *éstar*, encontrarse
truc *nm* chisme *m tchisme*
truffe *nf* trufa *f troufa*
truite *nf* trucha *f troutcha*
t-shirt *nm* camiseta *f kamisséta*
tu *pron* tú *tou*
tuba *nm* (de plongée) tubo *m toubo*
tuer *vb* matar *matar*
tulipe *nf* tulipán *m toulipann*
tumeur *nf* tumor *m toumor*
Tunisie *npr* Túnez *touness*
tunisien(ne) *adj* tunisino(-a) *tounissino(-a)*
tunnel *nm* túnel *m tounel*
turista *nf* diarrea *f* del viajero *diarréa dél biaHéro*
turquoise *adj, nf* turquesa *f tourkéssa*
tuyau *nm* tubo *m toubo*
tuyauterie *nf* tubería *f tubéri-a*
TVA *nf* IVA *m iba*
tympan *nm* tímpano *m timmpano*
type *nm* tipo *m tipo*
typique *adj* típico(-a) *tipiko(-a)*
ulcère *nm* úlcera *f oulséra*
un(e) *art* un(o, a) *ounn(o, a)*
uni *adj* liso(-a) *lisso(-a)*
uniforme *adj, nm* uniforme *m ouniformé*
unique *adj* único(-a) *ouniko(-a)*
universitaire *adj* universitario(-a) *ounibèrsitario(-a)*
université *nf* universidad *f ounibèrsida*
urbanisation *nf* urbanización *f ourbanissassionn*
urgence *nf* emergencia *f émèrHènnsia*, urgencia *f ourHènnsia* ◇ **urgences** (à l'hôpital) Urgencias *fpl ourHènnsias*
urgent(e) *adj* urgente *ourHènnté*
urine *nf* orina *f orina*
Uruguay *npr* Uruguay *ourougouaï*
uruguayen(ne) *adj* uruguayo(-a) *ourougouayo(-a)*
usage *nm* uso *m ousso*
usager(-ère) *nm/f* usuario(-a) *m/f oussouario(-a)*
usine *nf* fábrica *f fabrika*
utile *adj* útil *outil*
utilisation *nf* utilización *m outilissassionn*, uso *m ousso*
utiliser *vb* utilizar *outilissar*
vacances *nfpl* vacaciones *fpl bakassionèss*
vaccin *nm* vacuna *f bakouna*
vacciné(e) *adj* vacunado(-a) *bakounado(-a)*
vache *nf* vaca *f baka*
vague *nf* ola *f ola*

vaisselle nf vajilla f *baHilla*
valable adj válido(-a) *balido(-a)*
valise nf maleta f *maléta*
vallée nf valle m *bayé*
valoir vb valer *balèrr*
vanille nf vainilla f *ba-ini-ya*
vapeur nf vapor m *bapor* ◇ **à la vapeur** al vapor *al bapor*
varicelle nf varicela f *barisséla*
variole nf viruela f *birouéla*
vase nm jarrón m *Harronn*
veau nm ternera f *tèrnéra*
végétarien(ne) nm/f, adj vegetariano(-a) m/f *béHétariano(-a)*
veine nf vena f *béna*
vélo nf bici f *bissi*, bicicleta f *bissikléta*
vendeur(-euse) nm/f vendedor(a) m/f *bènndédor(a)*, dependiente(-a) *dépènndiénnté(-a)*
vendre vb vender *bènndèr*
vendredi nm viernes m *biérnèss*
Venezuela npr Venezuela *bénéssuéla* ◇ **République bolivarienne du Venezuela** República f bolivariana de Venezuela *répoublika bolibariana dé bénéssouéla*
vénézuélien(ne) adj venezolano(-a) *bénéssolano(-a)*
venir vb venir *bénir*
vent nm viento m *biènnto*
ventilateur nm ventilador m *bènntilador*
ventre nm barriga f *barriga*
verglas nm hielo m *iélo*
verre nm • (objet) vaso m *basso* • (matière) cristal m *kristal*
vers prép hacia *asia*
verser vb • (liquide) verter *bèrtèrr* • (argent) ingresar *inngréssar*
vert(e) adj verde *bèrdé*
vertèbre nf vértebra f *bèrtébra*
vertige nm vértigo m *bèrtigo*
vessie nf vejiga f *béHiga*
veste nf chaqueta f *tchakéta*
vestiaire nm guardarropa f *gouardarropa*
vestiges nmpl vestigios mpl *béstiHios*
vêtements nmpl ropa f *ropa*
vétérinaire nmf veterinario(-a) m/f *bétérinario(-a)*
veuf, veuve adj viudo(-a) *bioudo(-a)*
viande nf carne f *karné*
vidange nf cambio m de aceite *kammbio dé asséïté*
vide adj vacío(-a) *bassi-o(-a)*
vidéo nf video m *bidéo*
vidéoconférence nf videoconferencia f *bidéokonnférènnsia*
vider vb vaciar *bassi-ar*
vie nf vida f *bida*
vieux, vieille adj, nm/f viejo(-a) m/f *biéHo(-a)* • (fromage) curado(-a) *kourado(-a)* ◇ **vieux quartier** casco m antiguo *kasko anntigouo*
vigne nf vid f *bid*
ville nf ciudad f *siouda*
vin nm vino m *bino* ◇ **vin blanc** vino blanco *bino blannko* ◇ **vin rosé** vino rosado *bino rossado* ◇ **vin rouge** vino tinto *bino tinnto*
vinaigre nm vinagre m *binagré*
vinaigrette nf vinagreta f *binagréta*
vingt adj num veinte *beïnnté*
vingtième adj num vigésimo(-a) *biHéssimo(-a)*
viol nm violación f *biolassionn*
violet(te) adj morado(-a) *morado(-a)*
violette nf violeta f *bioléta*

violon *nm* violín *f* *biolinn*
violoncelle *nm* violonchelo *m* *biolonntchélo*
violoniste *nmf* violinista *mf* *biolinista*
virage *nm* curva *f* *kourba*
virement *nm* (bancaire) transferencia *f* (bancaria) *trannsférènnsia bannkaria*
virus *nm* virus *m* *birouss*
vis *nf* tornillo *m* *torniyo*
visa *nm* visa *f* *bissa*, visado *m* (Am) *bissado*
visage *nm* cara *f* *kara*
visite *nf* visita *f* *bissita*
visiter *vb* visitar *bissitar*
vite *adv* rápido *rapido*
vitesse *nf* velocidad *f* *bélossida*
vitre *nf* cristal *m* *kristal*
vitrine *nf* escaparate *m* *éskaparaté*
vivre *vb* vivir *bibir*
vodka *nf* vodka *f* *bodka*
vœu *nm* deseo *m* *désséo*
voie *nf* vía *f* *bi-a* • (rail) carril *m* *karril*
voile *nm* • (tissu) velo *m* *bélo* ▪ *nf* • (de bateau) vela *f* *béla*
voilier *nm* velero *m* *béléro*
voir *vb* ver *bèrr* ◇ **se voir** verse
voisin(e) *nm/f* vecino(-a) *m/f* *béssino(-a)*
voiture *nf* coche *m* *kotché*, carro *m* (Am) *karro*
voix *nf* voz *f* *boss*
vol *nm* • (d'oiseau, d'avion) vuelo *m* *bouélo* • (larcin) robo *m* *robo*
volaille *nf* ave *f* *abé*
volant *nm* volante *m* *bolannté*
volcan *nm* volcán *m* *bolkann*
voler *vb* • (oiseau, avion) volar *volar* • (dérober) robar *robar*
volet *nm* postigo *m* *postigo*
voleur *nm* ladrón *m* *ladronn*
volley-ball *nm* voleibol *m* *boléïbol*
volontiers *adv* con mucho gusto *konn moutcho gousto*
volt *nm* voltío *m* *boltio*
vomi *nm* vómito *m* *bomito*
vomir *vb* vomitar *bomitar*
vos *adj poss* sus *souss*, vuestros(-as) *bouèstross(-ass)*
voter *vb* votar *botar*
votre *adj poss* su *ssou*, vuestro(-a) *bouèstro(-a)*
vouloir *vb* querer *kérèrr*
vous *pron* • (pluriel de tu) vosotros(-as) *bossotross(-ass)* • (pluriel de politesse) usted(es) *oustèd(èss)*
voyage *nm* viaje *m* *biaHé*
voyager *vb* viajar *biaHar*
vrai(e) *adj* verdadero(-a) *bèrdadéro(-a)*
vraiment *adv* verdaderamente *bèrdadéramènnté*
VTT *nm* BTT *m* *bétété*
vue *nf* vista *f* *bista*
wagon *nm* vagón *m* *bagonn*
watt *nm* vatio *m* *batio*
webcam *nf* webcam *f* *ouébkamm*
week-end *nm* fin *m* de semana *finn dé sémana*
whisky *nm* whisky *m* *ouiski*
wifi *nm* wifi *m* *ouifi*
yaourt *nm* yogur *m* *iogourr*
yoga *nm* yoga *m* *ioga*
zèbre *nm* cebra *f* *sébra*
zéro *nm* cero *m* *séro*
zone *nf* zona *f* *sona*
zoo *nm* zoo *m* *so-o*
zoom *nm* zoom *m* *soumm*

a menudo *ménoudo* *loc* souvent
abadía *abadi-a* *nf* abbaye *f*
abajo *abaHo* *adv* en bas
abandonado(-a) *abanndonado(-a)* *adj* abandonné(e)
abandonar *abanndonar* *vb* abandonner
abanico *abaniko* *nm* éventail *m*
abdomen *abdomènn* *nm* abdomen *m*
abdominal *abdominal* *adj* abdominal(e)
abeja *abéHa* *nf* abeille *f*
abierto(-a) *abièrto(-a)* *adj* ouvert(e)
abonado(-a) *abonado(-a)* *adj, nm/f* abonné(e) *m/f*
aborto *aborto* *nm* avortement *m* ◇ **aborto espontáneo** *aborto ésponntanéo* ◇ **aborto natural** *aborto natoural* fausse couche
abrelatas *abrélatass* *nm* ouvre-boîtes *m*
abreviatura *abrébiatoura* *nf* abréviation *f*
abridor *abridor* *nm* décapsuleur *m*
abrigo *abrigo* *nm* manteau *m*
abril *abril* *nm* avril *m*
abrir *abrir* *vb* ouvrir
abrochar *abrotchar* *vb* attacher
absolutamente *absoloutamènnté* *adv* absolument
absurdo(-a) *absourdo(-a)* *adj* absurde
abuela *abouéla* *nf* grand-mère *f*
abuelo *abouélo* *nm* grand-père *m*
abuelos *abouéloss* *nmpl* grands-parents *mpl*
aburrido(-a) *abourrido(-a)* *adj* ennuyeux(-euse)
aburrirse *abourrirsé* *vb* s'ennuyer
acabar *akabar* *vb* terminer
acantilado *akanntilado* *nm* falaise *f*
acatarrado(-a) *akatarrado(-a)* *adj* enrhumé(e)
accesorio *akséssorio* *nm* accessoire *m*
accidente *aksidènnté* *nm* accident *m*
acción *aksionn* *nf* action *f*
acedera *assédéra* *nf* oseille *f*
aceite *assé-ité* *nm* huile *f* ◇ **aceite de oliva** *assé-ité dé oliba* huile d'olive
aceituna *assé-itouna* *nf* olive *f*
acelerador *assélérador* *nm* accélérateur *m*
acelerar *assélérar* *vb* accélérer
acento *assènnto* *nm* accent *m*
aceptar *asséptar* *vb* accepter
acera *asséra* *nf* trottoir *m*
acero *asséro* *nm* acier *m*
acidez *assidèss* *nf* acidité *f*
ácido(-a) *assido(-a)* *adj* acide
acné *akné* *nm* acné *f*
acoger *akoHèrr* *vb* accueillir
acogida *akoHida* *nf* accueil *m*
acompañar *akommpagnar* *vb* accompagner
aconsejar *akonnséHar* *vb* conseiller
acordarse *akordarsé* *vb* se rappeler, se souvenir
acordeón *akordéonn* *nm* accordéon *m*
acostarse *akostarsé* *vb* se coucher
actitud *aktitoud* *nf* attitude *f*
actividad *aktibida* *nf* activité *f*
activo(-a) *aktibo(-a)* *adj* actif(-ve)
actor(-triz) *aktor(-triss)* *nm/f* acteur(-trice) *m/f*

actuación *aktouassionn* *nf* action *f* • (comportamiento) conduite *f* • (al teatro) jeu *m*
actual *aktoual* *adj* actuel(le)
actualmente *aktoualmènnté* *adv* actuellement
actuar *aktouar* *vb* agir
acuático(-a) *akouatiko(-a)* *adj* aquatique
acuerdo *akouèrdo* *nm* accord *m* ◇ **de acuerdo** *dé akouèrdo* d'accord
acupuntura *akoupounntoura* *nf* acupuncture *f*
acusar *akoussar* *vb* accuser
adaptado(-a) *adaptado(-a)* *adj* adapté(e)
adaptador *adaptador* *nm* adaptateur *m*
adelantamiento *adélanntamiènnto* *nm* dépassement *m*
adelantar *adélanntar* *vb* dépasser
adelgazar *adèlgassar* *vb* maigrir
adiós *adioss* *interj* au revoir
admirar *admirar* *vb* admirer
admitir *admitir* *vb* admettre
adobo *adobo* *nm* marinade *f*
adolescente *adoléssènnté* *adj, nmf* adolescent(e) *m/f*
adoptar *adoptar* *vb* adopter
adorar *adorar* *vb* adorer
adouana *adouana* *nf* douane *f*
adulto(-a) *adoulto(-a)* *nm/f, adj* adulte *mf*
aeróbic *aérobik* *nm* aérobic *m*
aeropuerto *aéropouèrto* *nm* aéroport *m*
afeitar *aféïtar* *vb* raser ◇ **maquinilla de afeitar** *makiniya dé aféïtar* rasoir *m*
afortunadamente *afortounadamènnté* *adv* heureusement
África *afrika* *npr* Afrique
africano(-a) *afrikano(-a)* *adj* africain(e)
afueras *afouérass* *nfpl* banlieue *f*
agencia *aHènnsia* *nf* agence *f*
agenda *aHènnda* *nf* agenda *m*
agente *aHènnté* *nm* agent *m*
ágil *aHil* *adj* agile
agitado(-a) *aHitado(-a)* *adj* agité(e)
agosto *agosto* *nm* août *m*
agradable *agradablé* *adj* agréable
agravarse *agrabarsé* *vb* s'aggraver
agredir *agrédir* *vb* agresser
agresivo(-a) *agressibo(-a)* *adj* agressif(-ve)
agricultor(a) *agrikoultor(a)* *nm/f* agriculteur(-trice) *m/f*
agricultura *agrikoultoura* *nf* agriculture *f*
agua *agoua* *nf* eau *f*
aguacate *agouakaté* *nm* avocat *m* (fruit)
aguado(-a) *agouado(-a)* *adj* coupé d'eau
agudo(-a) *agoudo(-a)* *adj* aigu, aiguë
águila *aguila* *nf* aigle *m*
aguja *agouHa* *nf* aiguille *f*
agujero *agouHéro* *nm* trou *m*
agujetas *agouHétass* *nfpl* courbatures *fpl*
ahí *a-i* *adv* là
ahogado(-a) *aogado(-a)* *adj* noyé(e)
ahogarse *aogarsé* *vb* se noyer
ahora *aora* *adv* maintenant ◇ **ahora mismo** *aora mismo* tout de suite
ahumado(-a) *a-oumado(-a)* *adj* fumé(e)
aire *a-iré* *nm* air *m* ◇ **aire acondicionado** *a-iré akonndissionado* air conditionné
ajedrez *aHédrèss* *nm* (juego) échecs *mpl*
ajo *aHo* *nm* ail *m*
ajustar *aHoustar* *vb* ajuster, régler
ala *ala* *nf* aile *f* ◇ **ala delta** *ala dèlta* deltaplane *m*

álamo *alamo nm* peuplier *m*
alargo *alargo nm* rallonge *f* (électrique)
alarma *alarma nf* alarme *f*
alba *alba nf* aube *f*
albahaca *alba-aka nf* basilic *m*
albaricoque *albarikoké nm* abricot *m*
alberca *albèrka nf* (Am) piscine *f*
albergar *albèrgar vb* héberger
albergue *albèrgué nm* auberge *f* ◇ **albergue de juventud** *albèrgué dé Houbènntou* auberge de jeunesse
albóndiga *albonndiga nf* boulette *f* de viande
alcachofa *alkatchofa nf* artichaut *m*
alcohol *alkol nm* alcool *m*
alcohólico(-a) *alkoliko(-a) nm/f* alcoolique *mf* ▪ *adj* alcoolisé(e)
alegrar *alégrar vb* faire plaisir
alegre *alégré adj* joyeux(-euse)
alegría *alégri-a nf* joie *f*
alemán(-ana) *alémann(-ana) adj* allemand(e)
Alemania *alémania npr* Allemagne
alergia *alèrrHia nf* allergie *f*
alérgico(-a) *alèrHiko(-a) adj* allergique
aletas *alétas nfpl* palmes *fpl* (de plongée)
alfabeto *alfabéto nm* alphabet *m*
alfombra *alfommbra nf* tapis *m*
alga *alga nf* algue *f*
algo *algo loc* quelque chose ◇ **algo más** *algo mass* quelque chose d'autre
algodón *algodonn nm* coton *m*
alguien *alguiènn pron* quelqu'un
algunos(-as) *algounoss(-ass) adj indef* quelques
alimentación *alimèntassionn nf* alimentation *f*
alimento *alimènnto nm* aliment *m*
aliñar *alignar vb* assaisonner
aliño *aligno nm* assaisonnement *m*
alioli *alioli nm* aïoli *m*
allí *ayi* là-bas
almacenar *almassénar vb* stocker
almacenes *almasséness nmpl* grands magasins *mpl*
almeja *alméHa nf* palourde *f*
almendra *almènndra nf* amande *f*
almohada *almo-ada nf* oreiller *m* ◇ **funda de almohada** *founnda dé almoada* taie *f* d'oreiller
almuerzo *almouèrsso nm* déjeuner *m*
alojamiento *aloHamiènnto nm* logement *m*
alpinismo *alpinismo nm* alpinisme *m*
alpino(-a) *alpino(-a) adj* alpin(e)
alquilar *alkilar vb* louer
alquiler *alkilèrr nm* location *f*, loyer *m* ◇ **casa de alquiler** *kasa dé alkilèrr* maison de location
alrededor de *alrédédor dé prép* autour de
alrededores *alrédédorèss nmpl* environs *mpl*
alternancia *altèrnannsia nf* alternance *f*
altitud *altitoud nf* altitude *f*
alto(-a) *alto(-a) adj* grand(e)
altura *altoura nf* hauteur *f*
alubia *aloubia nf* haricot *m*
alud *aloud nm* avalanche *f*
aluminio *alouminio nm* aluminium *m*
alumno(-a) *aloumno(-a) nm/f* élève *mf*
amable *amablé adj* aimable

amargo(-a) *amargo(-a)* *adj* amer (-ère)
amarillo(-a) *amariyo(-a)* *adj* jaune
ambiente *ammbiènnté* *nm* ambiance *f*
ambulancia *ammboulannsia* *nf* ambulance *f*
América *amérika* *npr* Amérique ◇ **América central** *amérika sènntral* Amérique centrale ◇ **América del Norte** *amérika del norté* Amérique du Nord ◇ **América del Sur** *amérika del sour* Amérique du Sud ◇ **América latina** *amérika latina* Amérique latine
amigo(-a) *amigo(-a)* *nm/f* ami(e) *m/f* copain, copine *m/f*
amistad *amista* *nf* amitié *f*
amor *amor* *nm* amour *m*
ampolla *ammpoya* *nf* ampoule *f* (sur la peau)
analgésico(-a) *analHéssiko(-a)* *adj, nm* analgésique *m*, antalgique *m*
análisis *analississ* *nm* analyse *f*
ancho(-a) *anntcho(-a)* *adj* large
anchoa *anntchoa* *nf* anchois *m* (mariné)
anchura *anntchoura* *nf* largeur *f*
andaluz(a) *anndalouss(a)* *adj* andalou(se)
andar *anndar* *vb* marcher
andén *anndènn* *nm* quai *m* (de gare)
anemia *anémia* *nf* anémie *f*
anestésia *anéstéssia* *nf* anesthésie *f*
anginas *annHinass* *nfpl* angine *f*
anguila *annguila* *nf* anguille *f*
anillo *aniyo* *nm* anneau *m*, bague *f*
animado(-a) *animado(-a)* *adj* animé(e)
animal *animal* *nm* animal *m* ◇ **animal doméstico** *animal doméstiko* animal domestique
ánimo *animo* *nm* courage *m*
aniversario *anibèrsario* *nm* anniversaire *m* (d'un événement)
anoche *anotché* *adv* hier soir
ansiedad *annsiéda* *nf* anxiété *f*
antaño *anntagno* *adv* autrefois
antelación *anntélassionn* *nf* avance *f*
antes *anntèss* *adv* avant ◇ **antes de ayer** *anntès dé ayèrr* avant-hier
antibiótico *anntibiotiko* *nm* antibiotique *m*
anticipo *anntissipo* *nm* acompte *m*, avance *f* (d'argent)
antigüedad *anntigouéda* *nf* antiquité *f*
antiguo(-a) *anntigouo(-a)* *adj* ancien(ne) ◇ **casco antiguo** *kasko anntigouo* vieux quartier
antihistamínico *annti-istaminiko* *nm* antihistaminique *m*
antipático(-a) *anntipatiko(-a)* *adj* antipathique
antirrobo *anntirrobo* *nm* antivol *m*
antiséptico(-a) *anntisèptiko(-a)* *adj* antiseptique
anual *anoual* *adj* annuel(le)
anuario *anouario* *nm* annuaire *m*
anular *anoular* *vb* annuler
anunciar *anounnsiar* *vb* annoncer
anuncio *anounnsio* *nm* annonce *f*
añadir *agnadir* *vb* ajouter
año *agno* *nm* an *m* année *f*
apagar *apagar* *vb* éteindre
aparato *aparato* *nm* appareil *m* ◇ **aparato auditivo** *aparato aouditibo* appareil auditif ◇ **aparato dental** *aparato dènntal* appareil dentaire
aparcamiento *aparkamiènnto* *nm* stationnement *m*
aparcar *aparkar* *vb* garer
aparecer *aparéssèrr* *vb* apparaître
apasionado(-a) *apassionado(-a)* *adj* passionné(e)
apasionar *apassionar* *vb* passionner
apellido *apéyido* *nm* nom *m* de famille
apendicitis *apènndissitiss* *nm* appendicite *f*
aperitivo *apéritibo* *nm* apéritif *m*

apertura *apèrtoura* *nf* ouverture *f*
apetecer *apétéssèr* *vb* faire envie
apetito *apétito* *nm* appétit *m*
apio *apio* *nm* céleri *m*
apodo *apodo* *nm* surnom *m*
aposta *aposta* *nf* pari *m*
aprender *aprènndèrr* *vb* apprendre
aprendisaje *aprènndissaHé* *nm* apprentissage *m*
apretado(-a) *aprétado(-a)* *adj* serré(e)
apretar *aprétar* *vb* appuyer
aproximadamente *aproksimadamènnté* *adv* approximativement
apuntar *apounntar* *vb* noter
aquel(la) *akèl(-éya)* *adj dém* celui-là, celle-là
aquí *aki* *adv* ici
árabe *arabé* *adj, nm* arabe *m*
arándano *aranndano* *nm* myrtille *f*
araña *aragna* *nf* araignée *f*
arañazo *aragnasso* *nm* griffure *f*
árbol *arbol* *nm* arbre *m*
arbusto *arbousto* *nm* arbuste *m*
arco iris *arko iriss* *nm* arc-en-ciel
ardilla *ardiya* *nf* écureuil *m*
área *aréa* *nf* aire *f* ◇ **área de descanso** *aréa dé dèskannso* aire de repos ◇ **área de juegos** *aréa dé Houégoss* aire de jeux
arena *aréna* *nf* sable *m*
arenque *arrènnké* *nm* hareng *m*
arete *arété* *nm* (Am) boucle *f* d'oreille
Argelia *arHélia* *npr* Algérie
argelino(-a) *arHélino(-a)* *adj* algérien(ne)
Argentina *arHènntina* *npr* Argentine *f*
argentino(-a) *arHènntino(-a)* *adj* argentin(e)
arma *arma* *nf* arme *f*
armado(-a) *armado(-a)* *adj* armé(e)
armario *armario* *nm* armoire *f*
arqueología *arkéoloHi-a* *nf* archéologie *f*
arqueológico(-a) *arkéoloHiko(-a)* *adj* archéologique
arquitecto(-a) *arkitékto(-a)* *nm/f* architecte *mf*
arquitectura *arkitéktoura* *nf* architecture *f*
arrancar *arrannkar* *vb* arracher, démarrer
arranque *arrannké* *nm* démarrage *m*
arreglar *arréglar* *vb* arranger, réparer
arrepentirse *arrépènntirsé* *vb* regretter
arriba *arriba* *adv* en haut ◇ **allí arriba** *ayi arriba* là-haut
arriesgado(-a) *arriésgado(-a)* *adj* risqué(e)
arriesgarse *arriésgarsé* *vb* se risquer
arritmia *arritmia* *nf* arythmie *f*
arroz *arross* *nm* riz *m* ◇ **arroz con leche** *arross konn létché* riz au lait
arte *arté* *nm* art *m*
artesanía *artéssani-a* *nf* artisanat *m*
artesano *artéssano* *nm* artisan *m*
artículo *artikoulo* *nm* article *m*
artista *artista* *nmf* artiste *mf*
artístico(-a) *artistiko(-a)* *adj* artistique
asado(-a) *assado(-a)* *adj* grillé(e), rôti(e)
asalto *assalto* *nm* agression *f*, attaque *f*, hold-up *m*
ascensor *assènnsor* *nm* ascenseur *m*

asegurar *asségourar* *vb* assurer
aseo *asséo* *nm* propreté *f* • (sala) salle *f* d'eau
asequible *assékiblé* *adj* abordable
asesinar *asséssinar* *vb* assassiner
así *assi* *adv* ainsi
Asia *assia* *npr* Asie *f*
asiático(-a) *assiatiko(-a)* *adj* asiatique
asiento *assiènnto* *nm* siège *m* ◇ **asiento trasero** *assiènnto trasséro* siège arrière ◇ **asiento delantero** *assiènnto délanntéro* siège avant
asignatura *assig-natoura* *nf* matière *f* (scolaire)
asistencia *assistènnsia* *nf* assistance *f*
asistente *assistènté* *nmf* assistant(e) *m/f*
asistir *assistir* *vb* assister
asma *asma* *nm* asthme *m*
asmático(-a) *asmatiko(-a)* *nm/f, adj* asthmatique *mf*
aspecto *aspèkto* *nm* allure *f*, aspect *m*
aspiradora *aspiradora* *nf* aspirateur *m*
aspirina *aspirina* *nf* aspirine *f*
asturiano(-a) *astouriano(-a)* *adj* asturien(ne)
asunto *assounnto* *nm* affaire *f*, problème *m*
atacar *atakar* *vb* attaquer
atajo *ataHo* *nm* raccourci *m*
ataque *ataké* *nm* attaque *f* ◇ **ataque al corazón** *ataké al korassonn* crise *f* cardiaque
atascado(-a) *ataskado(-a)* *adj* bouché(e)
atasco *atasko* *nm* embouteillage *m*
atender *atènndèrr* *vb* s'occuper de
atentado *atènntado* *nm* attentat *m*
ateo(-a) *atéo(-a)* *adj, nm/f* athée *mf*
aterrizaje *atérrissaHé* *nm* atterrissage *m*
aterrizar *atérrissar* *vb* atterrir
Atlántico *atlanntiko* *npr* Atlantique *m*
atlas *atlass* *nm* atlas *m*
atlético(-a) *atlétiko(-a)* *adj* athlétique
atletismo *atlétismo* *nm* athlétisme *m*
atleto(-a) *atléto(-a)* *nm/f* athlète *mf*
atmósfera *atmosféra* *nf* atmosphère *f*
atracción *atraksionn* *nf* attraction *f*
atraer *atraèrr* *vb* attirer
atropellar *atropéyar* *vb* renverser
atún *atounn* *nm* thon *m*
audioguía *aoudiogui-a* *nm* audioguide *m*
aumentar *aoumènntar* *vb* augmenter
aumento *aoumènnto* *nm* augmentation *f*
aunque *aounnké* *loc* même si, bien que
ausente *aussènnté* *adj* absent(e)
Austria *aoustria* *npr* Autriche
austriaco(-a) *aoustriako(-a)* *adj* autrichien(ne)
auténtico(-a) *aoutènntiko(-a)* *adj* authentique
autobús *aoutobouss* *nm* autobus *m*
automático(-a) *aoutomatiko(-a)* *adj* automatique
automovilista *aoutomobilista* *nmf* automobiliste *mf*
autopista *aoutopista* *nf* autoroute *f*
autor(a) *aoutor(a)* *nm/f* auteur(e) *m/f*
autorización *aoutorissassionn* *nf* autorisation *f*
autorizado(-a) *aoutorissado(-a)* *adj* autorisé(e)
autorizar *aoutorissar* *vb* autoriser
auto-stop *aouto éstop* *nm* auto-stop *m*
ave *abé* *nf* oiseau *m* ◇ **ave de corral** volaille *f*
AVE *abé* *nf* (Alta Velocidad Española) TGV *m*
avellana *abéyana* *nf* noisette *f*
avenida *abénida* *nf* avenue *f*
avería *abéri-a* *nf* panne *f*
avestruz *abéstrouss* *nm* autruche *f*

avión *abionn* *nm* avion *m*
avisar *abissar* *vb* prévenir
avispa *abispa* *nf* guêpe *f*
ayer *ayèrr* *adv* hier
ayuda *ayouda* *nf* aide *f*
ayudar *ayoudar* *vb* aider
ayunas (en) *ayounass (ènn)* *loc* à jeun
ayuntamiento *ayounntamiènnto* *nm* mairie *f*
azafata *assafata* *nf* hôtesse *f* (de l'air, d'accueil)
azafrán *assafrann* *nm* safran *m*
azteca *astéka* *adj* aztèque
azúcar *assoukar* *nm* sucre *m*
azul *assoul* *adj* bleu(e)
bacalao *bakalao* *nm* morue *f*
bagavante *bagabannté* *nm* homard *m*
bailar *baïlar* *vb* danser
bailarín(-ina) *baïlarinn(-ina)* *nm/f* danseur(-euse) *m/f*
baile *baïlé* *nm* danse *f*
bajar *baHar* *vb* baisser, descendre
bajo(-a) *baHo(-a)* *adj* bas(se)
balcón *balkonn* *nm* balcon *m*
balizado(-a) *balissado(-a)* *adj* balisé(e)
ballet *balé* *nm* ballet *m*
balneario *balnéario* *nm* spa *m*
balón *balonn* *nm* ballon *m*
baloncesto *balonnsèsto* *nm* basket-ball *m*
balónmano *balonnmano* *nm* hand-ball *m*
bálsamo *nm* ◇ **bálsamo labial** *balsamo labial* baume *m* à lèvres
bancario(-a) *bannkario(-a)* *adj* bancaire
banco *bannko* *nm* banque *f*
bandera *banndéra* *nf* drapeau *m*
bañador *bagnador* *nm* maillot *m* de bain
bañarse *bagnarsé* *vb* se baigner
bañera *bagnéra* *nf* baignoire *f*
baño *bagno* *nm* bain *m* ◇ **baño turco** *bagno tourko* hammam *m*
bar *bar* *nm* bar *m*
barato(-a) *barato(-a)* *adj* bon marché
barba *barba* *nf* barbe *f*
barbacoa *barbako-a* *nf* barbecue *m*
barbilla *barbiya* *nf* menton *m*
barca *barka* *nf* barque *f*
Barcelona *barsélona* *npr* Barcelone
barco *barko* *nm* bateau *m*
barranquismo *barrannkismo* *nm* canyoning *m*
barriga *barriga* *nf* ventre *m*
barrio *barrio* *nm* quartier *m*
barroco(-a) *barroko(-a)* *adj* baroque
base *bassé* *nf* base *f*
basílica *bassilika* *nf* basilique *f*
bastante *bastannté* *adv* assez
bastar *bastar* *vb* suffire
bastón *bastonn* *nm* canne *f*
basura *bassoura* *nf* poubelle *f*, ordures *fpl*
batería *batéri-a* *nf* batterie *f*
bautizo *baoutisso* *nm* baptême *m*
bayeta *bayéta* *nf* serpillière *f*
bebé *bébé* *nm* bébé *m*
beber *bébèrr* *vb* boire
bebida *bébida* *nf* boisson *f*
begonia *bégonia* *nf* bégonia *m*
belga *bèlga* *adj* belge
Bélgica *bélHika* *npr* Belgique
Belice *bélissé* *npr* Belize
berenjena *bérènnHéna* *nf* aubergine *f*
besamel *béssamel* *nf* béchamel *f*

besar *béssar* *vb* embrasser
beso *bésso* *nm* bise *f*
besugo *béssougo* *nm* daurade *f*
biberón *bibéronn* *nm* biberon *m*
biblioteca *bibliotéka* *nf* bibliothèque *f*
bici *bissi* *nf* bicyclette *f*, vélo *m*
bicicleta *bissikléta* *nf* bicyclette *f*, vélo *m*
bien *biènn* *adv* bien
bienvenido(-a) *biènnbénido(-a)* *nm/f* bienvenu(e) *m/f*
bigote *bigoté* *nm* moustache *f*
billar *biyar* *nm* billard *m*
billete *biyété* *nm* billet *m*
biodiversidad *biodibèrsida* *nf* biodiversité *f*
biológico(-a) *bioloHiko(-a)* *adj* biologique
bistec *bisték* *nm* steak *m*
blanco(-a) *blannko(-a)* *adj* blanc(he)
blando(-a) *blanndo(-a)* *adj* mou, molle
bloquear *blokéar* *vb* bloquer
blusa *bloussa* *nf* blouse *f*
boca *boka* *nf* bouche *f*
bocadillo *bokadiyo* *nm* sandwich *m*
bocina *bossina* *nf* klaxon *m*
boda *boda* *nf* mariage *m*
bola *bola* *nf* boule *f*
bolígrafo *boligrafo* *nm* stylo *m*
Bolivia *bolibia* *npr* Bolivie
boliviano(-a) *bolibiano(-a)* *adj* bolivien(ne)
bollo *boïo* *nm* brioche *f*
bolsa *bolsa* *nf* sac *m*
bolsita *bolsita* *nf* sachet *m*
bolso *bolso* *nm* sac *m* à main
bomba *nf* bombe *f* ◇ **bomba de aire** *bommba dé a-iré* pompe *f* à air ◇ **bomba de bicicleta** *bommba dé bissikléta* pompe à vélo
bombero *bommbéro* *nm* pompier *m*
bombilla *bommbiya* *nf* ampoule *f* (électrique)
bonito(-a) *bonito(-a)* *adj* beau, belle, joli(e)
bonito *bonito* *nm* bonite *f*, thon *m*
boquerón *bokéronn* *nm* anchois *m* (frais)
borde *bordé* *nm* bord *m*
borracho(-a) *borratcho(-a)* *adj* soûl(e)
bosque *boské* *nm* forêt *f*
bota *bota* *nf* botte *f*, chaussure *f* de marche
botella *botéya* *nf* bouteille *f*
botón *botonn* *nm* bouton *m* (de vêtement)
boya *boïa* *nf* bouée *f* (balise)
braga *braga* *nf* culotte *f*
bragueta *braguéta* *nf* braguette *f*
brasa *brassa* *nf* braise *f*
brasileño(-a) *brassilégno(-a)* *adj* brésilien(ne)
bravo *brabo* *interj* bravo
brazo *brasso* *nm* bras *m*
brocheta *brotchéta* *nf* brochette *f*
brócoli *brokoli* *nm* brocoli *m*
broma *broma* *nf* plaisanterie *f*, farce *f*
bromear *broméar* *vb* plaisanter
bronce *bronnsé* *nm* bronze *m*
bronquitis *bronkitiss* *nf* bronchite *f*
brújula *brouHoula* *nf* boussole *f*
bruma *brouma* *nf* brume *f*
brumoso(-a) *broumosso(-a)* *adj* brumeux(-euse)
Bruselas *broussélass* *npr* Bruxelles
BTT *bétété* *nm* VTT *m*
bucear *bousséar* *vb* faire de la plongée sous-marine, plonger
buceo *bousséo* *nm* plongée *f* sous-marine
bueno(-a) *bouéno(-a)* *adj* bon(ne) ◇ **buenos días** *bouénoss di-ass*

bonjour (le matin) ◇ **buenas tardes** ***bouénass tardèss*** bonjour (l'après-midi)

bufanda *boufannda nf* écharpe *f*

bufé *boufé nm* buffet *m*

buho *bou-o nm* hibou *m*

bujía *bouHi-a nf* bougie *f* (de voiture)

buñuelo *bougnouélo nm* beignet *m*

burdeos *bourdéoss nmpl* bordeaux *m*

burro *bourro nm* âne *m*

buscar *bouskar vb* chercher

buzón *boussonn nm* boîte *f* à lettres

caballa *kabaya nf* maquereau *m*

caballo *kabayo nm* cheval *m*

cabeza *kabéssa nf* tête *f*

cabina *kabina nf* cabine *f*

cable *kablé nm* câble *m*

cabra *kabra nf* chèvre *f*

cacahuete *kakaouété nm* cacahuète *f*

cacerola *kassérola nf* casserole *f*

cada *kada adj* chaque ◇ **cada uno(-a)** *kada ouno(-a)* chacun(e)

cadena *kadéna nf* chaîne *f*

caducado(-a) *kadoukado(-a) adj* périmé(e)

caer *caèrr vb* tomber

café *kafé nm* café *m* ◇ **café con leche** *kafé konn létché* café au lait ◇ **café solo** *kafé solo* café noir

caída *ka-ida nf* chute *f*

caja *kaHa nf* boîte *f*, caisse *f* ◇ **caja de cambios** *kaHa dé kammbioss* boîte de vitesses ◇ **caja fuerte** *kaHa fouèrté* coffre-fort *m*

cajero *kaHéro nm* distributeur *m* (de billets)

cajón *kaHonn nm* tiroir *m*

calabacín *kalabassinn nm* courgette *f*

calabaza *kalabassa nf* citrouille *f*, potiron *m*

calamar *kalamar nm* calamar *m*

calambre *kalammbré nm* crampe *f*

calarse *kalarsé vb* caler (en voiture)

calcetín *kalsétinn nm* chaussette *f*

calculadora *kalkouladora nf* calculatrice *f*

caldera *kaldéra nf* chaudière *f*

caldo *kaldo nm* bouillon *m*

calefacción *kaléfaksionn nf* chauffage *m*

calendario *kalènndario nm* calendrier *m*

calentador *nm* ◇ **calentador de agua** *kalènntador dé agoua* chauffe-eau *m*

calentar *kalènntar vb* chauffer

calentura *kalènntoura nf* fièvre *f* • (de boca) bouton *m* de fièvre

calidad *kalida nf* qualité *f*

caliente *kalièннté adj* chaud(e)

calle *kayé nf* rue *f*

callo *kayo nm* cor *m*, durillon *m*

callos *kayoss nmpl* tripes *fpl*

calor *kalor nm* chaleur *f*

caluroso(-a) *kalourosso(-a) adj* chaud(e)

calvo(-a) *kalbo(-a) adj* chauve

calzada *kalsada nf* chaussée *f*

calzar *kalsar vb* chausser

calzoncillos *kalsonnsiyoss nmpl* caleçon *m*, slip *m*

cama *kama nf* lit *m* ◇ **cama matrimonial** *kama matrimonial* lit double ◇ **cama individual** *kama inndibidoual* lit simple

cámara *kamara nf* caméra *f*, appareil photo *m* ◇ **cámara de aire** *kamara dé a-iré* chambre *f* à air

camarero(-a) *kamaréro(-a) nm/f* serveur(-euse) *m/f*

cambiador *kammbiador* nm table f à langer
cambiar *kammbiar* vb changer
cambiarse se changer
cambio *kammbio* nm changement m
◊ **cambio de marchas** *kammbio dé martchass* dérailleur m ◊ **cambio de aceite** *kammbio dé asséïté* vidange f
caminar *kaminar* vb marcher
caminata *kaminata* nf marche f
camino *kamino* nm chemin m
camión *kamionn* nm camion m
camioneta *kamionéta* nf camionnette f
camisa *kamissa* nf chemise f
camiseta *kamisséta* nf t-shirt m
camping *kammpinng* nm camping m
campo *kammpo* nm campagne f champ m
Canadá *kanada* npr Canada
canadiense *kanadiènnsé* adj canadien(ne)
cancelado(-a) *kannsélado(-a)* adj annulé(e)
cancelar *kannsélar* vb annuler
cáncer *kannsèrr* nm cancer m
canción *kannsionn* nf chanson f
candado *kanndado* nm cadenas m
candidato(-a) *kanndidato(-a)* nm/f candidat(e) m/f
candidatura *kanndidatoura* nf candidature f
canela *kanéla* nf cannelle f
cangrejo *kanngréHo* nm crabe m
canguro *kanngouro* nm • (animal) kangourou m • (persona) baby-sitter f
cansado(-a) *kannsado(-a)* adj fatigué(e)
cantante *kanntannté* nmf chanteur (-euse) m/f
cantar *kanntar* vb chanter
cantimplora *kanntimmplora* nf gourde f
caña *kagna* nf demi m (de bière)
capa *kapa* nf cape f
capilla *kapiya* nf chapelle f
capital *kapital* nf capitale f
capó *kapo* nm capot m
capullo *kapouyo* nm bouton m (de fleur)
cara *kara* nf figure f, visage m
caracol *karakol* nm escargot m
carácter *karaktèrr* nm caractère m
caramelo *karamélo* nm bonbon m, caramel m
caravana *karabana* nf camping-car m
carburante *karbourannté* nm carburant m
cardiaco(-a) *kardiako(-a)* adj cardiaque
careta *karéta* nf masque m (de déguisement)
carga *karga* nf charge f
cargador *kargador* nm chargeur m
caries *karièss* nfpl carie f
cariñoso(-a) *karignosso(-a)* adj affectueux (-euse)
carnaval *karnabal* nm carnaval m
carne *karné* nf viande f ◊ **carne de vaca** *karné dé baka* (viande de) bœuf
carnicería *karniséri-a* nf boucherie f
caro(-a) *karo(-a)* adj cher(-ère)
carpa *karpa* nf carpe f
carretera *karrétéra* nf route f • (Am) tente f
carril *karril* nm voie f ◊ **carril bici** *karril bissi* piste f cyclable
carrito *karrito* nm poussette f, chariot m ◊ **carrito de la compra** *karrito dé la kommpra* caddie m
carro *karro* nm (Am) voiture f
carta *karta* nf lettre f
cartel *kartèl* nm affiche f
cartera *kartéra* nf portefeuille m
cartero(-a) *kartéro(-a)* nm/f facteur (-trice) m/f

cartón *kartonn* *nm* cartouche *f* (de cigarettes)
casa *kassa* *nf* maison *f* ◇ **casa rural** *kassa roural* gîte *m* rural
casado(-a) *kassado(-a)* *adj* marié(e)
cascada *kaskada* *nf* cascade *f*
casco *kasko* *nm* casque *m*
casi *kassi* *adv* presque
casillero *kasiyéro* *nm* casier *m*
casino *kassino* *nm* casino *m*
caspa *kaspa* *nf* pellicules *fpl* (dans les cheveux)
castaña *kastagna* *nf* marron *m*, châtaigne *f*
castaño *kastagno* *nm* châtaignier *m*, marronnier *m*
castañuelas *kastagnouélass* *nfpl* castagnettes *fpl*
castellano(-a) *kastéyano(-a)* *adj* castillan(e)
castillo *kastiyo* *nm* château *m*
casualidad (por) *kassoualida (por)* *loc* par hasard
catalán(-ana) *katalann(-ana)* *adj* catalan(e)
catálogo *katalogo* *nm* catalogue *m*
catarro *katarro* *nm* rhume *m*
catedral *catédral* *nm* cathédrale *f*
católico(-a) *katoliko(-a)* *adj, nm/f* catholique *mf*
catorce *katorsé* *adj num* quatorze
caza *cassa* *nf* chasse *f*
cazar *kassar* *vb* chasser
cazuela *kassouéla* *nf* casserole *f* (en terre cuite)
CD *cédé* *nm* CD *m*
cebolla *séboya* *nf* oignon *m*
cebra *sébra* *nf* zèbre *m*
cédérron *sédéronn* *nm* CD-ROM *m*
ceja *séHa* *nf* sourcil *m*
celo *sélo* *nm* papier *m* adhésif, scotch *m*
celoso(-a) *sélosso(-a)* *adj* jaloux (-ouse)
celular *séloular* *adj, nm* (Am) ◇ **(teléfono) celular** (téléphone) portable *m*
cementerio *sémènntério* *nm* cimetière *m*
cena *séna* *nf* dîner *m*
cenar *sénar* *vb* dîner
cenicero *sénisséro* *nm* cendrier *m*
centésimo(-a) *sènntéssimo(-a)* *adj num* centième
centímetro *sènntimétro* *nm* centimètre *m*
centro *sènntro* *nm* centre *m*
Centroamérica *sènntroamérika* *nf* Amérique centrale
ceñido(-a) *ségnido(-a)* *adj* serré(e)
cepillar *sépiyar* *vb* brosser
cepillo *sépiyo* *nm* brosse *f* ◇ **cepillo de dientes** *sépiyo dé diénntèss* brosse à dents
cerámica *séramika* *nf* céramique *f*
cerca *sèrka* *adv* près
cercano(-a) *sèrkano(-a)* *adj* proche
cerdo *sèrdo* *nm* cochon *m*, porc *m*
cereales *séréalèss* *nmpl* céréales *fpl*
cereza *sérèssa* *nf* cerise *f*
cerilla *sériya* *nf* allumette *f*
cerillo *sériyo* *nm* (Am) allumette *f*
cero *séro* *nm* zéro *m*
cerrado(-a) *sérrado(-a)* *adj* fermé(e)
cerradura *sérradoura* *nf* serrure *f*
cerrajero *sérraHéro* *nm* serrurier *m*
cerrar *sérrar* *vb* fermer
certificado(-a) *sèrtifikado(-a)* *adj* certifié(e) • (carta) (en) recommandé
certificado *sèrtifikado* *nm* certificat *m*

cerveza *sèrbéssa* *nf* bière *f* ◇ **cerveza de barril** *sèrbéssa dé barril* (bière à la) pression *f*
césped *séspèd* *nm* pelouse *f*
cesta *sèsta* *nf* panier *m*
chaleco *tchaléko* *nm* gilet *m* ◇ **chaleco salvavidas** *tchaléko salbabidass* gilet de sauvetage
chalote *tchaloté* *nm* échalote *f*
champán *tchammpann* *nm* champagne *m*
champiñón *tchammpignonn* *nm* champignon *m* de Paris
champú *tchammpou* *nm* shampoing *m*
chancla *tchannkla* *nf* tong *f*
chándal *tchanndal* *nm* survêtement *m*
chaqueta *tchakéta* *nf* veste *f*
charco *tcharko* *nm* mare *f*
chat *tchatt* *nm* chat *m* (sur internet)
chatear *tchatéar* *vb* chatter
cheque *nm* chèque *m* ◇ **cheque de viaje** *tchékè dé biaHé* traveller's chèque *m*
chica *tchika* *nf* fille *f*
chichón *tchitchonn* *nm* bosse *f*
chicle *tchiklé* *nm* chewing-gum *m*
chico *tchiko* *nm* fils *m*, garçon *m*
Chile *tchilé* *npr* Chili
chileno(-a) *tchiléno(-a)* *adj* chilien(ne)
chimenea *tchiménéa* *nf* cheminée *f*
China *tchina* *npr* Chine
chino(-a) *tchino(-a)* *adj* chinois(e)
chisme *tchisme* *nm* truc *m*
chocolate *tchokolaté* *nm* chocolat *m*
chófer *tchofèrr* *nm* chauffeur *m*
choque *tchoké* *nm* choc *m*
chorizo *tchorisso* *nm* chorizo *m*
chubasquero *tchoubaskéro* *nm* K-way *m*
chuleta *tchouléta* *nf* côtelette *f*
chuletón *tchoulétonn* *nm* côte *f* de bœuf
chupete *tchoupété* *nm* sucette *f*
churro *tchourro* *nm* beignet *m* (allongé)
cibercafé *sibèrkafé* *nm* cybercafé *m*
ciberespacio *sibèrréspassio* *nm* cyberespace *m*
cicatriz *sikatriss* *nf* cicatrice *f*
cicatrizar *sikatrissar* *vb* cicatriser
ciclismo *siklismo* *nm* cyclisme *m*
ciclista *siklista* *nmf* cycliste *mf*
ciclovía *siklobi-a* *nf* piste *f* cyclable
cidra *sidra* *nf* cidre *m*
cielo *siélo* *nm* ciel *m*
cien *siènn* *adj num* cent
ciencia *si-ènnsia* *nf* science *f*
científico(-a) *si-ènntifiko(-a)* *adj, nm/f* scientifique *mf*
ciento *siènnto* *adj num* cent
cierre *siérré* *nm* fermeture *f* ◇ **cierre relámpago** *siérré rélammpago* fermeture *f* éclair
cifra *sifra* *nf* chiffre *m*
cigala *sigala* *nf* langoustine *f*
cigarillo *sigariyo* *nm* cigarette *f* ◇ **cigarillo electrónico** *sigariyo éléktroniko* cigarette électronique
cilandro *silanndro* *nm* coriandre *f*
cima *sima* *nf* sommet *m*
cinco *sinnko* *adj num* cinq
cincuenta *sinnkouènnta* *adj num* cinquante ◇ **cincuenta y uno/dos** *sinnkouènnta i ouno/doss* cinquante et un/deux...
cine *siné* *nm* cinéma *m*
cinturón *sinntouronn* *nm* ceinture *f* ◇ **cinturón dé seguridad** *sinntouronn dé ségourida* ceinture de sécurité
circo *sirko* *nm* cirque *m*
circuito *sirkouito* *nm* circuit *m*
circular *sirkoular* *vb* rouler, circuler
círculo *sirkoulo* *nm* cercle *m*
ciruela *sirouèla* *nf* prune *f* ◇ **ciruela pasa** *sirouéla passa* pruneau *m*
cisterna *sistèrna* *nf* chasse *f* d'eau

cita *sita* *nf* rendez-vous *m*
ciudad *siouda* *nf* ville *f*
clara *klara* *nf* panaché *m*
claro(-a) *klaro(-a)* *adj* clair(e)
clase *klassé* *nf* classe *f*, cours *m*
clásico(-a) *klassiko(-a)* *adj* classique
clavo *klabo* *nm* clou *m*
clementina *kléménntina* *nf* clémentine *f*
cliente(-a) *kliènnté(-a)* *nm/f* client(e) *m/f*
clima *klima* *nm* climat *m*
climatización *klimatissassionn* *nf* climatisation *f*
climatizado(-a) *klimatissado(-a)* *adj* climatisé(e)
clínex *klineks* *nm* Kleenex *m*
club *kloub* *nm* club *m*
cobertura *nf* *kobèrtoura* couverture *f* ◊ **tener cobertura** *ténèrr kobèrtoura* (téléphone) avoir du réseau
cobre *kobré* *nm* cuivre *m*
cocer *kossèrr* *vb* cuire
coche *kotché* *nm* voiture *f*
cochecito *kotchéssito* *nm* poussette *f*
cocido(-a) *kossido(-a)* *adj* cuit(e)
cocina *kossina* *nf* cuisine *f*
cocinado(-a) *kossinado(-a)* *adj* cuisiné(e)
cocinar *kossinar* *vb* cuisiner
coco *koko* *nm* noix *f* de coco
cocodrilo *kokodrilo* *nm* crocodile *m*
cóctel *koktel* *nm* cocktail *m*
código *kodigo* *nm* code *m* ◊ **código postal** *kodigo postal* code postal
codo(-a) *kodo(-a)* *adj* radin(e)
codo *kodo* *nm* coude *m*
codorniz *kodorniss* *nf* caille *f*
coger *koHèrr* *vb* attraper, prendre
cojín *koHinn* *nm* coussin *m*
col *kol* *nf* chou *m*
cola *kola* *nf* queue *f*
colada *kolada* *nf* lessive *f*
colchón *koltchonn* *nm* matelas *m*
colega *koléga* *nmf* collègue *mf*
colegio *koléHio* *nm* collège *m*
colgar *kolgar* *vb* accrocher
coliflor *koliflor* *nf* chou-fleur *m*
colina *kolina* *nf* colline *f*
colirio *kolirio* *nm* collyre *m*
colisión *kolissionn* *nf* collision *f*
collar *koyar* *nm* collier *m*
Colombia *kolommbia* *npr* Colombie
colombiano(-a) *kolommbiano(-a)* *adj* colombien(ne)
coloquio *kolokio* *nm* colloque *m*
color *kolor* *nm* couleur *f*
columna *koloumna* *nf* colonne *f*
comedia *komédia* *nf* comédie *f*
comediante *komédiannté* *nmf* comédien(ne) *m/f*
comenzar *komènnsar* *vb* commencer
comer *komèrr* *vb* manger
comercio *komèrsio* *nm* commerce *m*
cometa *kométa* *nf* cerf-volant *m*
cómic *komik* *nm* bande dessinée *f*
comida *komida* *nf* nourriture *f*, repas *m*
comisaría *komissari-a* *nf* commissariat *m* de police
comisión *komissionn* *nm* commission *f*
como *komo* *adv, conj* comme
cómo *komo* *adv* comment
cómoda *komoda* *nf* commode *f*
cómodo(-a) *komodo(-a)* *adj* commode, confortable

compañero(-a) *kommpa**gné**ro(-a)* nmf compagnon *m*, compagne *f*
◇ **compañero(-a) de piso** *kommpa**gné**ro(-a) dé **pi**sso* colocataire *mf*
compañía *kommpa**gni**-a* nf compagnie *f*
compartido(-a) *kommpar**ti**do(-a)* adj partagé(e)
compartimento *kommpartimè**nn**to* nm compartiment *m*
compartir *kommpar**tir*** vb partager
competición *kommpéti**ssionn*** nf compétition *f*
completo(-a) *komm**plé**to(-a)* adj complet(-ète)
compota *komm**po**ta* nf compote *f*
compra ***komm**pra* nf achat *m*
◇ **compras** nfpl courses *fpl*, shopping *m*
comprador(a) *kommpra**dor**(a)* nm/f acheteur(-euse) *m/f*
comprar *komm**prar*** vb acheter
comprender *kommprènn**dèrr*** vb comprendre
compresa *kom**pré**ssa* nf compresse *f*
comprimido(-a) *kommpri**mi**do(-a)* adj comprimé(e)
comprimido *kommpri**mi**do* nm comprimé *m*
computador *kommpouta**dor*** nm ordinateur *m*
comunicación *komounika**ssionn*** nf communication *f*
con *konn* prép avec
concha ***konn**tcha* nf coquillage *m*
concierto *konn**sièr**to* nm concert *m*
conducir *konndou**ssir*** vb conduire
◇ **carné de conducir** *kar**né** dé konndou**ssir*** permis *m* de conduire
conductor(a) *konndou**ktor**(a)* nm/f conducteur(-trice) *m/f*
conectar *konèk**tar*** vb connecter
◇ **conectarse** se connecter
conejo *ko**né**Ho* nm lapin *m*
conexión *conèk**sionn*** nf connexion *f*
conferencia *konnfé**rènn**sia* nf conférence *f*
confianza *konn**fiann**sa* nf confiance *f*
confirmar *konnfir**mar*** vb confirmer
congelado(-a) *konnHé**la**do(-a)* adj surgelé(e)
congelador *konnHéla**dor*** nm congélateur *m*
conífera *ko**ni**féra* nf conifère *m*
conjuntivitis *konnHounnti**bi**tiss* nf conjonctivite *f*
conmoción *konnmo**ssionn*** nf
◇ **conmoción cerebral** *konnmo**ssionn** sé**ré**bral* commotion *f* cérébrale
conocer *konos**sèr*** vb connaître
conocimiento *konossi**mièn**nto* nm connaissance *f*
conseguir *konnsé**guir*** vb réussir
consejo *konn**sé**Ho* nm conseil *m*
consigna *konn**sig**-na* nf consigne *f*
consomé *konnso**mé*** nm consommé *m*
constipado(-a) *konnsti**pa**do(-a)* adj enrhumé(e)
construcción *konnstrouk**sionn*** nf construction *f*
construir *konnstrou**ir*** vb construire
consulado *konnsou**la**do* nm consulat *m*
consulta *konn**soul**ta* nf consultation *f*
consultar *konnsoul**tar*** vb consulter
consumición *konnsoumi**ssionn*** nf consommation *f*, boisson *f*
consumir *konnsou**mir*** vb consommer
consumo *konn**sou**mo* nm consommation *f*
contabilidad *konntabili**da*** nf comptabilité *f*
contable *konn**ta**blé* nmf comptable *mf*
contactar *konntak**tar*** vb contacter
contacto *konn**tak**to* nm contact *m*
contagiar *konnta**Hiar*** vb contaminer
contagio *konn**ta**Hio* nm contamination *f*

contagioso(-a) *konntaHiosso(-a)* *adj* contagieux(-euse)
contaminación *konntaminassionn* *nf* pollution *f*
contar *konntar* *vb* compter, raconter
contemporáneo(-a) *konntèmmporanéo(-a)* *adj* contemporain(e)
contento(-a) *kontènnto(-a)* *adj* content(e)
contestación *konntéstassionn* *nf* réponse *f*
contestador *konntéstador* *nm* répondeur *m*
contestar *konntéstar* *vb* répondre
continental *konntinènntal* *adj* continental(e)
continuación *konntinouassionn* *nf* continuation *f*
contracepción *konntrassèpsionn* *nf* contraception *f*
contrario *konntrario* *nm* contraire *m*
contraseña *konntrasségna* *nf* mot *m* de passe
contratiempo *konntratièmmpo* *nm* contretemps *m*
contrato *konntrato* *nm* contrat *m*
controlador *konntrolador* *nm* contrôleur *m*
convenir *konnbénir* *vb* convenir
convento *konnbènnto* *nm* couvent *m*
copa *kopa* *nf* coupe *f*
copia *kopia* *nf* copie *f*
copiar *kopiar* *vb* copier
corazón *korassonn* *nm* cœur *m*
cordero *kordéro* *nm* agneau *m* mouton *m*
cordón *kordon* *nm* lacet *m*
coreografía *koréografi-a* *nf* chorégraphie *f*
correcto(-a) *korrèkto(-a)* *adj* correct(e)
correo *korréo* *nm* courrier *m* ◇ **correo electrónico** *korréo éléktroniko* courrier électronique
Correos *korréoss* *nm* la poste *f*
correr *korrèrr* *vb* courir
correspondencia *korrésponndènnsia* *nf* correspondance *f*
corriente *korriènnte* *adj, nf* courant(e) *m* ◇ **corriente de aire** *korriènnté dé a-iré* courant d'air ◇ **al corriente** *al korriènnté* au courant
cortado(-a) *kortado(-a)* *adj* coupé(e) ▪ *nm* (café) café *m* crème
cortar *kortar* *vb* couper
corte *korté* *nm* coupe *f*
cortina *kortina* *nf* rideau *m*
corto(-a) *korto(-a)* *adj* court(e)
cosa *kossa* *nf* chose *f*
costa *kosta* *nf* côte *f*, rivage *m*
Costa Rica *kosta rika* *npr* Costa Rica
costar *kostar* *vb* coûter
costarriqueño(-a), costarriquense *kostarrikégno(-a), kostarrikènnsé* *adj* costaricain(e)
coste *kosté* *nm* coût *m*
costra *kostra* *nf* croûte *f*
costumbre *kostoummbre* *nf* coutume *f*, habitude *f*
crédito *krédito* *nm* crédit *m* ◇ **tarjeta de crédito** *tarHéta dé krédito* carte *f* de crédit
creer *kré-èrr* *vb* croire
crema *kréma* *nf* crème *f* ◇ **crema chantilly** *krema tchanntiyi* crème chantilly
cremoso(-a) *krémosso(-a)* *adj* crémeux(-euse)
creyente *kréyènnté* *nmf* croyant(e) *m/f*

criada *kriada* *nf* femme *f* de ménage
crisis *krississ* *nf* crise *f*
cristal *kristal* *nm* cristal *m*, verre *m*, vitre *f*
cristiano(-a) *kristiano(-a)* *adj* chrétien(ne)
crítica *kritika* *nf* critique *f*
croqueta *krokéta* *nf* croquette *f*
cruce *kroussé* *nm* carrefour *m*, croisement *m*
crucero *kroussséro* *nm* croisière *f*
crudo(-a) *kroudo(-a)* *adj* cru(e)
crustáceo *kroustasséo* *nm* crustacé *m*
cruz *krouss* *nf* croix *f*
cruzar *kroussar* *vb* traverser
cuaderno *kouadèrno* *nm* cahier *m*
cuadrado(-a) *kouadrado(-a)* *adj* carré(e)
cuadragésimo(-a) *kouadraHéssimo(-a)* *adj num* quarantième
cuadro *kouadro* *nm* tableau *m*
cuál(es) *koual(èss)* *pron* le(s)quel(s)
cuál *koual* *pron* quel(le)
cualidad *koualida* *nf* qualité *f*
cuando *kouanndo* *adv, conj* quand
cuánto(-a) *kouannto(-a)* *adv* combien
cuarenta *kouarènnta* *adj num* quarante
cuarto(-a) *kouarto(-a)* *adj num* quatrième
cuarto *kouarto* *nm* pièce *f* • (Am) chambre *f* ◇ **cuarto de baño** *kouarto dé bagno* salle *f* de bains ◇ **cuarto de hora** *kouarto dé ora* quart *m* d'heure
cuatro *kouatro* *adj num* quatre
cuatrocientos(-as) *adj num* *kouatrossiènntoss(-ass)* quatre cents
Cuba *kouba* *npr* Cuba
cubano(-a) *koubano(-a)* *adj* cubain(e)
cubierto(-a) *koubièrto(-a)* *adj* couvert(e)
cubiertos *koubièrtoss* *nmpl* couverts *mpl*
cubo *koubo* *nm* seau *m*
cubrir *koubrir* *vb* couvrir
cucaracha *koukaratcha* *nf* cafard *m* (insecte)
cuchara *koutchara* *nf* cuillère *f*
cucharón *koutcharonn* *nm* louche *f*
cuchillo *koutchiyo* *nm* couteau *m*
cuello *kouéyo* *nm* cou *m* • (de ropa) col *m*
cuenta *kouènnta* *nf* compte *m* • (en restaurante) addition *f*
cuero *kouéro* *nm* cuir *m*
cuerpo *kouèrpo* *nm* corps *m*
cuestión *kouèstionn* *nf* question *f*
cueva *kouéba* *nf* grotte *f*
cuidado *kouidado* *nm* attention *f*
culo *koulo* *nm* fesses *fpl*
culpa *koulpa* *nf* tort *m*, faute *f*, responsabilité *f*
culpable *koulpablé* *adj, nm/f* coupable *mf*
cultivado(-a) *koultibado(-a)* *adj* cultivé(e)
culto(-a) *koulto(-a)* *adj* culte • (persona) cultivé(e)
cumpleaños *koummpléagnoss* *nm* anniversaire *m* (d'une personne)
cuñada *kougnada* *nf* belle-sœur *f*
cuñado *kougnado* *nm* beau-frère *m*
cura *koura* *nm* curé *m*
curado(-a) *kourado(-a)* *adj* • (pescado) séché(e) • (queso) vieux
curar *kourar* *vb* guérir
curioso(-a) *kouriosso(-a)* *adj* curieux (-euse)
currículo *kourrikoulo* *nm* curriculum vitae *m*
curry *kouri* *nm* curry *m*
cursor *koursor* *nm* curseur *m*
curva *kourba* *nf* virage *m*
danés(-esa) *danèss(-éssa)* *adj* danois(e)
dar *dar* *vb* donner

dátil *datil* nm datte f
debajo *débaHo* prép, adv dessous
deber *débèrr* nm, vb devoir m
débil *débil* adj faible
decidir *déssidir* vb décider
décimo(-a) *déssimo(-a)* adj num dixième
decir *déssir* vb dire
declaración *déklarassionn* nf déclaration f ◇ **declaración amistosa de accidente** *déklarassionn amistossa dé aksidènnté* constat m à l'amiable
declarar *déklarar* vb déclarer
dedo *dédo* nm doigt m ◇ **dedo del pie** *dédo del pié* orteil m
defecto *défékto* nm défaut m
dejar *déHar* vb laisser, quitter
delante *délannté* adv devant
delantero(-a) *délanntéro(-a)* adj avant
deletrear *délétréar* vb épeler
delfín *dèlfinn* nm dauphin m
delgado(-a) *dèlgado(-a)* adj mince
delicioso(-a) *délissiosso(-a)* adj délicieux(-euse)
demasiado *démassiado* adv trop ◇ **demasiado poco** *démassiado poko* trop peu
demasiado(-a) *démassiado(-a)* adj trop de
dentista *dènntista* nmf dentiste mf
dentro adv dans ◇ **a dentro** *a dènntro* à l'intérieur
denuncia *dénounnsia* nf dénonciation f
denunciar *dénounnsiar* vb signaler • (en comisaría) porter plainte contre
departamento *départamènnto* nm département m • (Am) appartement m
depender *dépènndèrr* vb dépendre
dependiente(-a) *dépènndiénnté(-a)* nm/f vendeur (-euse) m/f
depilar *dépilar* vb épiler ◇ **pinzas de depilar** *pinnsass dé dépilar* pince f à épiler
deporte *déporté* nm sport m
deportista *déportissta* nmf sportif(-ive) m/f
deportivo(-a) *déportibo(-a)* adj sportif(-ive)
depósito *dépossito* nm dépôt m • (reserva) réservoir m • (de coches) fourrière f
derecha *dérétcha* nf droite f
derecho *dérétcho* nm droit m
dermatólogo(-a) *dèrmatologo(-a)* nm/f dermatologue mf
derramar *dérramar* vb renverser
desafortunadamente *déssafortounadamènnté* adv malheureusement
desagradable *déssagradablé* adj désagréable
desaparecer *déssaparéssèr* vb disparaître
desarrollar *déssarroyar* vb développer
desarrollo *déssarroyo* nm développement m
desayuno *déssayouno* nm petit-déjeuner m
descafeinado(-a) *déskafé-inado(-a)* adj décaféiné(e)
descansar *déskannsar* vb se reposer
descapotable *déskapotablé* adj décapotable
descargar *déskargar* vb décharger, télécharger
describir *déskribir* vb décrire
descubierto(-a) *déskoubièrto(-a)* adj découvert(e)

descuento *déskouènnto* nm réduction f, rabais m, remise f

desde *désdé* prép depuis

desear *désséar* vb désirer

desechable *déssétchablé* adj jetable

deseo *désséo* nm vœu m

desgarradura *désgarradoura* nf déchirure f

desgarro *désgarro* nm ◇ **desgarro muscular** *désgarro mouskoular* déchirure f musculaire

deshinchar *déssinntchar* vb dégonfler

desierto *déssièrto* nm désert m

desinfectante *déssinnféktannté* adj désinfectant(e)

desinfectar *déssinfèktar* vb désinfecter

desinflado(-a) *déssinflado(-a)* adj à plat, dégonflé

desmaquillador *désmakiyador* nm démaquillant m

desmayarse *désmayarsé* vb s'évanouir

desnudo(-a) *desnoudo(-a)* adj nu(e)

desodorante *déssodorannté* nm déodorant m

despacho *déspatcho* nm bureau m (local)

despacio *déspassio* adv doucement, lentement

despegar *déspégar* vb décoller

despegue *déspégué* nm décollage m

despertador *déspèrtador* nm réveil m

despertar *déspèrtar* vb réveiller ◇ **despertarse** se réveiller

después *déspouèss* adv après

destinatario(-a) *déstinatario(-a)* nm/f destinataire mf

destornillador *déstorniyador* nm tournevis m

desvío *désbi-o* nm déviation f

detergente *détèrHènnté* nm lessive f, détergent m

detrás *détrass* adv derrière

devolución *déboloussionn* nf restitution f

devolver *débolbèrr* vb rendre

día *di-a* nm jour m, journée f ◇ **el día siguiente** *èl di-a siguiènnté* le lendemain

diabetes *diabétèss* nm diabète m

diabético(-a) *diabétiko(-a)* adj diabétique

dialecto *dialèkto* nm dialecte m

diario(-a) *diario(-a)* adj, nm quotidien(ne) m ◇ **a diario** *a diario* quotidiennement

diarrea *diarréa* nf diarrhée f ◇ **diarrea del viajero** *diarréa dél biaHéro* tourista f

dibujar *dibouHar* vb dessiner

dibujo *dibouHo* nm dessin m

diccionario *diksionario* nm dictionnaire m

diciembre *dissièmmbré* nm décembre m

diecinueve *diéssinouébé* adj num dix-neuf

dieciocho *diéssiotcho* adj num dix-huit

dieciséis *diéssisséïs* adj num seize

diecisiete *diéssissiété* adj num dix-sept

diente *diènnté* nm dent f

diésel *diéssel* nm diesel m

dieta *diéta* nf régime m (alimentaire), diète f

diez *dièss* adj num dix

diferente *diférènnté* adj différent(e)

difícil *dificil* adj difficile

diga *diga* interj allô

dígame *digamé* interj allô

digestivo *diHèstibo* nm digestif m

dinero *dinéro* nm argent m

diós *dioss* nm dieu m

diosa *diossa* nf déesse f

diploma *diploma* nm diplôme m

dirección *dirèksionn* nf adresse f, direction f
directo(-a) *dirèkto(-a)* adj direct(e)
director(a) *dirèktor(a)* nm/f directeur(-trice) m/f
dirigir *diriHir* vb diriger
discapacidad *diskapassida* nf handicap m ◊ **persona con discapacidad física** *pèrsona konn diskapassida fissika* handicapé(e) physique
discapacitado(-a) *diskapassitado(-a)* adj, nm/f handicapé(e) m/f
disco *disko* nm disque m ◊ **disco duro** *disko douro* disque dur
discoteca *diskotéka* nf discothèque f
disculpar *diskoulpar* vb excuser
disfrutar de *disfroutar dé* vb profiter de
disponible *disponiblé* adj disponible
distancia *distannsia* nf distance f
disyuntor *disyounntor* nm disjoncteur m
divertido(-a) *dibèrtido(-a)* adj amusant(e)
divertirse *dibèrtirsé* vb s'amuser
dividir *dibidir* vb diviser
división *dibissionn* nf division f
divorciado(-a) *diborsiado(-a)* adj divorcé(e)
DNI *dé-éné-i* nm carte f d'identité
doble *doblé* adj double
doce *dossé* adj num douze
doctor(a) *doktor(a)* nm/f docteur mf
documentación *dokoumènntassionn* nf documentation f, papiers mpl d'identité
documental *dokoumènntal* nm documentaire m
documento *dokoumènnto* nm document m
dólar *dolar* nm dollar m
doler *dolèrr* vb faire mal
dolor *dolor* nm douleur f
doméstico(-a) *doméstiko(-a)* adj domestique
domingo *dominngo* nm dimanche m
dominicano(-a) *dominikano(-a)* adj dominicain, aine ◊ **República Dominicana** *répoublika dominikana* République dominicaine
donde *donndé* adv où
dorado(-a) *dorado(-a)* adj doré(e)
dormir *dormir* vb dormir
dormirse *dormirsé* vb s'endormir
dos *doss* adj num deux
doscientos(-as) *dossiènntoss (-ass)* adj num deux cents
droga *droga* nf drogue f
ducha *doutcha* nf douche f ◊ **gel de ducha** *Hèl dé doutcha* gel m douche
dulce *doulsé* nm bonbon m, friandise f ◊ **dulce de membrillo** *doulsé dé mèmmbriyo* pâte f de coings ▪ adj doux(-ouce), sucré(e)
duna *douna* nf dune f
durante *dourannté* prép pendant
durar *dourar* vb durer
duro(-a) *douro(-a)* adj dur(e)
DVD *dé oubé dé* nm DVD m
echar *étchar* vb jeter ◊ **echar al correo** poster
eclipse *éklipsé* nm éclipse f
ecografía *ékografi-a* nf échographie f
ecológico(-a) *ékoloHiko(-a)* adj écologique
Ecuador *ékouador* npr Équateur

ecuatoriano(-a) *ékouatoriano(-a)* adj équatorien(ne)
edad *éda* nf âge *m*
edificio *édifissio* nm bâtiment *m*, immeuble *m*
educación *édoukassionn* nf éducation *f*, politesse *f*
efectivo (en) *éfèktibo (ènn)* loc en espèces
efecto *éfèkto* nm effet *m*
ejemplo *éHèmmplo* nm exemple *m*
ejército *éHèrsito* nm armée *f*
él *él* pron il, lui
elección *élèksionn* nf choix *m*, élection *f*
electricidad *éléktrissida* nf électricité *f*
eléctrico(-a) *éléktriko(-a)* adj électrique
electrónico(-a) *éléktroniko(-a)* adj électronique
elegante *éléganntè* adj chic, élégant(e)
elegir *éléHir* vb choisir, élire
ella *éya* pron elle
ellos *éyoss* pron pers ils, eux
embajada *èmmbaHada* nf ambassade *f*
embalse *èmmbalsé* nm barrage *m*
embarazada *èmmbarassada* adj f enceinte
embarque *èmmbarqué* nm embarquement *m* ◇ **puerta de embarque** porte d'embarquement
embrague *èmmbragué* nm embrayage *m*
embutido *èmmboutido* nm charcuterie *f*
emergencia *émèrHènnsia* nf urgence *f*
empaste *èmmpasté* nm plombage *m*
empeorar *empéorar* vb empirer
empezar *èmmpéssar* vb commencer
emplazamiento *emplassamiènnto* nm emplacement *m*
empleado(-a) *èmmpléado(-a)* nm/f employé(e) *m/f*
empresa *èmmpréssa* nf entreprise *f*
empujar *èmmpouHar* vb pousser
en *ènn* prép à, dans
enamorado(-a) *énamorado(-a)* adj amoureux(-euse)
enamorarse *énamorarsé* tomber amoureux
encantado(-a) *ènnkanntado(a)* adj ravi(e), enchanté(e)
encantador(a) *ènnkanntador(a)* adj adorable
encanto *ènnkannto* nm charme *m*
encargarse vb ◇ **encargarse de** *ènnkargarsé dé* s'occuper de
encender *ènnsénndèrr* vb allumer
enchufe *ènntchoufé* nm prise *f* (électrique)
encima *ènnsima* prép, adv dessus
encontrar *ènnkonntrar* vb trouver rencontrer ◇ **encontrarse** *énnkonntrarssé* se trouver
endivia *ènndibia* nf endive *f*
enero *énéro* nm janvier *m*
enfermedad *ènnfèrméda* nf maladie *f*
enfermero(-a) *ènnfèrméro(-a)* nm/f infirmier(-ère) *m/f*
enfermo(-a) *ènnfèrmo(-a)* adj malade
enfrente *ènnfrènnté* adv en face
enhorabuena *ènnorabouéna* nf félicitations *fpl*
enlace *ènnlassé* nm lien *m*
enojado(-a) *énoHado(-a)* adj fâché(e)
enojarse *énoHarsé* vb se fâcher
ensalada *ènnsalada* nf salade *f*
ensayo *ènnsayo* nm essai *m*
enseñanza *ènnségnannsa* nf enseignement *m*
entender *ènntènndèrr* vb comprendre
entero(-a) *ènntéro(-a)* adj entier(-ère)
entierro *ènntiérro* nm enterrement *m*

entonces *ènntonnsèss* *adv* alors
entrada *èenntrada* *nf* entrée *f*
entrar *ènntrar* *vb* entrer
entre *ènntré* *prép* entre, parmi
entreacto *ènntréakto* *nm* entracte *m*
entrecot *ènntrékott* *nm* entrecôte *f*
entregar *ènntrégar* *vb* livrer
entremès *ènntrémèss* *nm* hors-d'œuvre *m*
entresuelo *ènntrésouélo* *nm* entresol *m*
entristecer *ènntristéssèrr* *vb* attrister
enviar *ènnbiar* *vb* envoyer
envolver *ènnbolbèr* *vb* emballer
epidemia *épidémia* *nf* épidémie *f*
epilepsia *épilèpsia* *nf* épilepsie *f*
epiléptico(-a) *épilèptiko(-a)* *adj* épileptique
equipaje *ékipaHé* *nm* bagage *m* ◊ **equipaje de mano** *ékipaHé dé mano* bagage à main
equipo *ékipo* *nm* équipe *f*, équipement *m*
equitación *ékitassionn* *nf* équitation *f*
equivocarse *ékibokarsé* *vb* se tromper
erizo *nm* hérisson *m* ◊ **erizo de mar** *érisso dé mar* oursin *m*
es *èss* *loc* c'est
escala *éskala* *nf* escale *f*
escalada *éskalada* *nf* escalade *f*
escalera *éskaléra* *nf* échelle *f*, escalier *m* ◊ **escaleras mecánicas** *éskalérass mékanikass* escalator *m*
escalofrío *éskalofri-o* *nm* frisson *m*
escalón *éskalonn* *nm* marche *f* (d'escalier)
escáner *éskanèrr* *nm* scanner *m*
escaparate *éskaparaté* *nm* vitrine *f*
escape *éskapé* *nm* fuite *f*
escayola *éskayola* *nf* plâtre *m*
escoba *éskoba* *nf* balai *m*
escolar *éskolar* *adj* scolaire
escorpión *éskorpionn* *nm* scorpion *m*
escribir *éskribir* *vb* écrire
escritor(a) *éskritor(a)* *nm/f* écrivain(e) *m/f*
escritorio *éskritorio* *nm* bureau *m* (meuble)
escritura *éskritoura* *nf* écriture *f*
escuchar *éskoutchar* *vb* écouter
escuela *éskouèla* *nf* école *f*
escultura *éskoultoura* *nf* sculpture *f*
escúter *eskoutèrr* *nm* scooter *m*
ese(-a) *éssé(-a)* *adj dém* ce, cet, cette
esgrima *èsgrima* *nf* escrime *f*
esguince *ésguinnsé* *nm* entorse *f*
espagueti *éspaguéti* *nm* spaghetti *m*
espalda *éspalda* *nf* dos *m*
España *éspagna* *npr* Espagne
español(a) *éspagnol(a)* *adj* espagnol(e)
esparadrapo *ésparadrapo* *nm* sparadrap *m*
espárrago *ésparrago* *nm* asperge *f*
especialista *éspéssialista* *nmf* spécialiste *mf*
especializarse *éspéssialissarsé* *vb* se spécialiser
especias *éspéssiass* *nfpl* épices *fpl*
espectáculo *éspéktakoulo* *nm* spectacle *m*
espectador(a) *éspéktador(a)* *nm/f* spectateur(-trice) *m/f*
espejo *éspéHo* *nm* miroir *m*
espera *éspéra* *nf* attente *f*

esperar *éspérar* *vb* attendre, espérer
espina *éspina* *nf* arête *f*, épine *f*
espinaca *éspinaka* *nf* épinard *m*
espirar *èspirar* *vb* expirer
esponja *ésponnHa* *nf* éponge *f*
esposo(-a) *ésposso(-a)* *nm/f* époux (-se) *m/f*
espuma *éspouma* *nf* mousse *f* **espuma de afeitar** *éspouma dé afeïtar* mousse à raser
esquí *éski* *nm* ski *m* ◇ **bastón de esquí** *bastonn dé éski* bâton *m* de ski
esquiar *éskiar* *vb* skier
esquina *éskina* *nf* coin *m*
estabilizador(a) *éstabilissador(a)* *adj* stabilisateur(-trice)
estación *éstassionn* *nf* saison *f*, gare *f*, station *f* ◇ **estación termal** *éstassionn tèrmal* station thermale ◇ **estación de autobuses** *éstassionn dé aoutoboussèss* gare routière
estacionamiento *éstassionamiènnto* *nm* stationnement *m*
estacionar *éstassionar* *vb* stationner, se garer
estadio *éstadio* *nm* stade *m*
estado *éstado* *nm* état *m* ◇ **los Estados Unidos** *loss éstadoss ounidoss* les États-Unis
estafa *éstafa* *nf* arnaque *f*
estancia *éstannsia* *nf* séjour *m*
estanco *éstannko* *nm* bureau *m* de tabac
estanque *èstannké* *nm* bassin *m*, étang *m*
estantería *éstanntéri-a* *nf* étagère *f*
estar *éstar* *vb* être
estátua *estatoua* *nf* statue *f*
este(-a) *ésté(-a)* *adj dém* ce, cet, cette ▪ *pron dém* celui-ci, celle-ci
este *ésté* *nm* est *m*
estéril *estéril* *adj* stérile
estilo *estilo* *nm* style *m*
esto *ésto* *pron dém* ça
estofado *éstofado* *nm* estouffade *f*
estómago *éstomago* *nm* estomac *m*
estornudar *éstornoudar* *vb* éternuer
estragón *éstragonn* *nm* estragon *m*
estrecho(-a) *éstrétcho(-a)* *adj* étroit(e)
estrella *éstréya* *nf* étoile *f*
estreñido(-a) *éstrégnido(-a)* *adj* constipé(e)
estreñimiento *éstrégnimiènnto* *nm* constipation *f*
estrés *éstrèss* *nm* stress *m*
estresado(-a) *éstréssado(-a)* *adj* stressé(e)
estresante *éstréssannté* *adj* stressant(e)
estropeado(-a) *éstropéado(-a)* *adj* abîmé(e)
estropear *éstropéar* *vb* abîmer
estudiante *éstoudiannté* *nmf* étudiant(e) *m/f*
estudiar *éstoudiar* *vb* étudier
estudio *éstoudio* *nm* studio *m*
estudios *éstoudioss* *nmpl* études *fpl*
estupendo(-a) *éstoupènndo(-a)* *adj* formidable
euro *éouro* *nm* euro *m*
Europa *éouropa* *npr* Europe
europeo(-a) *éouropéo(-a)* *adj* européen(ne)
evento *ébènnto* *nm* manifestation *f* (culturelle)
examen *éksamènn* *nm* examen *m*
excelente *éksélènnté* *adj* excellent(e)
exceso *éksésso* *nm* excédent *m*
excursión *éskoursionn* *nf* excursion *f*, randonnée *f*
expediente *ékspédiènnté* *nm* dossier *m*
experiencia *èkspériènnsia* *nf* expérience *f*
explicar *èksplikar* *vb* expliquer

exposición *èkspossissionn* *nf* exposition *f*
exprés *éspрèss* *nm* expresso *m*
expresar *èkspréssar* *vb* exprimer
exterior *èkstérior* *adj, nm* extérieur(e) *m*
extintor *ékstinntor* *nm* extincteur *m*
extranjero(-a) *éstrannHéro(-a)* *adj, nm/f* étranger(-ère) *m/f*
extraño(-a) *éstragno(-a)* *adj* étrange
extraordinario(-a) *ékstraordinario(-a)* *adj* extraordinaire
fábrica *fabrika* *nf* usine *f*
fabricado(-a) *fabrikado(-a)* *adj* fabriqué(e)
fácil *fassil* *adj* facile
factura *faktoura* *nf* facture *f*
facturación *faktourassionn* *nm* facturation *f* • (de equipaje) enregistrement *m* des bagages
facturar *faktourar* *vb* facturer • (equipaje) enregistrer
falda *falda* *nf* jupe *f*
falso(-a) *falso(-a)* *adj* faux, fausse
falta *falta* *nf* faute *f*, erreur *f*
faltar *faltar* *vb* manquer, faire défaut
familia *familia* *nf* famille *f*
famoso(-a) *famosso(-a)* *adj* célèbre
fantástico(-a) *fanntastiko(-a)* *adj* fantastique
farmacia *farmacia* *nf* pharmacie *f*
faro *nm* phare *m* ◇ **faro antiniebla** *faro anntiniébla* feu *m* antibrouillard
farola *farola* *nf* réverbère *m*
fatal *fatal* *adj* fatal(e)
favor (por) *fabor (por)* *loc* s'il vous plaît, s'il te plaît
fauna *faouna* *nf* faune *f*
favorito(-a) *faborito(-a)* *nm/f, adj* favori(te) *m/f*
febrero *fébréro* *nm* février *m*
fecha *fétcha* *nf* date *f*
feliz *féliss* *adj* heureux(-euse)
femenino(-a) *féménino(-a)* *adj* féminin(e)
feo(-a) *féo(-a)* *adj* laid(e)
festival *féstibal* *nm* festival *m*
festivo *féstibo* *adj* férié(e)
fianza *fiannsa* *nf* caution *f*
fideos *fidéoss* *nmpl* pâtes *fpl* (alimentaires)
fiebre *fiébré* *nf* fièvre *f* ◇ **tener fiebre** *ténèrr fiébré* avoir de la fièvre
fiesta *fiésta* *nf* fête *f*
fijo(-a) *fiHo(-a)* *adj* fixe
fila *fila* *nf* file *f*
filete *filété* *nm* escalope *f*, filet *m* ◇ **filete tártaro** *filété tartaro* steak tartare
filmar *filmar* *vb* filmer
fin *finn* *nf* fin *f* ◇ **¡por fin!** *por finn* enfin !
final *final* *nm* fin *f*, terminus *m*
financiero(-a) *finannsiéro(-a)* *adj, nm/f* financier(-ère) *m/f*
finanza *finannsa* *nf* finance *f*
firma *firma* *nf* signature *f*
firmar *firmar* *vb* signer
física *fissika* *nf* physique *m*
físico(-a) *fissiko(-a)* *adj* physique
fisioterapeuta *fissiotérapéouta* *nmf* kinésithérapeute *mf*
flaco(-a) *flako(-a)* *adj* maigre
flan *flann* *nm* flan *m*
flash *flass* *nm* flash *m*
flauta *flaouta* *nf* flûte *f*
flor *flor* *nf* fleur *f*
flora *flora* *nf* flore *f*

florista *florista* nmf fleuriste mf
flotador *flotador* nm bouée f (pour nager)
foca *foka* nf phoque m
folleto *foyéto* nm brochure f
fondo *fonndo* nm fond m
fontanero *fonntanéro* nm plombier m
footing *foutinng* nm footing m, jogging m
forfait *forfaïtt* nm forfait m
forma *forma* nf forme f
formación *formassionn* nf formation f
formar *formar* vb former
formulario *formoulario* nm formulaire m
forzar *forsar* vb forcer
foto *foto* nf photo f ◇ **foto carné** *foto karné* photo d'identité
fotocopia *fotokopia* nf photocopie f
fotografía *fotografi-a* nf photographie f
fotógrafo(-a) *fotografo(-a)* nm/f photographe mf
fracaso *frakasso* nm échec m
fractura *fraktoura* nf fracture f
fracturar *fraktourar* vb fracturer
frambuesa *frammbouèssa* nf framboise f
francés(-esa) *francèss(-essa)* adj français(e)
Francia *frannsia* npr France
franqueo *frannkéo* nm affranchissement m
frase *frassé* nf phrase f
frecuencia *frékouènnsia* nf fréquence f
fregadero *frégadéro* nm évier m
freír *fré-ir* vb frire
frenar *frénar* vb freiner
freno *fréno* nm frein m ◇ **freno de mano** *fréno dé mano* frein à main
frente *frènnté* nm front m
fresa *fréssa* nf fraise f
fresco(-a) *frèsko(-a)* adj frais, fraîche
frijoles *friHolèss* mpl haricots mpl noirs
frío(-a) *fri-o(-a)* adj froid(e)
frío *fri-o* nm froid m
frito(-a) *frito(-a)* adj frit(e)
fritura *fritoura* nf friture f
frontera *fronntéra* nf frontière f
fruta *frouta* nf fruit m ◇ **fruta del tiempo** *frouta del tièmmpo* fruits de saison ◇ **fruta de la pasión** *frouta dé la passionn* fruit de la passion ◇ **macedonia de frutas** *massédonia dé froutass* macédoine f de fruits
frutería *froutéri-a* nf marchand m de fruits
fruto *frouto* nm fruit m
fuego *fouégo* nm feu m
fuente *fouènnté* nf source f, fontaine f • (plato) plat m
fuera adv dehors prép ◇ **fuera de** *fouéra dé* hors de ◇ **fuera de servicio** *fouéra dé sèrbissio* hors service
fuerte *fouèrté* adj fort(e)
fumador(a) *foumador(a)* adj fumeur (-euse) ◇ **no fumador** *no foumador* non fumeur
fumar *foumar* vb fumer
funcionar *founnsionar* vb fonctionner
furioso(-a) *fouriosso(-a)* adj furieux (-euse)
fútbol *foutbol* nm football m
futuro *foutouro* nm avenir m
gafas *gafass* nfpl lunettes fpl ◇ **gafas de bucear** *gafass dé bousséar* masque de plongée m ◇ **gafas de sol** *gafass dé sol* lunettes de soleil
galería *galéri-a* nf galerie f
gallego(-a) *gayégo(-a)* adj galicien(ne)
galleta *gayéta* nf biscuit m
gallina *gayina* nf poule f
gallo *gayo* nm coq m
gamba *gammba* nf crevette f

gana *gana* *nf* envie *f*
ganar *ganar* *vb* gagner
garaje *garaHé* *nm* garage *m*
garantía *garannti-a* *nf* garantie *f*
garbanzo *garbannso* *nm* pois *m* chiche
garganta *gargannta* *nf* gorge *f*
gas *nm* gaz *m* ◇ **con gas** *konn gass* (agua) gazeux(-euse) ◇ **sin gas** *sinn gass* (agua) plat(e)
gasa *gassa* *nf* gaze *f*
gaseosa *gasséossa* *nf* limonade *f*
gasoil *gassoil* *nm* gazole *m*
gasolina *gassolina* *nf* essence *f*
gasolinera *nf* *gassolinéra* pompe *f* à essence, station-service *f*
gastar *gastar* *vb* dépenser
gastroenteritis *gastroènntéritiss* *nf* gastro-entérite *f*
gato *gato* *nm* cric *m* • (animal) chat *m*
gaviota *gabiota* *nf* mouette *f*
gelatina *Hélatina* *nf* gelatine *f*, gelée *f*
gemelo(-a) *Hémélo(-a)* *nm/f* jumeau(-elle) *m/f*
generalista *Hénéralista* *nmf* généraliste *mf*
genial *Hénial* *adj* génial(e)
gente *Hènnté* *nf* gens *mpl*
geografía *Héografi-a* *nf* géographie *f*
geográfico(-a) *Héografiko(-a)* *adj* géographique
geranio *Héranio* *nm* géranium *m*
gimnasio *Himmnassio* *nm* gymnase *m*
gimnástica *Himmnastika* *nf* gymnastique *f*
ginecólogo(-a) *Hinékologo(-a)* *nm/f* gynécologue *mf*
girar *Hirar* *vb* tourner
girasol *Hirassol* *nm* tournesol *m*
gluten *glouténn* *nm* gluten *m*
gofre *gofré* *nm* gaufre *f*
golf *golf* *nm* golf *m*
golfo *golfo* *nm* golfe *m*
golondrina *golonndrina* *nf* hirondelle *f*
golpe *golpé* *nm* coup *m*
golpear *golpéar* *vb* frapper
goma *goma* *nf* gomme *f*
gordo(-a) *gordo(-a)* *adj* gros(se)
gorra *gorra* *nf* casquette *f*
gorro *gorro* *nm* bonnet *m*
gota *gota* *nf* goutte *f*
gótico(-a) *gotiko(-a)* *adj* gothique
grabación *grabassionn* *nf* enregistrement *m*
grabar *grabar* *vb* enregistrer, graver
gracias *grassiass* *nfpl* merci *m* ◇ **dar las gracias** *dar lass grassias* remercier
gracioso(-a) *grassiosso(-a)* *adj* drôle
gramo *gramo* *nm* gramme *m*
grande *grannde* *adj* grand(e)
granizo *granisso* *nm* grêle *f*
granja *grannHa* *nf* ferme *f*
grano *grano* *nm* grain *m*
grapa *grapa* *nf* agrafe *f*
grasa *grassa* *nf* graisse *f*
gratinado(-a) *gratinado(-a)* *adj* gratiné(e)
gratuito(-a) *gratouito(-a)* *adj* gratuit(e)
grave *grabé* *adj* grave
gravemente *grabémènnté* *adv* gravement
Grecia *gréssia* *npr* Grèce
griego(-a) *griégo(-a)* *adj* grec (-que)
grifo *grifo* *nm* robinet *m*
gripe *gripé* *nf* grippe *f*

gris *griss* adj gris(e)
grito *grito* nm cri *m*
gritar *gritar* vb crier
grosella *groséya* nf groseille *f*
◇ **grosella negra** *grosséya négra* cassis *m*
grúa *grou-a* nf dépanneuse *f*, grue *f*
grupo *groupo* nm groupe *m*
gruta *grouta* nf grotte *f*
gualtemalteco(-a) *gouatémaltéko(-a)* adj guatémaltèque
guante *gouannté* nm gant *m*
guantera *gouanntéra* nf boîte *f* à gants
guapo(-a) *gouapo(-a)* adj mignon(ne)
guardabarros *gouardabarross* nm garde-boue *m*
guardar *gouardar* vb ranger
guardarropa *gouardarropa* nf vestiaire *m* • (ropas) garde-robe *f*
guardia *gouardia* nf garde *f*
Guatemala *gouatémala* npr Guatemala
guay *gouaï* adj chouette
guayaba *gouayaba* nf goyave *f*
guía *gui-a* nmf (persona) guide *mf* ▪ nf (libro) guide *m*
guiado(-a) *gui-ado(-a)* adj guidé(e)
guijarro *guiHarro* nm galet *m*
guisado *guissado* nm ragoût *m*
guisantes *guissanntèss* nmpl petits pois *mpl*
guitarra *guitarra* nf guitare *f*
guitarrista *guitarista* nmf guitariste *mf*
gustar *goustar* vb plaire ◇ **me gusta el chocolate** j'aime le chocolat
gusto *gousto* nm goût *m* ◇ **con mucho gusto** *konn moutcho gousto* volontiers ◇ **¡mucho gusto!** *moutcho gousto* enchanté(e) ! ◇ **a gusto** *a gousto* à l'aise
Guyana *gouiyana* npr Guyane
haba *aba* nf fève *f*
habitación *abitassionn* nf chambre *f*
hablar *ablar* vb parler
hacer *assèrr* vb faire
hacia *asia* prép vers
halal *alal* adj halal
hambre *ammbré* nf faim *f* ◇ **tener hambre** *ténèrr ammbré* avoir faim
hamburguesa *ammbourguéssa* nf hamburger *m*
harina *arina* nf farine *f*
hasta *assta* prép jusque ◇ **hasta aquí** *asta aki* ◇ **hasta ahora** *asta aora* jusqu'ici, à tout de suite ◇ **¡hasta luego!** *asta louégo* au revoir !
hay *aïe* loc il y a
haya *aya* nf hêtre *m*
hecho(-a) *étcho(-a)* adj fabriqué(e), fait(e) ◇ **muy hecho(-a)** très cuit(e) ◇ **poco hecho(-a)** saignant(e)
helada *élada* nf gelée *f*
helado(-a) *élado(-a)* adj congelé(e) ▪ nm glace *f*
helicóptero *élikoptéro* nm hélicoptère *m*
hemorragia *émorraHia* nf hémorragie *f*
hemorroides *émorro-idèss* nmpl hémorroïdes *fpl*
hepatitis *épatitiss* nf hépatite *f*
herida *érida* nf blessure *f*
herido(-a) *érido(-a)* nm/f, adj blessé(e) *m/f*
herir *érir* vb blesser
hermana *èrmana* nf sœur *f*
hermano *èrmano* nm frère *m*
herramienta *érramiènnta* nf outil *m*
hervir *èrbir* vb bouillir
hielo *yélo* nm glace *f*, verglas *m* ◇ **cubito** *m* **de hielo** *koubito dé iélo* glaçon *m*
hierro *iéro* nm fer *m*
hígado *igado* nm foie *m*
hija *iHa* nf fille *f*

hijo *iHo* *nm* fils *m*
hilo *ilo* *nm* fil *m*
hinchado(-a) *inntchado(-a)* *adj* enflé(e)
hinchazón *inntchassonn* *nm* enflure *f*
hinojo *inoHo* *nm* fenouil *m*
historia *istoria* *nf* histoire *f*
hoja *oHa* *nf* feuille *f*
¡hola! *ola* *interj* salut !
hombre *ommbré* *nm* homme *m*
hombro *ommbro* *nm* épaule *f*
homosexual *omoséksoual* *adj, nm/f* homosexuel(le) *m/f*
hondo(-a) *onndo(-a)* *adj* creux (-euse)
Honduras *onndourass* *npr* Honduras
hondureño(-a) *onndourégno(-a)* *adj* hondurien(ne)
hongo *ongo* *nm* champignon *m*
hora *ora* *nf* heure *f*
horario(-a) *orario(-a)* *adj, nm* horaire *m* ◇ **diferencia horaria** *diférènnsia oraria* décalage *m* horaire
hormiga *ormiga* *nf* fourmi *f*
hormigón *ormigonn* *nm* béton *m*
horno *orno* *nm* four *m*
horrible *orriblé* *adj* horrible, affreux(-euse)
hospital *ospital* *nm* hôpital *m*
hostia *ostia* *nf* hostie *f*
hotel *otel* *nm* hôtel *m*
hoy *oï* *adv* aujourd'hui
huelga *ouèlga* *nf* grève *f*
huella *ouéya* *nf* trace *f*
hueso *ouésso* *nm* os *m*
huevo *ouébo* *nm* œuf *m*
humedad *ouméda* *nf* humidité *f*
húmedo(-a) *oumédo(-a)* *adj* humide
humo *oumo* *nm* fumée *f*
humor *oumor* *nm* humour *m*
huracán *ourakann* *nm* ouragan *m*
ícono *ikono* *nm* icône *f*
ida *ida* *nf* aller *m*
idea *idéa* *nf* idée *f*
identidad *idènntida* *nf* identité *f*
idioma *idioma* *nm* langue *f*
iglesia *iglésssia* *nf* église *f*
igual *igoual* *adj* égal(e)
ilimitado(-a) *ilimitado(-a)* *adj* illimité(e)
iluminación *ilouminassionn* *nf* éclairage *m*
impacientarse *immpassiènntarsé* *vb* s'impatienter
impermeable *immpèrméablé* *adj, nm* imperméable *m*
importante *immportannté* *adj* important(e)
importe *immporté* *nm* • (coste) prix *m*, coût *m* • (total) montant *m*
imposible *immpossiblé* *adj* impossible
impresionante *immpréssionannté* *adj* impressionnant(e)
impresora *immpréssora* *nf* imprimante *f*
imprimir *imprimir* *vb* imprimer
inca *innka* *adj* inca
incendio *innsènndio* *nm* incendie *m*
incluido(-a) *innklouido(-a)* *adj* inclus(e), compris(e)
incluir *inklouir* *vb* inclure
incómodo(-a) *innkomodo(-a)* *adj* inconfortable
inconveniente *innkonnbéniènnté* *nm* inconvénient *m*
increíble *innkré-iblé* *adj* incroyable

indicado(-a) *inndi**ka**do(-a)* adj indiqué(e)
indicar *inndi**kar*** vb indiquer, signaler
indigestión *inndiHés**tionn*** nf indigestion *f*
indisponible *inndispo**ni**blé* adj indisponible
individual *inndibidou**al*** adj individuel(le)
infarto *inn**far**to* nm infarctus *m*
infección *innfèk**sionn*** nf infection *f*
infectar *innfèk**tar*** vb infecter
infierno *in**fièr**no* nm enfer *m*
inflamación *innflama**ssionn*** nf inflammation *f*
información *innforma**ssionn*** nf information *f*
informática *innfor**ma**tika* nf informatique *f*
informático(-a) *innfor**ma**tiko(-a)* nm/f informaticien(ne) *m/f* ▪ adj informatique
infusión *innfou**ssionn*** nf infusion *f*
ingeniero(-a) *innHé**niéro**(-a)* nm/f ingénieur *mf*
Inglaterra *inngla**tér**ra* npr Angleterre *f*
inglés(-esa) *inn**glèss**(a)* adj anglais(e)
ingrediente *inngré**dièn**nté* nm ingrédient *m*
ingresar *inngrés**sar*** vb (cheque) déposer ◇ **ingresar (en)** être admis (à, dans)
inicial *ini**ssial*** adj initial(e)
iniciarse *ini**ssiar**sé* vb s'initier
inmediatamente *innmédiata**mèn**nté* adv immédiatement
inmobiliario(-a) *innmobi**lia**rio(-a)* adj immobilier(-ère)
inmunidad *inmouni**da*** nf immunité *f*
inocente *ino**sèn**nté* adj innocent(e)
inquilino(-a) *innki**li**no(-a)* nm/f locataire *mf*
inscribirse *innskri**bir**sé* vb s'inscrire
insecticida *innsèkti**ssi**da* nf insecticide *m*
insecto *inn**sèk**to* nm insecte *m*
insolación *innsola**ssionn*** nf insolation *f*
insomnio *in**so**mnio* nm insomnie *f*
inspirar *innspi**rar*** vb inspirer
instalar *innsta**lar*** vb installer
instituto *innsti**tou**to* nm lycée *m*
instructor(a) *innstrouk**tor**(a)* nm/f moniteur(-trice) *m/f*
instructor *innstrouk**tor*** nm instructeur *m*
instrumento *innstrou**mèn**nto* nm instrument *m*
insulina *innsou**li**na* nf insuline *f*
inteligente *inntéli**Hèn**nté* adj intelligent(e)
intención *intènn**sionn*** nf intention *f*
intentar *inntènn**tar*** vb tenter
interesante *inntéré**ssann**té* adj intéressant(e)
interior *inntéri**or*** adj, nm intérieur(e) *m*
intermitente *inntèrmi**tèn**nté* adj intermittent(e)
internacional *inntèrnassio**nal*** adj international(e)
internet *inntèr**net*** nm internet *m*
interruptor *inntérroup**tor*** nm interrupteur *m*
intestino *inntés**ti**no* nm intestin *m*
intimidad *inntimi**da*** nf intimité *f*
intoxicación nf *intoksika**ssionn*** intoxication *f* ◇ **intoxicación alimenticia** *intoksika**ssionn** alimènn**ti**ssia* intoxication alimentaire
inútil *i**nou**til* adj inutile
invernadero *innbèrna**dé**ro* nm serre *f*
investigación *innbèstiga**ssionn*** nf recherche *f*
investigador(a) *innbèstiga**dor**(a)* nm/f chercheur(-euse) *m/f*

investigar *innbèstigar* *vb* enquêter, faire des recherches
invierno *innbièrno* *nm* hiver *m*
invitar *innbitar* *vb* inviter
ir *ir* *vb* aller
iritación *iritassionn* *nf* irritation *f*
iritar *iritar* *vb* irriter, agacer
isla *isla* *nf* île *f*
islam *islamm* *nm* islam *m*
Italia *italia* *npr* Italie
italiano(-a) *italiano(-a)* *adj* italien(ne)
itinerario *itinérario* *nm* itinéraire *m*
IVA *iba* *nm* TVA *f*
izquierda *iskièrda* *nf* gauche *f*
jabalí *Habali* *nm* sanglier *m*
jabón *Habonn* *nm* savon *m*
jamón *Hamonn* *nm* jambon *m* ◇ **jamón de York** *Hamonn dé iork* jambon blanc
jarabe *Harabé* *nm* sirop *m*
jardín *Hardinn* *nm* jardin *m*
jardinero(-a) *Hardinéro(-a)* *nm/f* jardinier(-ère) *m/f*
jarra *Harra* *nf* carafe *f* ◇ **jarra de agua** *Harra dé agoua* carafe d'eau
jarrón *Harronn* *nm* vase *m*
jazz *djass* *nm* jazz *m*
jefe(-a) *Héfé(-a)* *nm/f* chef *mf*
jengibre *HènnHibré* *nm* gingembre *m*
jersey *Herseï* *nm* pull-over *m*
jirafa *Hirafa* *nf* girafe *f*
joven *Hobènn* *adj* jeune
joya *Hoya* *nf* bijou *m*
joyería *Hoyéri-a* *nf* bijouterie *f*
jubilación *Houbilassionn* *nf* retraite *f*
jubilarse *Houbilarsé* *vb* prendre sa retraite
judía *Houdi-a* *nf* haricot *m* ◇ **judía verde** *Houdi-a bèrrdé* haricot vert ◇ **judía blanca** *Houdi-a blannka* flageolet *m*
judío(-a) *Houdi-o(-a)* *adj* juif(-ve)
judo *ioudo* *nm* judo *m*
juego *Houégo* *nm* jeu *m*
jueves *Houébèss* *nm* jeudi *m*
juez *Houèss* *nm* juge *m*
jugador(a) *Hougador(a)* *adj, nm/f* joueur(-euse) *m/f*
jugar *Hougar* *vb* jouer
jugo *Hougo* *nm* (Am) jus *m*
juguete *Houguété* *nm* jouet *m*
julio *Houlio* *nm* juillet *m*
junio *Hounio* *nm* juin *m*
juntos(-as) *Hounntoss(-ass)* *adv* ensemble
jurídico(-a) *Houridiko(-a)* *adj* juridique
jurista *Hourista* *nmf* juriste *mf*
justicia *Houstissia* *nf* justice *f*
justo(-a) *Housto(-a)* *adj* juste
justo *Housto* *adv* juste
juventud *Houbènntou* *nf* jeunesse *f*
karaoké *karaoké* *nm* karaoké *m*
kayak *kayak* *nm* canoë-kayak *m*
kilo *kilo* *nm* kilo *m*
kilometraje *kilométraHé* *nm* kilométrage *m*
kilómetro *kilométro* *nm* kilomètre *m*
kiosco *kiosko* *nm* kiosque *m*
kit *nm* kit *m* ◇ **kit antipinchazo** *kit anntipinntchasso* kit anti-crevaison
kitesurf *kaïtsourf* *nm* kitesurf *m*
kiwi *kiwi* *nm* kiwi *m*
kosher *koshèrr* *adj* kasher
la *la* *art* la
labio *labio* *nm* lèvre *f*
lácteo(-a) *laktéo(-a)* *adj* lacté(e)
lado *lado* *nm* côté *m*
ladrar *ladrar* *vb* aboyer

ladrón *ladronn* nm multiprise *f* • (persona) voleur *m*
lagartija *lagartiHa* nf lézard *m*
lago *lago* nm lac *m*
lágrima *lagrima* nf larme *f*
lamentar *lamènntar* vb regretter
lámpara *lammpara* nf lampe *f*
lana *lana* nf laine *f*
langosta *lanngosta* nf langouste *f*
lanzar *lannsar* vb lancer
lápiz *lapiss* nm crayon *m*
largo(-a) *largo(-a)* adj long(ue)
las *lass* art les *fpl*
lástima *lastima* loc dommage
lata *lata* nf canette *f*
Latinoamérica *latinoamérika* nf Amérique latine
laurel *laourel* nm laurier *m*
lavable *lababl*é adj lavable
lavabo *lababo* nm lavabo *m*
lavadora *labadora* nf lave-linge *m*
lavandería *labanndéri-a* nf laverie *f*
lavar *labar* vb laver ◇ **lavarse** se laver
lavavajillas *lababaHiyass* nf lave-vaisselle *m*
laxante *laksannté* adj, nm laxatif (-ive) *m*
lección *léksionn* nf leçon *f*
leche *létché* nf lait *m*
lechuga *létchouga* nf laitue *f*
lector MP3 nm *léktor émé pé trèss* lecteur *m* MP3
leer *lé-èrr* vb lire
lejos *léHoss* adv loin
lengua *lènngoua* nf langue *f*
lenguado *lènngouado* nm sole *f*
lentamente *lènntamènnté* adv lentement
lente *lènnté* nf lentille *f* ◇ **lente de contacto** *lènnté dé konntakto* lentille (de contact)
lenteja *lènntéHa* nf lentille *f*
leña *légna* nf bois *m* (de chauffage)
león *léonn* nm lion *m*
letra *létra* nf lettre *f* ◇ **letra de molde** *létra dé moldé* majuscule *f*
letrero *létréro* nm panneau *m*
leucemia *léoussémia* nf leucémie *f*
levantarse *lébanntarsé* vb se lever
leve *lébé* adj léger(-ère)
ley *leï* nf loi *f*
libre *libré* adj libre
librería *libréri-a* nf librairie *f*
libreta *libréta* nf carnet *m*
libro *libro* nm livre *m*
licor *likor* nm liqueur *f*
ligero(-a) *liHéro(-a)* adj léger(-ère)
limitado(-a) *limitado(-a)* adj limité(e)
limitar *limitar* vb limiter
límite *limite* nm limite *f*
limón *limonn* nm citron *m*
limpiaparabrisas *limmpiaparabrissass* nm essuie-glace *m*
limpiar *limmpiar* vb nettoyer
limpieza *limmpiéssa* nf propreté *f*, ménage *m*
limpio(-a) *limmpio(-a)* adj propre
línea *linéa* nf ligne *f*
linterna *linntèrna* nf lampe de poche *f*
líquido *likido* nm liquide *m*
Lisboa *lisbo-a* npr Lisbonne
liso(-a) *lisso(-a)* adj lisse, uni
listo(-a) *listo(-a)* adj intelligent(e) • (preparado) prêt(e)
litera *litéra* nf couchette *f* (de train)
literatura *litératoura* nf littérature *f*
litro *litro* nm litre *m*
llaga *yaga* nf plaie *f*
llama *yama* nf flamme *f*
llamada *yamada* nf appel *m* ◇ **llamada a cobro revertido** *yamada a kobro rébèrtido* appel en PCV
llamar *yamar* vb appeler ◇ **llamarse** s'appeler ◇ **volver a llamar** *bolbèrr*

a yamar rappeler ◇ **llamar por teléfono** *yamar por téléfono* téléphoner

llanta *yannta* *nf* jante *f*

llave *yabé* *nf* clé *f* ◇ **llave de contacto** *yabé dé konntakto* clé de contact

llegada *yégada* *nf* arrivée *f*

llegar *yégar* *vb* arriver

llenar *yénar* *vb* remplir

lleno(-a) *yéno(-a)* *adj* plein(e)

llevar *yébar* *vb* emmener, porter

llorar *yorar* *vb* pleurer

llover *yobèrr* *vb* pleuvoir

lluvia *youbia* *nf* pluie *f*

lluvioso(-a) *youbiosso(-a)* *adj* pluvieux(-euse)

lobo *lobo* *nm* loup *m*

local *lokal* *adj, nm* local(e) *m*

localidad *lokalida* *nf* localité *f* • (al teatro, etc.) place *f* de spectacle

localizar *lokalissar* *vb* localiser, joindre, contacter

loción *lossionn* *nf* lotion *f* ◇ **loción para después del afeitado** *lossionn para déspouèss del afé-itado* (lotion) après-rasage *m*

loco(-a) *loko(-a)* *adj, nm/f* fou, folle *m/f*

lomo *lomo* *nm* bavette *f* (de bœuf)

los *loss* *art* les *mpl*

lubina *loubina* *nf* bar *m* (poisson)

lucha *loutcha* *nf* lutte *f*

luego *louégo* *adv* ensuite

luminoso(-a) *louminosso(-a)* *adj* lumineux(-euse)

luna *louna* *nf* lune *f*

lunes *lounèss* *nm* lundi *m*

Luxemburgo *louksèmmbourgo* *npr* Luxembourg

luxemburgués(a) *louksèmmbourguèss(-essa)* *adj* luxembourgeois(e)

luz *louss* *nf* lumière *f* • (de voiture) phare *m* ◇ **dar a luz** *dar a louss* accoucher ◇ **luces cortas** *loussèss kortass* ◇ **luces de cruce** *loussèss dé kroussé* feux de croisement ◇ **luces de posición** *loussèss dé possissionn* feux de position ◇ **luces de carretera** *loussèss dé karrétéra*, **luces largas** *loussèss largass* feux de route

macarrón *makarron* *nm* macaron *m*

macarrones *makarronèss* *nmpl* pâtes *fpl* (alimentaires), macaronis *mpl*

madera *madéra* *nf* bois *m*

madre *madré* *nf* mère *f*

Madrid *madri* *npr* Madrid

madrileño(-a) *madrilégno(-a)* *adj* madrilène

maduro(-a) *madouro(-a)* *adj* mûr(e)

maestro(-a) *maéstro(-a)* *nm/f* maître(sse) *m/f*

magdalena *magdaléna* *nf* madeleine *f*

magnífico(-a) *mag-nifiko(-a)* *adj* magnifique

maíz *ma-iss* *nm* maïs *m*

majo(-a) *maHo(-a)* *adj* sympa

mal *mal* *adv* mal ▪ *adj* mauvais(e)

malentendido *malènntènndido* *nm* malentendu *m*

maleta *maléta* *nf* valise *f*

maletero *malétéro* *nm* coffre *m* (de voiture)

malo(-a) *malo(-a)* *adj* mauvais(e), malade

malograr *malograr* *vb* rater

mancha *mantcha* *nf* tache *f*

manchar *mantchar* vb tacher
mandar *manndar* vb envoyer
mandarina *manndarina* nf mandarine *f*
mandíbula *manndiboula* nf mâchoire *f*
mando *manndo* nm commandement *m* ◇ **mando a distancia** *manndo a distannsia* télécommande *f*
manga *mannga* nf manche *f*
mango *manngo* nm mangue *f*
manicura *manikoura* nf manucure *f*
manifestación *manifèstassionn* nf manifestation *f*
manillar *maniyar* nm guidon *m*
mano *mano* nf main *f*
manta *mannta* nf couverture *f*
mantel *manntèl* nm nappe *f*
mantequilla *manntékiya* nf beurre *m*
manual *manoual* adj manuel(le)
manualidades *manoualidadèss* nfpl travaux *mpl* manuels
manzana *mannsana* nf pomme *f*
mañana *magnana* nf demain *m*, matin *m* ◇ **pasado mañana** *passado magnana* après-demain
mapa *mapa* nf carte *f* (géographique)
máquina *makina* nf machine *f*
mar *mar* nm mer *f*
maratón *maratonn* nm marathon *m*
maravilloso(-a) *marabiyosso(-a)* adj merveilleux(-euse)
marca *marka* nf marque *f*
marcha *martcha* nf marche *f*
marco *marko* nm cadre *m*
marea *maréa* nf marée *f*
mareado(-a) adj ◇ **estar mareado(-a)** *éstar maréado(-a)* avoir mal au cœur
marido *marido* nm mari *m*
mariposa *maripossa* nf papillon *m*
marisco *marisko* nm fruits *mpl* de mer
marrón *marronn* adj marron
marroquí *marroki* adj marocain(e)
Marruecos *marrouékoss* npr Maroc
martes *martèss* nm mardi *m*
martillo *martiyo* nm marteau *m*
marzo *marso* nm mars *m*
más *mass* adv plus ◇ **más bien** *mass biènn* assez, plutôt
masaje *massaHé* nm massage *m*
máscara *maskara* nf masque *m*
masculino(-a) *maskoulino(-a)* adj masculin(e)
master *mastèrr* nm master *m*
matar *matar* vb tuer
matemáticas *matématikass* nfpl mathématiques *fpl*
materia *matéria* nf matière *f*
material *matérial* adj, nm matériel (-elle) *m*
matrícula *matrikoula* nf inscription *f* • (de coche) immatriculation *f*
matricularse *matrikoularsé* vb s'inscrire
máximo *maksimo* nm maximum *m* ◇ **como máximo** au maximum
maya *maïa* adj, nm maya *m*
mayo *mayo* nm mai *m*
mayonesa *mayonéssa* nf mayonnaise *f*
mayor *mayor* adj plus grand(e), majeur(e) ◇ **mayor de edad** *maïor dé éda* majeur(e)
mecánico(-a) *mékaniko(-a)* adj mécanique
mecánico *mékaniko* nm garagiste *m*
mechero *métchéro* nm briquet *m*
media *média* nf moyenne *f* • (prenda de vestir) bas *m* • (calcetín) chaussette *f* montante • (Am) chaussette *f*
mediano(-a) *médiano(-a)* adj moyen(ne)
medianoche *médianotché* nf minuit *m*
medicamento *médikamènnto* nm médicament *m*
medicina *médissina* nf médecine *f*
médico *médiko* nm médecin *m*
medida *médida* nf mesure *f*

medio(-a) *médio(-a) adj* moyen(ne) ◊ **media hora** *média ora f* demi-heure ◊ **medio litro** *médio litro m* demi-litre ◊ **media vuelta** *média bouèlta f* demi-tour *m*

medio *médio nm* milieu ◊ **en medio de** *ènn médio dé* au milieu de

medioambiente *médioammbiènnté nm* environnement *m*

medir *médir vb* mesurer

mediterráneo(-a) *méditérranéo(-a) adj* méditerranéen(ne)

medusa *médoussa nf* méduse *f*

mejilla *méHiya nf* joue *f*

mejillón *méHiyonn nm* moule *f*

mejor *méHor adv* mieux ▪ *adj* meilleur(e)

mejorar *méHorar vb* améliorer ◊ **mejorarse** s'améliorer

melocotón *mélokotonn nm* pêche *f*

melón *mélonn nm* melon *m*

membrillo *mèmmbriyo nm* coing *m*

memoria *mémoria nf* mémoire *f* ◊ **memoria USB** *mémoria ou éssé bé* clé *f* USB

menor *ménor adj* plus petit, moindre ◊ **menor de edad** *ménor dé éda* mineur(e)

menos *ménoss adv* moins

mensaje *mènnsaHé nm* message *m*

mensajería *mènnsaHéri-a nf* messagerie *f*

menta *mènnta nf* menthe *f*

mentir *mènntir vb* mentir

mentira *mènntira nf* mensonge *m*

menú *ménou nm* menu *m*

mercadillo *mèrkadiyo nm* marché *m*

mercado *mèrkado nm* marché *m*

merengue *mérènngué nm* meringue *f*

merienda *mériènnda nf* goûter *m*

merluza *mèrloussa nf* colin *m*

mermelada *mèrmélada nf* confiture *f*

mes *mèss nm* mois *m*

mesa *méssa nf* table *f*

mesquita *méskita nf* mosquée *f*

metal *métal nm* métal *m*

metro *métro nm* mètre *m*, métro *m*

mexicano(-a) *méHikano(-a) adj* mexicain(e)

México *méHiko npr* Mexico • (país) Mexique

mi *mi adj poss* mon, ma

micrófono *mikrofono nm* micro *m*

microondas *mikro-onndass nm* micro-ondes *m*

miedo *miédo nm* peur *f*

miel *miel nf* miel *m*

miércoles *mièrkolèss nm* mercredi *m*

migraña *migragna nf* migraine *f*

mil *mil adj num* mille

militar *militar adj, nm* militaire *m*

millar *miilar nm* millier *m*

millón *miyonn nm* million *m* ◊ **mil millones** *mil miyonèss* milliard

mineral *minéral adj* minéral(e)

mínimo *minimo* ◊ **como mínimo** *komo minimo* au minimum

minusválido(-a) *minousbalido(-a) nm/f* handicapé(e) *m/f*

minuto *minouto nm* minute *f*

miope *miopé adj* myope

mirar *mirar vb* regarder

mis *mis adj poss* mes

misa *missa nf* messe *f*

mismo(-a) *mismo(-a) adj, pron* même

mitad *mita* *nf* moitié *f*
mixto(-a) *miksto(-a)* *adj* mixte
mochila *motchila* *nf* sac *m* à dos
moda *moda* *nf* mode *f* ◊ **de moda** à la mode, branché(e)
moderno(-a) *modèrno(-a)* *adj* moderne
modo *modo* *nm* mode *m* ◊ **de otro modo** *dé otro modo* autrement
mojado(-a) *moHado(-a)* *adj* mouillé(e)
mojar *moHar* *vb* mouiller
molde *molde* *nm* moule *m*
molestar *moléstar* *vb* déranger, embêter, gêner
momento *momènnto* *nm* moment *m*
monasterio *monastério* *nm* monastère *m*
moneda *monéda* *nf* monnaie *f*
monedero *monédéro* *nm* porte-monnaie *m*
mono *mono* *nm* salopette *f* • (animal) singe *m*
montaña *monntagna* *nf* montagne *f* ◊ **alta montaña** *alta monntagna* haute montagne ◊ **media montaña** *média monntagna* moyenne montagne ◊ **baja montaña** *baHa monntagna* basse montagne
monumento *monumènnto* *nm* monument *m*
morado(-a) *morado(-a)* *adj* violet(te)
morder *mordèrr* *vb* mordre
moreno(-a) *moréno(-a)* *adj* bronzé(e), brun(e)
moretón *morétonn* *nm* hématome *m*, bleu *m*
morir *morir* *vb* mourir
morro(-a) *morro(-a)* *nm/f, adj* maure *mf*
morro *morro* *nm* museau *m*
mosca *moska* *nf* mouche *f*
mosquitera *moskitéra* *nf* moustiquaire *f*
mosquito *moskito* *nm* moustique *m*
mostaza *mostassa* *nf* moutarde *f*
mostrador *mostrador* *nm* comptoir *m*
motivación *motibassionn* *nf* motivation *f*
motivado(-a) *motibado(-a)* *adj* motivé(e)
moto *moto* *nf* moto *f*
motor *motor* *nm* moteur *m*
mover *mobèr* *vb* bouger
móvil *mobil* *adj, nm* ◊ **(teléfono) móvil** (téléphone) portable *m*
mucho *moutcho* *adv* beaucoup
muchos(-as) *moutchoss(-ass)* *adj* beaucoup de
mudo(-a) *moudo(-a)* *adj* muet(te)
muela *mouéla* *nf* molaire *f*
muelle *mouéyé* *nm* quai *m*
muerto(-a) *mouèrto(-a)* *adj, nm/f* mort(e) *m/f*
muguete *mouguété* *nm* muguet *m*
mujer *mouHèrr* *nf* femme *f*
multa *moulta* *nf* contravention *f* ◊ **multar** *moultar* mettre une contravention
mundo *mounndo* *nm* monde *m*
muñeca *mougnéka* *nf* poignet *m*, poupée *f*
musculación *mouskoulassionn* *nf* musculation *f*
músculo *mouskoulo* *nm* muscle *m*
museo *mousséo* *nm* musée *m*
música *moussika* *nf* musique *f*
musical *moussikal* *adj* musical(e)
músico(-a) *moussiko(-a)* *nm/f* musicien(ne) *m/f*
muslo *mouslo* *nm* cuisse *f*
musulmán(-ana) *moussoulmann(a)* *adj* musulman(e)
muy *mou-i* *adv* très
nabo *nabo* *nm* navet *m*
nacer *nassèr* *vb* naître

nacimiento *nassimiènnto* nm naissance *f*
nacionalidad *nassionalida* nf nationalité *f*
nada *nada* pron rien ◇ **nada más** *nada mass* rien d'autre
nadar *nadar* vb nager
nadie *nadié* pron personne
naranja *narannHa* adj, nf orange *f*
nariz *nariss* nf nez *m*
nata *nata* nf crème ◇ **nata montada** *nata monntada* crème fouettée
natación *natassionn* nf natation *f*
natural *natoural* adj naturel(le)
naturaleza *natouralėssa* nf nature *f*
naturista *natourista* adj naturiste
náusea *naousséa* nf nausée *f*
navaja *nabaHa* nf canif *m*
navegar *nabégar* vb naviguer
Navidad *nabida* nf Noël *m*
necesariamente *néssésariamènnté* adv nécessairement
necesario(-a) *nésséssario(-a)* adj nécessaire
necesidad *nésséssida* nf besoin *m* ◇ **necesitar** *nésséssitar* avoir besoin de
nectarina *néktarina* nf nectarine *f*
negocio *négossio* nm affaire *f*
negro(-a) *négro(-a)* adj noir(e)
nervioso(-a) *nèrbiosso(-a)* adj nerveux(-euse)
neumático *néoumatiko* nm pneu *m*
neumonía *néoumoni-a* nf pneumonie *f*
nevar *nébar* vb neiger
nevera *nébéra* nf frigo *m*
Nicaragua *nikaragoua* npr Nicaragua
nicaragüense *nikaragouènnsé* adj nicaraguayen(ne)
niebla *niébla* nf brouillard *m*
nieta *niéta* nf petite-fille *f*
nieto *niéto* nm petit-fils *m*
nietos *niétoss* nmpl petits-enfants *mpl*
nieve *niébé* nf neige *f*
ninguno(-a) *ninngouno(-a)* adj, pron aucun(e)
niñera *nignéra* nf nourrice *f*
niño(-a) *nigno(-a)* nm/f enfant *mf*
nivel *nibèl* nm niveau *m*
ni... ni *ni... ni* conj ni... ni
no *no* adv non
noche *notché* nf soir *m*, soirée *f*, nuit *f*
Nochevieja *notchébiéHa* nf nuit de Noël *f*, Saint-Sylvestre *f*
nocturno(-a) *noktourno(-a)* adj nocturne
nombre *nommbré* nm nom *m* • (de persona) prénom *m*
normal *normal* adj normal(e)
norte *norté* nm nord *m*
Norteamérica *nortéamérika* nf Amérique du Nord
Noruega *norouéga* npr Norvège
noruego(-a) *norouégo(-a)* adj norvégien(ne)
nosotros(-as) *nossotross(-ass)* pron nous
nota *nota* nf note *f*
noticia *notissia* nf information *f* nouvelle *f* ◇ **las noticias** les informations *fpl*
novecientos(-as) *nobéssiènntoss (-ass)* adj num neuf cents
novela *nobéla* nf (littérature) nouvelle *f*, roman *m*
noveno(-a) *nobéno(-a)* adj num neuvième

noventa *nobènnta* *adj num* quatre-vingt-dix
noviembre *nobièmmbré* *nm* novembre *m*
novio(-a) *nobio(-a)* *nm/f* fiancé(e) *m/f*, petit(e) ami(e) *m/f*
nube *noubé* *nf* nuage *m*
nublado(-a) *noublado(-a)* *adj* nuageux(-euse)
nuca *nouka* *nf* nuque *f*
nudismo *noudismo* *nm* naturisme *m*
nuestro(-a) *nouéstro(-a)* *adj poss* notre ◇ **nuestros(-as)** *nouéstros(-ass)* nos
nueve *nouébé* *adj num* neuf
nuevo(-a) *nouébo(-a)* *adj* neuf(-ve), nouveau(-elle)
nuez *nouèss* *nf* noix *f*
numerado(-a) *noumérado(-a)* *adj* numéroté(e)
numeral *nouméral* *nm* numéral *m*
número *nouméro* *nm* nombre *m*, numéro *m*
numeroso(-a) *nouérosso(-a)* *adj* nombreux(-euse)
nunca *nounnka* *adv* jamais
o *o* *conj* ou
objetivo *obHétibo* *nm* objectif *m*
objeto *obHéto* *nm* objet *m*
obligado(-a) *obligado(-a)* *adj* obligé(e)
obligatorio(-a) *obligatorio(-a)* *adj* obligatoire
obra *obra* *nf* œuvre *f* ◇ **obra de teatro** *obra dé téatro* pièce *f* de théâtre ◇ **obra maestra** *obra maéstra* chef-d'œuvre *m* ◇ **obras** *fpl* travaux *mpl*
observación *obsèrbassionn* *nf* remarque *f*
oca *oka* *nf* oie *f*
ocasión *okassionn* *nf* occasion *f*
occidental *oksidènntal* *adj* occidental(e)
Occidente *oksidènnté* *nm* Occident *m*
océano *osséano* *nm* océan *m*
ochenta *otchènnta* *adj num* quatre-vingt
ocho *otcho* *adj num* huit
ochocientos(-as) *otchossiènntoss (-ass)* *adj num* huit cents
ocio *ossio* *nm* loisir *m*
octavo(-a) *oktabo(-a)* *adj* huitième
octubre *oktoubré* *nm* octobre *m*
ocupado(-a) *okoupado(-a)* *adj* occupé(e)
ocurrir *okourir* *vb* arriver, survenir
odiar *odiar* *vb* détester
oeste *oèsté* *nm* ouest *m*
oferta *ofèrta* *nf* offre *f*
oficina *ofissina* *nf* bureau *m* **oficina de cambio** *ofissina dé kammbio* bureau de change **oficina de turismo** *ofissina dé tourismo* office *m* de tourisme
oficio *ofissio* *nm* métier *m*
ofrecer *ofréssèrr* *vb* offrir, proposer
oftalmólogo(-a) *oftalmologo(-a)* *nm/f* ophtalmologue *mf*
oído *o-ido* *nm* oreille *f* • (sentido) ouïe *f*
oír *o-ir* *vb* entendre
ojo *oHo* *nm* œil *m*
ola *ola* *nf* vague *f*
oler *olèrr* *vb* sentir
olfato *olfato* *nm* odorat *m*
olivo *olibo* *nm* olivier *m*
olor *olor* *nm* odeur *f*
olvidar *olbidar* *vb* oublier
olvido *olbido* *nm* oubli *m*
ombligo *ommbligo* *nm* nombril *m*
omelette *omélété* *nm* (Am) omelette *f*
once *onnsé* *adj num* onze
ópera *opéra* *nf* opéra *m*
operación *opérassionn* *nf* opération *f*
operar *opérar* *vb* opérer
opinión *opignionn* *nf* avis *m*, opinion *f*
oporto *oporto* *nm* porto *m*

oportunidad *oportunida* *nf* occasion *f*
oposición *oposissionn* *nf* opposition *f* ▪ **oposiciones** *nfpl* (examen) concours *m*
óptico *optiko* *nm* opticien *m*
ordenador *ordénador* *nm* ordinateur *m*
ordenar *ordénar* *vb* commander
oreja *oréHa* *nf* oreille *f*
organizar *organissar* *vb* organiser
órgano *organo* *nm* orgue *m*
oriental *oriènntal* *adj* oriental(e)
Oriente *oriènnté* *nm* Orient *m*
origen *oriHènn* *nm* origine *f*
orilla *oriya* *nf* rive *f*
orina *orina* *nf* urine *f*
oro *oro* *nm* or *m*
orquesta *orkésta* *nf* orchestre *m*
orquídea *orkidéa* *nf* orchidée *f*
oscuro(-a) *oskouro(-a)* *adj* obscur(e)
oso *osso* *nm* ours *m*
osteopatía *ostéopatia* *nf* ostéopathie *f*
ostra *ostra* *nf* huître *f*
otitis *otitiss* *nf* otite *f*
otoño *otogno* *nm* automne *m*
otro(-a) *otro(-a)* *adj, pron* autre
oveja *obéHa* *nf* brebis *f*
ozono *ossono* *nm* ozone *m*
pacífico(-a) *passifiko(-a)* *adj, npr* pacifique ◇ **el (Océano) Pacífico** *èl osséano passifiko* *m* l'océan *m* Pacifique
padre *padré* *nm* père *m* ◇ **padres** *padrèss* *nmpl* parents *mpl*
pagar *pagar* *vb* payer
página *paHina* *nf* page *f*
pago *pago* *nm* paiement *m* ◇ **de pago** *dé pago* payant(e)
país *pa-iss* *nm* pays *m*
paisaje *pa-issaHé* *nm* paysage *m*
paja *paHa* *nf* paille *f*
pájaro *paHaro* *nm* oiseau *m*
pala *pala* *nf* raquette *f* (de ping-pong)
palabra *palabra* *nf* mot *m*
palacio *palassio* *nm* palais *m*
palanca *palannka* *nf* levier *m*
pálido(-a) *palido(-a)* *adj* pâle
palillo *paliyo* *nm* cure-dent *m*
palmera *palméra* *nf* palmier *m*
palo *nm* bâton *m*, piquet *m* ◇ **palo de golf** *palo dé golf* club *m* (de golf)
paloma *paloma* *nf* pigeon *m*
pan *pann* *nm* pain *m* ◇ **pan completo** *pann kommpléto* pain complet ◇ **pan de molde** *pann dé moldé* pain de mie ◇ **pan tostado** *pann tostado* pain grillé ◇ **pan integral** *pann intégral* pain intégral
panadería *panadéri-a* *nf* boulangerie *f*
Panamá *panama* *npr* Panama
panameño(-a) *panamégno(-a)* *adj* panaméen(ne)
pandilla *panndiya* *nf* bande *f* (de personnes)
pantalla *panntaya* *nf* écran *m*
pantalones *panntalonèss* *nmpl* pantalon *m* ◇ **pantalones cortos** *panntalonèss kortoss* short *m*
pantera *panntéra* *nf* panthère *f*
pantis *panntiss* *nmpl* collants *mpl*
pantorrilla *panntorriya* *nf* mollet *m*
pañal *pagnal* *nm* couche *f* (de bébé)
pañuelo *pagnouélo* *nm* foulard *m*, mouchoir *m*
papa *papa* *nf* (Am) pomme *f* de terre
papa *papa* *nm* pape *m*
papá *papa* *nm* papa *m*

papaya *papaya* nf papaye *f*
papel *papèl* nm papier *m*
papelería *papéléri-a* nf papeterie *f*
paperas *papérass* nfpl oreillons *mpl*
paquete *pakété* nm colis *m*, paquet *m*
para *para* prép pour
parabrisas *parabrissass* nm parebrise *m*
paracaidismo *paraka-idismo* nm parachutisme *m*
paracétamol *parassétamol* nm paracétamol *m*
parada *parada* nf arrêt *m* (d'autobus)
paragolpes *paragolpèss* nm parechocs *m*
paraguas *paragouass* nm parapluie *m*
Paraguay *paragouay* npr Paraguay
paraguayo(-a) *paragouayo(-a)* adj paraguayen(ne)
parapente *parapènnté* nm parapente *m*
parar *parar* vb arrêter ◇ **pararse** s'arrêter
parche *partché* nm rustine *f*
parecer *paréssèrr* vb paraître ◇ **parecerse a** ressembler à ◇ **al parecer** apparemment
pared *parèd* nf mur *m*
pareja *paréHa* nf couple *m*
parking *parking* nm parking *m*
paro *paro* nm chômage *m*
párpado *parpado* nm paupière *f*
parque *parké* nm parc *m* ◇ **parque de atracciones** *parké dé atraksionnèss* parc d'attractions
parqué *parké* nm parquet *m*
parte *parté* nf partie *f* ◇ **por todas partes** *por todas partèss* partout
participar *partissipar* vb participer
partido *partido* nm parti *m* • (deporte) match *m*
partir *partir* vb partir ◇ **a partir de** *a partir dé* à partir de
parvulario *parboulario* nm maternelle *f*
pasajero(-a) *passaHéro(-a)* nm/f passager(-ère) *m/f*
pasaporte *passaporté* nm passeport *m*
pasar *passar* vb passer
pasatiempo *passatièmmpo* nm passe-temps *m*
Pascua *paskoua* nf Pâques *fpl*
pasear *passéar* vb se promener
paseo *passéo* nm promenade *f* • (de parque) allée *f*
pasillo *passiyo* nm allée *f* couloir *m*
pasión *passionn* nf passion *f*
paso *passo* nm pas *m*, passage *m*
paso peatonal *passo péatonal* passage piéton
pasta *pasta* nf pâte *f* ◇ **pasta de dientes** *pasta dé diènntès* dentifrice *m*
pastel *pastel* nm gâteau *m*
pastelería *pastéléri-a* nf pâtisserie *f*
pastilla *pastiya* nf pastille *f*, cachet *m*
pastor *pastor* nm pasteur *m*
patata *patata* nf pomme *f* de terre ◇ **patatas fritas** *patatass fritass* frites *fpl*, chips *fpl*
paté *paté* nm pâté *m*
patín *patinn* nm patin *m* ◇ **patines en línea** *patinèss ènn linéa* rollers *mpl*
patinaje *patinaHé* nm patinage *m*
patinete *patinété* nm trottinette *f*
patio *patio* nm cour *f* (intérieure), patio *m*
pato *pato* nm canard *m*
pausa *paoussa* nf pause *f*
pavo *pabo* nm dinde *f*
paz *pass* nf paix *f*
peaje *péaHé* nm péage *m*
peatón *péatonn* nm piéton *m*
peca *péka* nf tache *f* de rousseur
pecho *pétcho* nm poitrine *f*, sein *m*

pedal *pédal* *nm* pédale *f*
pediatra *pédiatra* *nmf* pédiatre *mf*
pedir *pédir* *vb* demander
peeling *pilinng* *nm* gommage *m*
pegamento *pégamènnto* *nm* colle *f*
pegar *pégar* *vb* coller ◇ **pegar un grito** *pégar ounn grito* pousser un cri
pegatina *pégatina* *nf* autocollant *m*
peinar *péïnar* *vb* peigner
peine *péïné* *nm* peigne *m*
pelar *pélar* *vb* éplucher
peldaño *nm* *pèldagno* marche *f* (d'escalier)
pelea *péléa* *nf* bagarre *f*
película *pélikoula* *nf* film *m*
peligro *péligro* *nm* danger *m*
peligroso(-a) *péligrosso(-a)* *adj* dangereux(-euse)
pelirrojo(-a) *pélirroHo(-a)* *adj* roux (-sse)
pelo *pélo* *nm* cheveu *m*, poil *m*
pelota *pélota* *nf* balle *f*
peluquería *péloukéri-a* *nf* salon *m* de coiffure
peluquero(-a) *péloukéro(-a)* *nm/f* coiffeur(-euse) *m/f*
pendiente *pènndiènnté* *nm* boucle *f* d'oreille
penicilina *pénissilina* *nf* pénicilline *f*
pensar *pènnsar* *vb* penser
pensión *pènnsionn* *nf* pension *f*
pepinillo *pépiniyo* *nm* cornichon *m*
pepino *pépino* *nm* concombre *m*
pequeño(-a) *pékégno(-a)* *adj* petit(e)
pera *péra* *nf* poire *f*
percha *pèrtcha* *nf* cintre *m*, portemanteau *m*
perder *pèrdèr* *vb* perdre • (tren) manquer, rater
pérdida *pèrdida* *nf* perte *f*
perdido(-a) *pèrdido(-a)* *adj* perdu(e)
perdone *pèrdoné* *interj* pardon
perejil *péréHil* *nm* persil *m*
perezoso(-a) *péréssosso(-a)* *adj* paresseux(-euse)
perfecto(-a) *pèrfèkto(-a)* *adj* parfait(e)
perfume *pèrfumé* *nm* parfum *m*
periódico *périodiko* *nm* journal *m*
periodista *périodista* *nmf* journaliste *mf*
permitido(-a) *pèrmitido(-a)* *adj* permis(e)
permitir *pèrmitir* *vb* permettre
pero *péro* *conj* mais
perrera *pérréra* *nf* fourrière *f* (pour chiens)
perro(-a) *pérro(-a)* *nm/f* chien(ne) *m/f*
persona *pèrsona* *nf* personne *f* ◇ **persona con discapacidad auditiva** *pèrsona konn diskapassida aouditiba* personne malentendante ◇ **persona mayor** *pèrsona maïor* personne âgée
pertenecer *pèrténéssèrr* *vb* appartenir
Perú *pérou* *npr* Pérou
peruano(-a) *pérouano(-a)* *adj* péruvien(ne)
pesar *péssar* *vb* peser
pescadería *péskadéri-a* *nf* poissonnerie *f*
pescado *péskado* *nm* poisson *m*
pescar *péskar* *vb* pêcher
pésimo(-a) *péssimo(-a)* *adj* nul(le), très mauvais(e)
peso *pésso* *nm* poids *m*

pestañas *péstagnass* *nfpl* cils *mpl*
pesticida *péstissida* *nf* pesticide *m*
pétalo ***pé**talo* *nm* pétale *m*
pez *pèss* *nm* poisson *m*
piano *piano* *nm* piano *m*
picado(-a) *pikado(-a)* *adj* piqué(e)
picadura *pikadoura* *nf* piqûre *f*
picante *pikannté* *adj* épicé(e), pimenté(e)
picar *pikar* *vb* picorer, piquer
picazón *pikassonn* *nm* démangeaison *f*
picnic *piknik* *n* pique-nique *m* ◇ **hacer picnic** *assèrr piknik* pique-niquer
pie *pié* *nm* pied *m*
piedra *piédra* *nf* pierre *f*
piel *pièl* *nf* peau *f*
pierna *pièrna* *nf* jambe *f*
pijama *piHama* *nm* pyjama *m*
pila *pila* *nf* pile *f*
píldora *pildora* *nf* pilule *f*
piloto *piloto* *nm* pilote *m*
pimienta *pimiènnta* *nf* poivre *m*
pimiento *pimiènnto* *nm* piment *m* ◇ **pimiento (morrón)** *pimiènnto (morronn)* poivron *m*
pinchar *pinntchar* *vb* piquer • (neumático) crever
pinchazo *pinntchasso* *nm* crevaison *f*
pincho *pinntcho* *nm* brochette *f*
ping-pong *ping-pong* *nm* ping-pong *m*
pino *pino* *nm* pin *m*
pintor(a) *pinntor(-a)* *nm/f* peintre *mf*
pintura *pinntoura* *nf* peinture *f*
piña *pigna* *nf* ananas *m*
piñón *pignon* *nm* pignon *m* (de pin)
pipa *pipa* *nf* pipe *f*
piqueta *pikéta* *nf* piquet *m* (de tente)
piscina *pissina* *nf* piscine *f*
piso *piso* *nm* appartement *m*, étage *m*
pista *pista* *nf* piste *f* ◇ **pista de patinaje** *pista dé patinaHé* patinoire *f*
pistacho *pistatcho* *nm* pistache *f*
pizarra *pissara* *nf* ardoise *f*
placa *plaka* *nf* plaque *f* ◇ **placa eléctrica** *plaka éléktrica* plaque électrique
placer *placèrr* *nm* plaisir *m*
plancha *planntcha* *nf* fer *m* à repasser ◇ **a la plancha** *a la planntcha* à la plancha
planchar *planntchar* *vb* repasser
planeta *planéta* *nf* planète *f*
plano(-a) *plano(-a)* *adj* (sans bosses) plat(e)
plano *plano* *nm* plan *m*
planta *plannta* *nf* plante *f* • (piso) étage *m* ◇ **planta baja** *plannta baHa* rez-de-chaussée *m*
plástico *plastiko* *nm* plastique *m*
plata *plata* *nf* argent *m* (matière)
plátano *platano* *nm* banane *f* • (árbol) platane *m*
plato *plato* *nm* assiette *f* • (guiso) plat *m*
playa *plaïa* *nf* plage *f*
plaza *plassa* *nf* place *f* ◇ **plaza de toros** *plassa dé toross* arène *f*
plomo *plomo* *nm* plomb *m*
pluma *plouma* *nf* plume *f*
pobre *pobré* *adj* pauvre
poco *poko* *adv* peu
poco(s) *poko(ss)*, **poca(s)** *poka(ss)* *adj* peu de
poder *podèrr* *vb, nm* pouvoir *m*
polen *polènn* *nm* pollen *m*
policía *polissi-a* *nf* police *f* ▪ *nmf* policier(-ère) *m/f*
pollo *poyo* *nm* poulet *m*
pólvora *polbora* *nf* poudre *f*
pomada *pomada* *nf* pommade *f*
pomelo *pomélo* *nm* pamplemousse *m*
poner *ponèrr* *vb* mettre
por *por* *prép* par ◇ **por qué** pourquoi
porción *porsionn* *nf* part *f*

porque *porké* *loc* parce que

portabicicletas *portabissiklétass* *nm* porte-vélo *m*

portaequipajes *portaékipaHèss* *nm* porte-bagages *m*

portal *portal* *nm* portail *m*

portátil *portatil* *adj, nm* ◇ **(ordenador) portátil** (ordinateur) portable *m*

portero(-a) *portéro(-a)* *nm/f* gardien(ne) *m/f*

Portugal *portougal* *npr* Portugal

portugués(-esa) *portouguéss(a)* *adj* portugais(e)

posible *possiblé* *adj* possible

posición *possissionn* *nf* position *f*

posología *possoloHi-a* *nf* posologie *f*

postal *postal* *adj* postal(e)

postigo *postigo* *nm* volet *m*

postre *postré* *nm* dessert *m*

potable *potablé* *adj* potable

potaje *potaHé* *nm* potage *m*

practicante *praktikannté* *adj* pratiquant(e)

practicar *praktikar* *vb* pratiquer

prácticas *praktikass* *nfpl* stage *m*

práctico(-a) *praktiko(-a)* *adj* pratique

prado *prado* *nm* pré *m*

precio *préssio* *nm* prix *m*

prefectura *préfèktoura* *nf* préfecture *f*

preferir *préférir* *vb* préférer

prefijo *préfiHo* *nm* indicatif *m*

pregunta *prégounnta* *nf* question *f* ◇ **hacer una pregunta** *assèrr ouna prégounnta* poser une question

preguntar *prégounntar* *vb* poser une question, demander

premio *prémio* *nm* récompense *f*, prix *m*

prensa *prènnsa* *nf* presse *f*

preocupar *préokoupar* *vb* inquiéter

preparar *préparar* *vb* préparer

presentar *préssènntar* *vb* présenter

preservativo *préssèrbatibo* *nm* préservatif *m*

préstado(-a) *préstado(-a)* *adj* emprunté(e) ◇ **pedir prestado** *pédir préstado* emprunter

préstamo *préstamo* *nm* prêt *m*

prever *prébèrr* *vb* prévoir

primaria *primaria* *adj, nf* (école) primaire *f*

primavera *primabéra* *nf* printemps *m*

primer(o, -a) *primér(o, -a)* *adj, nm/f* premier(-ère) *m/f*

primero *priméro* *loc* d'abord

primo(-a) *primo(-a)* *nm/f* cousin(e) *m/f*

príncipe *prinnsipé* *nm* prince *m*

principiante *prinnsipiannté* *nmf* débutant(e) *m/f*

principio *prinnsipio* *nm* principe *m* • (comienzo) début *m*

prioridad *priorida* *nf* priorité *f*

prisa *prissa* *nf* rapidité *f* ◇ **darse prisa** *darsé prissa* se dépêcher ◇ **tener prisa** *ténèrr prisa* être pressé(e)

prismáticos *prismatikoss* *nmpl* jumelles *fpl* (lunettes)

privado(-a) *pribado(-a)* *adj* privé(e)

probador *probador* *nm* cabine *f* d'essayage

probar *probar* *vb* essayer, goûter • (demostrar) prouver

problema *probléma* nm problème m ◇ **plantear un problema** *planntéar ounn probléma* poser un problème
producción *prodouksionn* nf production f
producir *prodoussir* vb produire
producto *prodoukto* nm produit m
profe *profé* nm prof mf
profesión *proféssionn* nf profession f
profesional *proféssional* adj, nmf professionnel(le) m/f
profesor(a) *proféssor(a)* nm/f professeur mf
profundamente *profounndamènnté* adv profondément
profundidad *profounndida* nf profondeur f
profundo(-a) *profounndo(-a)* adj profond(e)
programa *programa* nm programme m, émission f
prohibido(-a) *pro-ibido(-a)* adj interdit(e)
pronto *pronnto* adv bientôt, tôt
pronunciar *pronounnsiar* vb prononcer ◇ **pronunciarse** se prononcer
propaganda *propagannda* nf propagande f
propietario(-a) *propietario(-a)* nm/f propriétaire mf
propina *propina* nf pourboire m
proponer *proponèrr* vb proposer
propuesta *propouèsta* nf proposition f
protección *protéksionn* nf protection f
proteger *protéHèrr* vb protéger
protestante *protéstannté* adj, nmf protestant(e) m/f
próximo(-a) *proksimo(-a)* adj prochain(e)

prueba nf preuve f ◇ **prueba de sangre** *prouéba dé sanngré* analyse f de sang
publicidad *poublissida* nf publicité f
público(-a) *poubliko(-a)* adj, nm public(-que) m
puente *pouènnté* nm pont m
puerro *pouérro* nm poireau m
puerta *pouèrta* nf porte f
puerto *pouèrto* nm port m • (de montaña) col m
puesta *pouèsta* nf ◇ **puesta a cero** (ordenador) *pouèsta a séro* réinitialisation f ◇ **puesta del sol** *pouèsta del sol* coucher m de soleil
pulmón *poulmonn* nm poumon m
pulpo *poulpo* nm poulpe m
pulsera *poulséra* nf bracelet m
punto *pounnto* nm point m
puré *pouré* nm purée f
puro *pouro* nm cigare m
qué *ké* pron interr que ▪ adj quel(le) ▪ pron quoi
que *ké* pron, conj que
Quebec *kébèk* npr Québec
quebequense *kébékènnsé* adj québécois(e)
quedar *kédar* vb rester • (una persona) retrouver (à un rendez-vous)
queja *kéHa* nf plainte f
quejarse *kéHarsé* vb se plaindre
quemado(-a) *kémado(-a)* adj brûlé(e)
quemadura *kémadoura* nf brûlure f ◇ **quemadura de sol** *kémadoura dé sol* coup m de soleil
quemar *kémar* vb brûler
querer *kérèrr* vb vouloir • (amar) aimer
queso *késso* nm fromage m
quién(es) *kiénn(èss)* pron qui
quince *kinnsé* adj num quinze
quincena *kinnséna* nf quinzaine f

quincuagésimo(-a) *kinnkouaHéssimo(-a) adj num* cinquantième
quinientos(-as) *kiniènntoss(-ass)* cinq cents
quinto(-a) *kinnto(-a) adj num* cinquième
quitar *kitar vb* enlever, ôter
quizás *kissass adv* peut-être
rábano *rabano nm* radis *m*
rabia *rabia nf* rage *f*
rabino *rabino nm* rabbin *m*
ración *rassionn nf* portion *f*, ration *f*
rádar *radar nm* radar *m*
radiador *radiador nm* radiateur *m*
radio *radio nf* radio *f*
radiografía *radiografi-a nf* radiographie *f*
raíz *ra-iss nf* racine *f*
rama *rama nf* branche *f*
ramo *ramo nm* bouquet *m*
rana *rana nf* grenouille *f*
rape *rapé nm* lotte *f*
rápidamente *rapidamènnté adv* rapidement
rápido(-a) *rapido(-a) adj* rapide
rápido *rapido adv* vite
raqueta *rakéta nf* raquette *f* (de tennis, de neige, etc.)
raro(-a) *raro(-a) adj* rare • (extraño) bizarre ◊ **rara vez** *rara bèss* rarement
rascacielo *raskassiélo nm* gratte-ciel *m*
rasgar *rasgar vb* déchirer
rasguño *rasgougno nm* égratignure *f*
rastro *rastro nm* trace *f* • (mercado) marché *m* aux puces
rata *rata nf* rat *m*
ratón *ratonn nm* souris *f*
raya *raya nf* raie *f*
rayado(-a) *rayado(-a) adj* rayé(e)
rayo *rayo nm* foudre *f*
razón *rassonn nf* raison *f*
razonable *rassonablé adj* raisonnable
reacción *réaksionn nf* réaction *f*
real *réal adj* réel(le) • (del rey) royal(e)
rebaja *rébaHa nf* réduction *f*
rebajas *nfpl* soldes *mpl*
rebanada *rébanada nf* tranche *f*
rebozado(-a) *rébossado(-a) adj* pané(e)
recado *rékado nm* message *m*
recalentar *rékalènntar vb* réchauffer
recargar *rékargar vb* recharger
recepción *résèpsionn nf* réception *f*, accueil *m*
recepcionista *réssèpsionista nmf* réceptionniste *mf*
receta *rességta nf* recette *f*
◊ **receta médica** *rességta médika* ordonnance *f* (médicale)
recetar *réssétar vb* prescrire
recibir *réssibir vb* recevoir
recibo *réssibo nm* reçu *m*
reciclaje *réssiklaHé nm* recyclage *m*
reciclar *réssiklar vb* recycler
recidir *réssidir vb* résider
recipiente *réssipiènnté nm* récipient *m*, bac *m*
reclamación *réklamassionn nf* réclamation *f*
reclamar *réklamar vb* réclamer
recoger *rékoHèrr vb* ramasser
recomendado(-a) *rékomènndado(-a) adj* recommandé(e)
recomendar *rékomènndar vb* recommander

ESPAGNOL-FRANÇAIS

reconocer *rékonossèrr* *vb* reconnaître
recordar *rékordar* *vb* se rappeler
recorrer *rékorrèrr* *vb* parcourir
recorrido *rékorrido* *nm* parcours *m*
recreo *rékréo* *nm* récréation *f*
rectangular *réktangoular* *adj* rectangulaire
rectángulo *réktanngoulo* *nm* rectangle *m*
recuerdo *rékouèrdo* *nm* souvenir *m*
recuperar *rékoupérar* *vb* récupérer
recurso *rékourso* *nm* recours *m*
recursos *rékoursoss* *nmpl* ressources *fpl* ◇ **recursos humanos** *rékoursoss oumanoss* ressources humaines
red *rèd* *nf* réseau *m* • (de pescador) filet *m* de pêche
redondo(-a) *rédonndo(-a)* *adj* rond(e)
reducido(-a) *rédoussido(-a)* *adj* réduit(e)
reembolsar *réèmmbolsar* *vb* rembourser
reflector *refléktor* *nm* réflecteur *m*
reflexionar *réfléksionar* *vb* réfléchir
reflexología *réfléksoloHi-a* *nf* réflexologie *f*
refresco *réfrésko* *nm* rafraîchissement *m*, soda *m*
refugio *réfouHio* *nm* refuge *m*
regalar *régalar* *vb* offrir
regaliz *régaliss* *nm* réglisse *m*
regalo *régalo* *nm* cadeau *m*
regar *régar* *vb* arroser
regatear *régatéar* *vb* marchander
región *réHionn* *nf* région *f*
regla *régla* *nf* règle *f*
regular *régoular* *adj* régulier(-ière) • (mediano) moyen(ne)
reina *ré-ina* *nf* reine *f*
Reino Unido *réïno ounido* *npr* Royaume-Uni
reírse *ré-irsé* *vb* rire
relación *rélassionn* *nf* relation *f*, rapport *m*
relajarse *rélaHarsé* *vb* se détendre
religión *réliHionn* *nf* religion *f*
rellenar *réyénar* *vb* remplir
relleno(-a) *réyéno(-a)* *adj* rempli(e)
relleno *réyéno* *nm* farce *f* (viande)
reloj *réloH* *nm* montre *f*
remitente *rémitènnté* *nmf* expéditeur(-trice) *m/f*
remo *rémo* *nm* aviron *m*, rame *f*
remolacha *rémolatcha* *nf* betterave *f*
remolcar *rémolkar* *vb* remorquer
remonte *rémonnté* *nm* remontée *f* mécanique
renta *rènnta* *nf* (Am) loyer *m*
rentar *rènntar* *vb* (Am) louer
reparación *réparassionn* *nf* réparation *f*
reparar *réparar* *vb* réparer
repatriación *répatriassionn* *nf* rapatriement *m*
repatriar *répatriar* *vb* rapatrier ◇ **repatriarse** se faire rapatrier
repelente *répélènnté* *adj* repoussant(e)
repetir *répétir* *vb* répéter
reportero *réportéro* *nm* reporter *m*
representación *répréssènntassionn* *nf* représentation *f*
repuesto (de) *dé répouèsto* *loc* de rechange
resbaladizo(-a) *résbaladisso(-a)* *adj* glissant(e)
reserva *réssèrba* *nf* réserve *f* • (de entradas) réservation *f*
reservar *réssèrbar* *vb* réserver
resfriado(-a) *résfriado(-a)* *adj* enrhumé(e)
resfriado *résfri-ado* *nm* rhume *m*
residencia *réssidènnsia* *nf* résidence *f*
respetar *rèspétar* *vb* respecter
respeto *rèspéto* *nm* respect *m*

respirar *réspirar* *vb* respirer
respuesta *réspouèsta* *nf* réponse *f*
restaurante *rèstaourannté* *nm* restaurant *m*
resultado *réssoultado* *nm* résultat *m* • (de partido) score *m*
retirar *rétirar* *vb* retirer
retortijones *rétortiHonèss* *mpl* crampes *fpl* d'estomac
retraso *rétrasso* *nm* retard *m*
retrovisor *rétrobissor* *nm* rétroviseur *m*
reúma *réouma* *nm* rhumatisme *m*
reunión *réounionn* *nf* réunion *f*
reunirse con *réounirsé konn* *vb* rejoindre, se réunir avec
revista *rébista* *nf* magazine *m*, revue *f*
rey *reï* *nm* roi *m*
rezar *réssar* *vb* prier
rezo *résso* *nm* prière *f*
rico(-a) *riko(-a)* *adj* riche • (comida) bon(ne)
riesgo *riésgo* *nm* risque *m*
rincón *rinnkonn* *nm* coin *m*
riñón *rignonn* *nm* rein *m*
río *ri-o* *nm* fleuve *m*, rivière *f*
risa *rissa* *nf* rire *m*
rizado(-a) *rissado(-a)* *adj* bouclé(e)
robar *robar* *vb* cambrioler, voler
roble *roblé* *nm* chêne *m*
robo *robo* *nm* vol *m*
roca *roka* *nf* rocher *m*
rodilla *rodiya* *nf* genou *m*
rojo(-a) *roHo(-a)* *adj* rouge
románico(-a) *romanniko(-a)* *adj* roman(e)
romántico(-a) *romanntiko(-a)* *adj* romantique
romantisismo *romanntissismo* *nm* romantisme *m*
romper *rommpèrr* *vb* casser, rompre
ron *ronn* *nm* rhum *m*
ronda *ronnda* *nf* (de bebidas) tournée *f*
ropa *ropa* *nf* linge *m*, vêtements *mpl* ◇ **ropa interior** *ropa inntérior* sous-vêtements *mpl*
rosa *rossa* *adj, nf* rose *f*
rosado(-a) *rossado(-a)* *adj* rosé(e)
roto(-a) *roto(-a)* *adj* brisé(e), cassé(e), en panne
rotulador *rotoulador* *nm* feutre *m*
rubio(-a) *roubio(-a)* *adj* blond(e)
ruborizarse *rouborissarsé* *vb* rougir
rueda *rouéda* *nf* roue *f* ◇ **rueda de repuesto** *rouéda dé répouèsto* roue de secours
rugby *rougbi* *nm* rugby *m*
ruibarbo *rouibarbo* *nm* rhubarbe *f*
ruido *rouido* *nm* bruit *m*
ruidoso(-a) *rouidosso(-a)* *adj* bruyant(e)
ruinas *rouinass* *nfpl* ruines *fpl*
rural *roural* *adj* rural(e)
Rusia *roussia* *npr* Russie
ruso(-a) *rousso(-a)* *adj* russe
ruta *routa* *nf* circuit *m*
sábado *sabado* *nm* samedi *m*
sábana *sabana* *nf* drap *m*
saber *sabèrr* *vb* savoir
sabor *sabor* *nm* goût *m*, parfum *m*
sacacorchos *sakakortchoss* *nm* tire-bouchon *m*
sacar *sakar* *vb* retirer
sacerdote *sassèrdoté* *nm* prêtre *m*
saco *sako* *nm* sac *m* ◇ **saco de dormir** *sako dé dormir* sac de couchage
sal *sal* *nf* sel *m*

sala *sala* nf salle f
salado(-a) *salado(-a)* adj salé(e)
salario *salario* nm salaire m
salchicha *saltchitcha* nf saucisse f
salchichón *saltchitchonn* nm saucisson m
saldo *saldo* nm solde m
salero *saléro* nm salière f
salida *salida* nf départ m, sortie f
salir *salir* vb sortir, partir
salmón *salmonn* nm saumon m
salón *salonn* nm salon m
salsa *salsa* nf sauce f
saltar *saltar* vb sauter
salud *salou* nf santé f
saludar *saloudar* vb saluer
salvaguardia *salbagouardia* nf sauvegarde f
salvaje *salbaHé* adj sauvage
salvar *salbar* vb sauver
salvavidas *salbabidass* nf bouée f de sauvetage
SAMUR *samour* nm SAMU m
sandalia *sanndalia* nf sandale f
sandía *sanndi-a* nf pastèque f
sándwich *sanndouitch* nm sandwich m (de pain de mie)
sangrar *sanngrar* vb saigner
sangre *sanngré* nf sang m
sanitario(-a) *sanitario(-a)* adj sanitaire
sano(-a) *sano(-a)* adj sain(e)
Santiago de Compostela *sanntiago dé kommpostéla* npr Saint-Jacques-de-Compostelle
santo(-a) *sannto(-a)* nm/f saint(e) m/f
sapo *sapo* nm crapaud m
sarampión *sarammpionn* nm rougeole f
sardina *sardina* nf sardine f
sarpullido *sarpouyido* nm éruption f cutanée
sartén *sartènn* nf poêle f
satisfacer *satisfassèrr* vb satisfaire
satisfactorio(-a) *satisfaktorio(-a)* adj satisfaisant(e)
satisfecho(-a) *satisfètcho(-a)* adj satisfait(e)
sauna *saouna* nm sauna m
saxofón *saksofonn* nm saxophone m
secador *sékador* nm sèche-cheveux m
secadora *sékadora* nf sèche-linge m
secar *sékar* vb essuyer, sécher
sección *seksionn* nf section f • (de tienda) rayon m
secretaría *sékrétari-a* nf secrétariat m
secretario(-a) *sékrétario(-a)* nm/f secrétaire mf
sed *sèd* nf soif f ◇ **tener sed** *ténèrr sèd* avoir soif
seda *séda* nf soie f
seguir *séguir* vb suivre
segundo(-a) *ségounndo(-a)* adj, nm/f second(e) m/f
segundo *ségounndo* nm seconde f (d'heure)
seguridad *ségourida* nf sécurité f ◇ **seguridad social** *ségourida sossial* Sécurité sociale
seguro(-a) *ségouro(-a)* adj sûr(e), certain(e)
seguro *ségouro* nm assurance f
seis *séïss* adj num six
seiscientos(-as) *séïssiènntoss (-ass)* adj num six cents
sello *séyo* nm timbre m
semáforo *sémaforo* nm feu m de signalisation
semana *sémana* nf semaine f ◇ **fin de semana** *finn dé sémana* week-end m
seminario *séminario* nm séminaire m
sencillo(-a) *sènnsiyo(-a)* adj simple
senderismo *sènndérismo* nm randonnée f ◇ **hacer senderismo** *assèrr sènndérismo* randonner
sendero *sènndéro* nm sentier m

sensación *sènnsa**ssionn*** *nf* sensation *f*
sensible *sènn**si**blé* *adj* sensible
sentado(-a) *sènn**ta**do(-a)* *adj* assis(e)
sentarse *sènn**tar**sé* *vb* s'asseoir
sentido *sènn**ti**do* *nm* sens *m*
sentimiento *sènnti**mièn**nto* *nm* sentiment *m*
sentirse *sènn**tir**sé* *vb* se sentir
señal *nf* signal *m* ◇ **señal de tráfico** *sé**gnal** dé **tra**fiko* panneau *m* de signalisation
señalar *ségna**lar*** *vb* signaler
señalización *segnalissa**ssionn*** *nf* signalisation *f*
señas ***sé**gnass* *nfpl* coordonnées *fpl*
señor *sé**gnor*** *nm* monsieur *m*
señora *sé**gno**ra* *nf* dame *f*, madame *f*
señorita *ségno**ri**ta* *nf* mademoiselle *f*, demoiselle *f*
separado(-a) *sépa**ra**do(-a)* *adj* séparé(e)
septiembre *sèp**tièmm**bré* *nm* septembre *m*
séptimo(-a) ***sép**timo(-a)* *adj num* septième
ser *sèrr* *vb* être
serio(-a) ***sé**rio(-a)* *adj* sérieux (-euse)
señalización *segnalissa**ssionn*** *nf* signalisation *f*
seropositivo(-a) *séropossi**ti**bo(-a)* *adj* séropositif(-ive)
serpiente *sèr**piénn**té* *nf* serpent *m*
servicio *sèr**bi**ssio* *nm* service *m* • (W-C) toilettes *fpl* ◇ **servicios** *nmpl* toilettes (publiques)
servidor(a) *sèrbi**dor**(-a)* *nm/f* serveur(-euse) *m/f*
servilleta *sèrbi**yé**ta* *nf* serviette *f*
servir *sèr**bir*** *vb* servir ◇ **servirse** se servir
sésamo ***sés**samo* *nm* sésame *m*
sesenta *sés**sènn**ta* *adj num* soixante
sesión *sé**ssionn*** *nf* séance *f*
set *sètt* *nm* set *m*
seta ***sé**ta* *nf* champignon *m*
setecientos(-as) *sété**ssiènn**toss (-ass)* *adj num* sept cents
setenta *sé**tènn**ta* *adj num* soixante-dix
seto ***sé**to* *nm* haie *f*
sexo ***sék**so* *nm* sexe *m*
sexto(-a) ***sék**sto(-a)* *adj num* sixième
sí *si* *adv* oui
si *si* *conj* si
sida ***si**da* *nm* sida *m*
siempre ***sièmm**pre* *adv* toujours
sierra ***sié**rra* *nf* scie *f* • (montaña) montagne *f*
siesta ***siès**ta* *nf* sieste *f*
siete ***sié**té* *adj num* sept
siglo ***si**glo* *nm* siècle *m*
significado *sig-nifi**ka**do* *nm* signification *f*
significar *si-gnifi**kar*** *vb* signifier
signoguía *sig-no**gui**-a* *nm* signoguide *m*
siguiente *si**guiènn**té* *nmf, adj* suivant(e) *m/f*
silencio *si**lènn**sio* *nm* silence *m*
silencioso(-a) *silènn**sio**sso(-a)* *adj* silencieux(-euse)
silla *nf* chaise *f* ◇ **silla portabebés** ***si**ya portabé**bèss*** siège bébé ◇ **silla portaniños** ***si**ya porta**ni**gnoss* siège enfant ◇ **silla alta** ***si**ya **al**ta* chaise haute ◇ **silla de ruedas** ***si**ya dé **roué**dass* fauteuil roulant
sillín *si**yinn*** *nm* selle *f*
sillón *si**yonn*** *nm* fauteuil *m*

similar *similar* *adj* similaire
similitud *similitou* *nf* similitude *f*
simpático(-a) *simmpatiko(-a)* *adj* sympathique
simple *simmplé* *adj* simple
sin *sinn* *prép* sans
sinagoga *sinagoga* *nf* synagogue *f*
sino *sino* *conj* sinon
sinusitis *sinoussitiss* *nf* sinusite *f*
sitio *sitio* *nm* site *m* ◇ **sitio web** *sitio ouèb* site web
situar *sitouar* *vb* situer
SMS *éssé émé éssé* *nm* SMS *m*
sobre *sobré* *nm* enveloppe *f* ▪ *prép* sur
socio(-a) *sossio(-a)* *nm/f* associé(e) *m/f*
socorrista *sokorrista* *nmf* secouriste *mf*
socorro *sokorro* *nm* secours *m*
sofá *sofa* *nm* canapé *m*
soja *soya* *nm* soja *m*
sol *sol* *nm* soleil *m*
solar *solar* *adj* solaire
solicitud *solissitou* *nf* demande *f* • (para inscribirse) dossier *m* (d'inscription)
solo(-a) *solo(-a)* *adj* seul(e)
solo *solo* *adv* seulement
soltero(-a) *soltéro(-a)* *adj* célibataire
solución *soloussionn* *nf* solution *f*
sombra *sommbra* *nf* ombre *f*
sombrero *sommbréro* *nm* chapeau *m*
sombrilla *sommbriya* *nf* ombrelle *f*, parasol *m*
somnífero *somniféro* *nm* somnifère *m*
sonar *sonar* *vb* sonner
sonido *sonido* *nm* son *m*
sonreír *sonnré-ir* *vb* sourire
soñar *sognar* *vb* rêver
sopa *sopa* *nf* soupe *f*
soportar *soportar* *vb* supporter
sorbete *sorbété* *nm* sorbet *m*
sordo(-a) *sordo(-a)* *adj* sourd(e)
sorprendente *sorprènndènnté* *adj* surprenant(e)
sorprender *sorprènndèrr* *vb* étonner, surprendre
sorpresa *sorpréssa* *nf* surprise *f*
soso(-a) *sosso(-a)* *adj* fade
sostén *sosténn* *nf* soutien-gorge *m*
sótano *sotano* *nm* sous-sol *m*
soufflé *soufflé* *nm* soufflé *m*
spray *espréy* *nm* spray *m*
stretching *èstrétching* *nm* stretching *m*
su *sou* *adj poss* son, sa, leur, votre
suave *souabé* *adj* doux(-ouce)
subir *soubir* *vb* monter
submarinismo *soubmarinismo* *nm* plongée *f* sous-marine
subtitulado(-a) *soubtitoulado(-a)* *adj* sous-titré(e)
subtítulos *soubtitouloss* *nmpl* sous-titres *mpl*
sucio(-a) *soussio(-a)* *adj* sale
Sudamérica *soudamérika* *nf* Amérique du Sud
suegra *souégra* *nf* belle-mère *f*
suegro *souégro* *nm* beau-père *m*
sueldo *souèldo* *nm* salaire *m*
suelo *souélo* *nm* plancher *m*, sol *m*
sueño *souégno* *nm* rêve *m*, sommeil *m* ◇ **tener sueño** *ténèrr souégno* avoir sommeil
suerte *souèrté* *nf* chance *f*
suficientemente *soufissiènntémènnté* *adv* suffisamment
Suiza *souissa* *npr* Suisse
sujetar *souHétar* *vb* tenir
súper *soupèrr* *nm* (gasolina) super *m*
superficial *soupèrfissial* *adj* superficiel(le)
supermercado *soupèrmèrkado* *nm* supermarché *m*

suplementario(-a) *souplémènntario(-a)* *adj* supplémentaire
suplemento *souplémènnto* *nm* supplément *m*
suplente *souplènnté* *nmf* remplaçant(e) *m/f*
supositorio *soupossitorio* *nm* suppositoire *m*
sur *sour* *nm* sud *m*
surf *sourf* *nm* surf *m*
sus *souss* *adj poss* ses, leurs, vos
suscribirse *souskribirsé* *vb* s'abonner (à)
suspender *souspènndèrr* *vb* suspendre
tabaco *tabako* *nm* tabac *m*
tabla *nf* *tabla* planche *f* • (lista) table *f* ◇ **tabla de planchar** *tabla dé planntchar* planche à repasser ◇ **tabla de windsurf** *tabla dé winnsourf* planche à voile ◇ **tabla de snowboard** *tabla dé snowboard* planche de snowboard ◇ **tabla de surf** *tabla dé sourf* planche de surf
taburete *tabourété* *nm* tabouret *m*
taco *tako* *nm* (de billetes) liasse *f* ◇ **taco de tocino** *tako dé tossino* lardon *m*
tacón *takonn* *nm* talon *m*
tacto *takto* *nm* tact *m* • (sentido) toucher *m*
talasoterapia *talassotérapia* *nf* thalassothérapie *f*
talla *taya* *nf* taille *f*
tallatines *tayatinèss* *nmpl* nouilles *fpl*
taller *tayèrr* *nm* atelier *m* ◇ **taller mecánico** *tayèrr mékaniko* garage *m*
tallo *tayo* *nm* pousse *f*, tige *f*
talón *talonn* *nm* talon *m*
tamaño *tamagno* *nm* taille *f*
tambor *tammbor* *nm* tambour *m*
tampón *tammponn* *nm* tampon *m* (hygiénique)
tanto *tannto* *adv* autant, tellement
tapas *tapass* *nfpl* tapas *fpl*
tapón *taponn* *nm* bouchon *m*
taquilla *takiya* *nf* billetterie *f*, guichet *m*
tardar *tardar* *vb* tarder, mettre du temps
tarde *tardé* *nf* après-midi *m ou f* ▪ *adv* tard
tarea *taréa* *nf* tâche *f*
tarifa *tarifa* *nf* tarif *m*
tarjeta *tarHéta* *nf* carte *f* ◇ **tarjeta de crédito** *tarHéta dé krédito* carte de crédit ◇ **tarjeta de embarque** *tarHéta dé èmmbarqué* carte d'embarquement ◇ **tarjeta postal** *tarHéta postal* carte postale
tarro *tarro* *nm* pot *m*
tarta *tarta* *nf* tarte *f*
tasa *tassa* *nf* taxe *f*
taxi *taksi* *nm* taxi *m*
taximétro *taksimétro* *nm* compteur *m*
taza *tassa* *nf* tasse *f*
té *té* *nm* thé *m*
teatro *téatro* *nm* théâtre *m*
techo *tétcho* *nm* toit *m*
tecla *tékla* *nf* touche *f* (de clavier)
teclado *téklado* *nm* clavier *m*
teclear *tékléar* *vb* taper (sur un clavier)
tejado *téHado* *nm* toiture *f*
tejido *téHido* *nm* tissu *m*
tela *téla* *nf* toile *f*
teleconferencia *télékonnférènnsia* *nf* téléconférence *f*

telediario *télédiario* nm journal m télévisé
telefónico(-a) *téléfoniko(-a)* adj téléphonique
teléfono *téléfono* nm téléphone m ◇ **teléfono fijo** *téléfono fiHo* téléphone fixe
telesillas *téléssiyass* nm télésiège m
televisión *télébissionn* nf télévision f
temblar *tèmmblar* vb trembler
temperatura *tèmmpératoura* nf température f
tempestad *tèmmpésta* nf tempête f
templo *templo* nm temple m
temporada nf saison f ◇ **temporada baja** *tèmmporada baHa* basse saison ◇ **temporada alta** *tèmmporada alta* haute saison
temprano *tèmmprano* adv tôt
tendencia *tènndènnsia* nf tendance f
tenedor *ténédor* nm fourchette f
tener *ténèrr* vb avoir
tenis *téniss* nm tennis m ◇ **cancha de tenis** *kanntcha dé téniss* court m de tennis
tensión *tènnsionn* nf tension f
tercer(o, a) *tèrsér(o, a)* adj num troisième
tercio *tèrsio* nm tiers m
terminal *tèrminal* nm terminal m
terminar *tèrminar* vb finir
termo *tèrmo* nm Thermos® m
termómetro *tèrmométro* nm thermomètre m
ternera *tèrnéra* nf veau m
terraza *térrassa* nf terrasse f
terremoto *térrémoto* nm tremblement de terre m
terreno *térréno* nm terrain m
terrible *térriblé* adj terrible
tétanos *tétanoss* nm tétanos m
tetera *tétéra* nf théière f
tetina *tétina* nf tétine f
ti *ti* pron pers toi
tía *ti-a* nf tante f
tibio(-a) *tibio(-a)* adj tiède
tiburón *tibouronn* nm requin m
tiempo *tièmmpo* nm météo f, temps m ◇ **mucho tiempo** *moutcho tièmmpo* longtemps
tienda *tiènnda* nf boutique f, magasin m ◇ **tienda de ultramarinos** *tiènnda dé oultramarinoss* épicerie f ◇ **tienda de campaña** *tiènnda dé kammpagna* tente f
tierra *tiérra* nf terre f
tigre *tigré* nm tigre m
tijeras *tiHérass* nfpl ciseaux mpl
tila *tila* nf tilleul m
timar *timar* vb escroquer, rouler
timón *timonn* nm barre f, gouvernail m
tímpano *timmpano* nm tympan m
tinta *tinnta* nf encre f
tintorería *tinntoréri-a* nf pressing m
tío *ti-o* nm oncle m • (familier) mec m
típico(-a) *tipiko(-a)* adj typique
tipo *tipo* nm type m ◇ **tipo de cambio** *tipo dé kammbio* taux m de change
tirar *tirar* vb jeter, tirer
tirita *tirita* nf pansement m
tisana *tissana* nf tisane f
tiza *tissa* nf craie f
toalla *toaya* nf serviette f de bain
toallita *toayita* nf lingette f
tobillo *tobiyo* nm cheville f
tocar *tokar* vb toucher • (instrumento) jouer (de) ◇ **tocar la bocina** *tokar la bossina* klaxonner
tocino *tossino* nm lard m
todavía *todabi-a* adv encore, toujours ◇ **todavía no** *todabi-a no* pas encore
todo(-a) *todo(-a)* adj, pron tout(e) ◇ **todo recto** *todo rèkto* tout droit
todos(-as) *todoss(-ass)* tous, toutes

tomar *tomar* *vb* prendre ◊ **tomar más** *tomar mass* reprendre
tomate *tomaté* *nm* tomate *f*
tomillo *tomiyo* *nm* thym *m*
tonto(-a) *tonnto(-a)* *adj* sot(te)
torcedura *torsédoura* *nf* entorse *f*
torcer *torsèrr* *vb* tordre ◊ **torcerse** se tordre, se fouler (la cheville)
tormenta *tormènnta* *nf* orage *m*
tormentoso(-a) *tormènntosso(-a)* *adj* orageux(-euse)
tornillo *torniyo* *nm* vis *f*
toro *toro* *nm* taureau *m*
torre *torré* *nf* (bâtiment) tour *f*
tortilla *tortiya* *nf* omelette *f*
tortuga *tortouga* *nf* tortue *f*
tos *toss* *nf* toux *f*
toser *tossèrr* *vb* tousser
tostada *tostada* *nf* tranche *f* de pain grillé
tostador *tostador* *nm* grille-pain *m*
trabajador(a) *trabaHador(a)* *adj, nm/f* travailleur(-euse) *m/f*
trabajar *trabaHar* *vb* travailler
trabajo *trabaHo* *nm* travail *m*
tradicional *tradissional* *adj* traditionnel(le)
traducir *tradoussir* *vb* traduire
traer *traèrr* *vb* amener, apporter
tráfico *trafiko* *nm* circulation *f*
tragar *tragar* *vb* avaler
traje *traHé* *nm* costume *m* • (de buceo) combinaison *f* (de plongée)
tranquilo(-a) *trannkilo(-a)* *adj* calme, tranquille
transacción *trannsaksionn* *nf* transaction *f*
transbordador *trannsbordador* *nm* bac *m*, ferry *m*
transferir *trannsférir* *vb* transférer ◊ **transferencia (bancaria)** *trannsférènnsia bannkaria* virement *m* (bancaire)
transmitir *trannsmitir* *vb* transmettre
transporte *trannsporté* *nm* transport *m* ◊ **transportes públicos** *trannsportèss poublikoss* transports en commun
tranvía *trannbi-a* *nm* tramway *m*
trapo *trapo* *nm* torchon *m*
trasbordo *trasbordo* *nm* (transporte) correspondance *f*
trasero(-a) *trasséro(-a)* *adj* arrière
tratamiento *tratamiènnto* *nm* traitement *m*
travesía *trabéssi-a* *nf* traversée *f*
trayecto *trayékto* *nm* trajet *m*
trébol *trébol* *nm* trèfle *m*
trece *tréssé* *adj, nm* treize *m*
treinta *treïnnta* *adj num* trente ◊ **treinta y uno/dos** *treïnnta i ouno/doss* trente et un/deux
tren *trènn* *nm* train *m* ◊ **tren de gran velocidad** *trènn dé grann bélossida* TGV *m*
tres *trèss* *adj num* trois
triangular *trianngoular* *adj* triangulaire
triángulo *trianngoulo* *nm* triangle *m*
triciclo *trissiklo* *nm* tricycle *m*
trigésimo(-a) *triHéssimo(-a)* *adj num* trentième
trigo *trigo* *nm* blé *m*
trineo *trinéo* *nm* luge *f*
tripulación *tripoulassionn* *nf* équipage *m*
triste *tristé* *adj* triste
tristeza *tristéssa* *nf* tristesse *f*
trompeta *trommpéta* *nf* trompette *f*
trompetista *trommpétista* *nmf* trompettiste *mf*
tronco *tronnko* *nm* tronc *m*
tropical *tropikal* *adj* tropical(e)

trozo *trosso* *nm* morceau *m*
trucha *troutcha* *nf* truite *f*
trueno *trouéno* *nm* tonnerre *m*
trufa *troufa* *nf* truffe *f*
tu *tou* *adj poss* ton, ta
tú *tou* *pron pers* tu, toi
tubería *tubéri-a* *nf* tuyauterie *f*
tubo *toubo* *nm* tuyau *m* • (de bucear) tuba *m*
tulipán *toulipann* *nm* tulipe *f*
tumbona *toummbona* *nf* chaise *f* longue, transat *m*
tumor *toumor* *nm* tumeur *f*
túnel *tounel* *nm* tunnel *m*
Túnez *touness* *npr* Tunisie
tunisino(-a) *tounissino(-a)* *adj* tunisien(ne)
turismo *tourismo* *nm* tourisme *m*
turista *tourista* *nmf* touriste *mf*
turístico(-a) *touristiko(-a)* *adj* touristique
turquesa *tourkéssa* *adj, nf* turquoise *f*
turrón *tourronn* *nm* nougat *m*
tus *touss* *adj poss* tes
úlcera *oulséra* *nf* ulcère *m*
último(-a) *oultimo(-a)* *adj* dernier (-ère), final(e)
un(o, a) *ounn(o, a)* *art* un(e)
único(-a) *ouniko(-a)* *adj* unique
uniforme *ouniformé* *adj, nm* uniforme *m*
universidad *ounibèrsida* *nf* université *f*
universitario(-a) *ounibèrsitario(-a)* *adj* universitaire
unos(-as) *ounoss(-ass)* *art* des
uña *ougna* *nf* ongle *m*
urbanización *ourbanissassionn* *nf* lotissement *m*, urbanisation *f*
urgencia *ourHènnsia* *nf* urgence *f* ◇ **Urgencias** *fpl ourHènnsias* les urgences (à l'hôpital)
urgente *ourHènnté* *adj* urgent(e)
Uruguay *ourougouaï* *npr* Uruguay
uruguayo(-a) *ourougouayo(-a)* *adj* uruguayen(ne)
uso *ousso* *nm* usage *m*, utilisation *f*
usted(es) *oustèd(èss)* *pron* vous (pluriel de politesse)
usuario(-a) *oussouario(-a)* *nm/f* usager(-ère) *m/f*
útil *outil* *adj* utile
utilización *outilissassionn* *nm* utilisation *f*
utilizar *outilissar* *vb* utiliser
uva *ouba* *nf* raisin *m*
vaca *baka* *nf* vache *f*
vacaciones *bakassionèss* *nfpl* congé *m*, vacances *fpl*
vaciar *bassi-ar* *vb* vider
vacío(-a) *bassi-o(-a)* *adj* vide
vacuna *bakouna* *nf* vaccin *m*
vacunado(-a) *bakounado(-a)* *adj* vacciné(e)
vagón *bagonn* *nm* wagon *m*
vainilla *ba-ini-ya* *nf* vanille *f*
vajilla *baHiya* *nf* vaisselle *f*
¡vale! *bale* *adv* d'accord !
valer *balèrr* *vb* valoir
válido(-a) *balido(-a)* *adj* valable
valle *bayé* *nm* vallée *f*
valor *balor* *nm* courage *m*
vapor *bapor* *nm* vapeur *f* ◇ **al vapor** *al bapor* à la vapeur
vaqueros *bakéross* *nmpl* jean *m*
varicela *barisséla* *nf* varicelle *f*
varios(-as) *barioss(-ass)* *adj* plusieurs
vasco(-a) *basko(-a)* *adj* basque
vaso *basso* *nm* verre *m*
vatio *batio* *nm* watt *m*
vecino(-a) *béssino(-a)* *nm/f* voisin(e) *m/f*
vegetariano(-a) *béHétariano(-a)* *nm/f, adj* végétarien(ne) *m/f*
veinte *beïnnté* *adj num* vingt

vejiga *béHiga* *nf* vessie *f*
vela *béla* *nf* bougie *f* • (de velero) voile *f*
velero *béléro* *nm* voilier *m*
velo *bélo* *nm* voile *m*
velocidad *bélossida* *nf* vitesse *f*
vena *béna* *nf* veine *f*
venda *bènnda* *nf* bande *f*, bandage *m*
vendaje *bènndaHé* *nm* bandage *m*
vendedor(a) *bènndédor(a)* *nm/f* marchand(e) *m/f*, vendeur (-euse) *m/f*
vender *bènndèr* *vb* vendre
venezolano(-a) *bénéssolano(-a)* *adj* vénézuélien(ne)
Venezuela *bénéssouéla* *npr* Venezuela ◇ **República bolivariana de Venezuela** *répoublika bolibariana dé bénéssouéla* République bolivarienne du Venezuela
venir *bénir* *vb* venir
ventaja *bènntaHa* *nf* avantage *m*
ventana *bènntana* *nf* fenêtre *f*
ventanilla *bènntaniya* *nf* guichet *m*
ventilador *bènntilador* *nm* ventilateur *m*
ver *bèrr* *vb* voir ◇ **verse** se voir ◇ **volver a verse** *bolbèrr a bèrsé* se revoir
veranear *béranéar* *vb* passer les vacances d'été
verano *bérano* *nm* été *m*
verdaderamente *bèrdadéramènnté* *adv* vraiment
verdadero(-a) *bèrdadéro(-a)* *adj* vrai(e)
verde *bèrdé* *adj* vert(e)
verdura *bèrdoura* *nf* légume *m* ◇ **verdura y hortaliza crudas** *bèrdoura i ortalissa kroudass* crudités ◇ **frutas y verduras tempranas** *froutas i bèrdouras tèmmpranas* primeurs *mpl*
vértebra *bèrtébra* *nf* vertèbre *f*
verter *bèrtèrr* *vb* verser
vértigo *bèrtigo* *nm* vertige *m*
vestido *bèstido* *nm* robe *f*
vestigios *béstiHios* *nmpl* vestiges *mpl*
vestirse *bèstirsé* *vb* s'habiller
veterinario(-a) *bétérinario(-a)* *nm/f* vétérinaire *mf*
vez *béss* *nf* fois *f* ◇ **a veces** *a béssèss* parfois
vía *bi-a* *nf* voie *f*
viajar *biaHar* *vb* voyager
viaje *biaHé* *nm* voyage *m*
vid *bid* *nf* vigne *f*
vida *bida* *nf* vie *f*
video *bidéo* *nm* vidéo *f*
videoconferencia *bidéokonnférènnsia* *nf* vidéoconférence *f*
vieira *bié-ira* *nf* coquille *f* Saint-Jacques
viejo(-a) *biéHo(-a)* *adj, nm/f* vieux, vieille *m/f*
viento *biènnto* *nm* vent *m*
viernes *biérnèss* *nm* vendredi *m*
vigésimo(-a) *biHéssimo(-a)* *adj num* vingtième
vigilado(-a) *biHilado(-a)* *adj* surveillé(e)
vigilante *biHilannté* *nm* gardien(ne) *m/f*, vigile *mf*
vigilar *biHilar* *vb* surveiller
vinagre *binagré* *nm* vinaigre *m*
vinagreta *binagréta* *nf* vinaigrette *f*
vino *bino* *nm* vin *m* ◇ **vino blanco** *bino blannko* vin blanc ◇ **vino rosado** *bino rossado* vin rosé ◇ **vino tinto** *bino tinnto* vin rouge
violación *biolassionn* *nf* viol *m*

violeta *bioléta* *nf* violette *f*
violín *biolinn* *nm* violon *m*
violinista *biolinista* *nmf* violoniste *mf*
violonchelo *biolonntchélo* *nm* violoncelle *m*
viruela *birouéla* *nf* variole *f*
virus *birouss* *nm* virus *m*
visa *bissa* *nf* visa *m*
visado *bissado* *nm* (Am) visa *m*
visita *bissita* *nf* visite *f*
visitar *bissitar* *vb* visiter
vista *bista* *nf* vue *f*
viudo(-a) *bioudo(-a)* *adj* veuf, veuve
vivienda *bibiènnda* *nf* logement *m*
vivir *bibir* *vb* habiter, vivre
vodka *bodka* *nf* vodka *f*
volante *bolannté* *nm* volant *m*
volar *volar* *vb* voler (en l'air)
volcán *bolkann* *nm* volcan *m*
voleibol *boléïbol* *nm* volley-ball *m*
voltio *boltio* *nm* volt *m*
volver *bolbèrr* *vb* revenir, retourner ◇ **volver a poner** *bolbèrr a ponèrr* remettre
vomitar *bomitar* *vb* vomir
vómito *bomito* *nm* vomi *m*
vosotros(-as) *bossotross(-ass)* *pron* vous (pluriel de tu)
votar *botar* *vb* voter
voz *boss* *nf* voix *f*
vuelo *bouélo* *nm* vol *m*
vuelta *bouèlta* *nf* retour *m*, tour *f*
vuestro(-a) *bouèstro(-a)* *adj poss* votre
vuestros(-as) *bouèstross(-ass)* *adj poss* vos
webcam *ouébkamm* *nf* webcam *f*
whisky *ouiski* *nm* whisky *m*
wifi *ouifi* *nm* wifi *m*
y *i* *conj* et
ya no... *ya no* *adv* ne... plus
ya *ya* *adv* déjà
yerno *ièrno* *nm* gendre *m*
yo *yo* *pron* je, moi
yoga *ioga* *nm* yoga *m*
yogur *iogourr* *nm* yaourt *m*
zanahoria *sanaoria* *nf* carotte *f*
zapatería *sapatéri-a* *nf* cordonnerie *f*
zapatilla *sapatiya* *nf* chaussure *f* (de sport)
zapato *sapato* *nm* chaussure *f*
zona *sona* *nf* zone *f*
zoo *so-o* *nm* zoo *m*
zoom *soumm* *nm* zoom *m*
zumo *soumo* *nm* jus *m*
zurcir *soursir* *vb* raccommoder
zurdo(-a) *sourdo(-a)* *adj, nm/f* gaucher(-ère) *m/f*

TABLE DES MATIÈRES

- **Généralités** 1
- **Transports** 25
  - À l'aéroport 26
  - Jusqu'à l'hôtel 30
  - Les moyens de transport 34
  - En voiture 38
  - Louer un vélo 42
- **Boissons et nourriture** 47
  - Le petit-déjeuner 48
  - Au restaurant 52
  - Au restaurant : cas particuliers 56
  - Au bar 60
  - Au marché 64
  - Fruits 68
  - Légumes 72
  - Aliments de base 76
  - Viandes et poissons 80
  - Desserts 84
  - À table 89
- **Hébergement** 97
  - À l'hôtel / À l'auberge 98
  - En location 102
- **Achats** 107
  - Les magasins 108
  - Vêtements et accessoires 112

- Sorties et activités 117
  - En ville 118
  - Réserver 1 : taxi, voiture 122
  - Visites touristiques 126
  - Réserver 2 : hôtel et restaurant 130
  - Sortir 134
  - Faire du sport 138
  - À la plage 142
  - Sports d'hiver 146
- Services et informations pratiques 151
  - Téléphone et internet 152
  - À la banque, l'argent 156
  - À la poste 160
- Santé et sécurité 165
  - Voyager avec des enfants 166
  - Retrouver un enfant égaré 170
  - À la pharmacie 174
  - Chez le médecin 1 : rendez-vous 178
  - Chez le médecin 2 : symptômes 182
  - Situations d'urgence 186
  - Au commissariat 190
- Travail 195
  - Trouver un emploi 196
  - Voyage d'affaires 200
- Glossaire français-espagnol 205
- Glossaire espagnol-français 259